“十三五”国家重点图书出版物出版规划项目
面向未来的交通出版工程 · 道路基础设施建设与养护系列

同 济 大 学 出 版 社

图书在版编目(CIP)数据

沥青混合料与沥青路面的疲劳耐久性 / 虞将苗著
. —上海：同济大学出版社，2021.12
面向未来的交通出版工程. 道路基础设施建设与养护
系列 “十三五”国家重点图书出版物出版规划项目 /
汪光焘总主编
ISBN 978-7-5765-0022-6

Ⅰ. ①沥… Ⅱ. ①虞… Ⅲ. ①沥青拌和料—路面施工
—耐用性—研究 Ⅳ. ①U416.217

中国版本图书馆 CIP 数据核字(2021)第 276154 号

沥青混合料与沥青路面的疲劳耐久性

虞将苗 著 张肖宁 主审

出品人：华春荣
策　划：高晓辉
责任编辑：李　杰
责任校对：徐春莲
装帧设计：陈益平

出版发行 同济大学出版社 www.tongjipress.com.cn
(地址：上海市四平路 1239 号 邮编：200092 电话：021-65985622)
经　　销 全国各地新华书店、建筑书店、网络书店
排版制作 南京文脉图文设计制作有限公司
印　　刷 上海安枫印务有限公司
开　　本 787mm×1092mm 1/16
印　　张 13.5
字　　数 337 000
版　　次 2021 年 12 月第 1 版 2021 年 12 月第 1 次印刷
书　　号 ISBN 978-7-5765-0022-6
定　　价 98.00 元

前言

PREFACE

疲劳开裂是沥青路面的主要破坏形式。目前，世界各国的公路、城市道路和机场道面的沥青路面结构设计均以沥青层疲劳破坏作为路面设计寿命的控制指标。"十二五""十三五""十四五"交通运输发展规划都将沥青路面耐久性和长寿命设计作为主要研究内容与发展方向。研究沥青材料和沥青路面结构的疲劳耐久性对揭示沥青路面的破坏机理、优化沥青混合料和路面结构设计、合理利用材料资源以及延长路面使用寿命均具有重要意义。

作者长期聚焦于沥青材料与路面结构的疲劳耐久研究领域，先后主持或参与完成多个国家自然科学基金项目与交通运输部项目，通过持续的系统研究，取得了一定的进展与成果。其中，沥青路面疲劳分析的相关成果已纳入国家《公路沥青路面设计规范》(JTG D50—2017)，为沥青路面设计向长寿命、耐久路面设计方向发展提供了理论与方法。作者整合近 20 年的科研成果，撰写了本书，期望本书的研究方法和研究成果能为我国沥青混合料和沥青路面结构的耐久设计提供有价值的参考。

本书共分 7 章。第 1 章绪论，简要介绍了疲劳累积损伤理论、沥青混合料疲劳及沥青路面疲劳损伤研究的发展历史和应用现状。

第 2 章沥青混合料疲劳试验方法及其随机性，介绍了国内外沥青路面包括沥青混合料的典型疲劳试验方法，着重介绍了四点弯曲疲劳试验方法，以及因沥青混合料材料的非均匀性而产生的试验结果的随机性。

第 3 章基于数字散斑技术的疲劳开裂随机分析，将数字散斑相关方法与四点弯曲疲劳试验结合起来，通过对沥青混合料疲劳断裂过程区疲劳变形的细观分析，开展了对沥青混合料疲劳裂纹扩展路径的随机性分析。

第 4 章基于 CT 与数值分析方法的疲劳损伤研究，介绍了利用高精度工业 CT 扫描结合数字图像技术获取沥青混合料三相细观结构，结合微观结构数值模型和三相体本构模型，建立体现沥青混合料三相微观结构的有限元模型，分析不同级配、不同砂胶成分、温度与频率等因素对沥青混合料疲劳特性的影响规律。

第5章沥青混合料疲劳失效机理，介绍了沥青混合料疲劳失效机理的研究方法，结合四点弯曲疲劳试验及弯拉强度试验，从沥青混合料疲劳损伤阈值和统计断裂力学角度研究了沥青混凝土疲劳失效机理。

第6章随机荷载下沥青混合料的累积损伤规律，主要介绍了不同加载方式下的四点弯曲小梁疲劳试验，研究了沥青混合料性能指标参数的变化规律，开展了基于劲度模量衰减的与加载历史及次序相关的沥青混合料非线性疲劳损伤研究。

第7章基于随机疲劳的沥青路面结构疲劳分析，介绍了实验室—现场疲劳关系的分析成果，对北京ALF，UCPRC HVS，WesTrack，MnRoad，NCAT环道等国内外试验路进行了现场沥青路面疲劳开裂特性分析，以及疲劳预估模型的构建与验证，据此提出了采用力学-经验法的沥青层疲劳损伤分析评价体系。

本书的完成得到了国家自然科学基金重点项目“沥青路面随机疲劳累积损伤机理研究”(51038004)、国家自然科学基金面上项目“基于沥青－集料界面粘附和砂胶粘聚特性的沥青混合料疲劳损伤行为研究”(51678251)、国家自然科学基金青年基金项目“基于多相微观结构组成的沥青混合料疲劳损伤研究”(51008132)、交通运输部西部交通建设项目“基于多指标的沥青路面结构设计方法研究”(200831800099)及“沥青混合料疲劳性能研究”(200107)等项目的资助，在此对上述项目的资助表示感谢。

本书撰写过程中得到了陈少幸、姚岢、马林、刘宇、万成、苑苗苗、吴志勇、尹应梅、孟勇军、蔡旭、黄文柯博士，以及李佳、何玲姗、陈伟强硕士等在理论与数据分析方面的支持；得到了熊春龙、杨强光、马远跃和邹元昊在文稿素材组织方面的支持；也得到了王端宜、邹桂莲、李智、徐伟、吴文亮、于华洋和张园老师的技术支持。在此一并表示感谢。

衷心感谢同济大学姚祖康教授、美国加州大学伯克利分校Carl Monismith教授为本书的核心成果研究提供了悉心指导与帮助。特别感谢华南理工大学张肖宁教授为本书提供了全面的技术指导与把关。

本书的撰写历时多年，虽经多次修改和完善，受限于作者水平，书中难免有不妥之处，恳请读者批评指正。

虞将苗

2021年12月

目　录

CONTENTS

1 绪　论

沥青层疲劳开裂是沥青路面的主要破坏形式。目前，世界各国的公路、城市道路和机场道面的沥青路面结构设计均以沥青层疲劳破坏作为路面设计寿命的控制指标。研究沥青路面的疲劳损伤行为对揭示沥青路面破坏机理、优化路面结构设计和沥青混合料材料设计均具有重要意义。

1.1 疲劳累积损伤理论发展概述

疲劳破坏是一个损伤累积的过程。在等幅交变应力作用下，可用材料或构件的 $S-N$ 曲线得到不同应力水平下达到破坏时所需的循环次数，即疲劳寿命。而在实际工程中，结构往往受到复杂的随机疲劳荷载的作用，在这种情况下，只有相应的 $S-N$ 曲线是远远不够的。例如，构件在两个不同的应力水平 S_1 和 S_2 下循环加载，且已知每一小时中，S_1 循环 n_1 次，S_2 循环 n_2 次，利用 $S-N$ 曲线可以确定，仅在 S_1 作用下，破坏时的循环次数为 N_1；仅在 S_2 作用下，破坏时的循环次数为 N_2，但无法直接知道，S_1 和 S_2 同时作用时，构件的寿命到底是多少小时。因此，为了估算疲劳寿命，除了 $S-N$ 曲线以外，还必须借助疲劳累积损伤理论[1]。实际结构所承受的疲劳荷载时间历程，其峰谷值的变化十分复杂，即使随机荷载时间历程已知，若改变结构尺寸，则相应的疲劳应力时间历程也会随之改变。如果要直接通过试验来研究荷载时间历程的各个参数以及结构尺寸对疲劳寿命的影响，其试验量是非常大的。此外，等幅疲劳试验相对来说简单易行，且已积累了大量的试验结果，如果能建立疲劳累积损伤准则，则可由等幅疲劳试验结果对结构在交通以及随机荷载时间历程作用下的疲劳寿命与强度进行可靠性分析。因此，疲劳累积损伤理论在疲劳可靠性理论中占有举足轻重的地位。

Palmgren[2]根据构件的疲劳破坏现象提出了疲劳累积损伤与应力作用循环次数呈线性关系的假设，但并未深入研究和验证。Miner[3]对这一假设进行了公式化，即认为在某一等幅疲劳应力 S_j 作用下（对应的等幅疲劳寿命为 N_j），在每一个应力循环中，材料吸收的净功（Net Work）Δw 相等，当这些被材料吸收的净功达到临界值 W 时，疲劳破坏就会发生。在变幅应力 S_1，S_2，…，S_n 作用下，各应力水平的等幅寿命为 N_i，实际循环次数为 n_i，产生的净功为 w_i，当 $\sum w_i = W$ 时，疲劳破坏就会发生，由此建立了应用最广泛的疲劳损伤准则——Miner 法则。Wallgren[4]根据疲劳试验结果提出了修正的 Miner 法则：$\sum n_i \sqrt{N_i} = a$，认为 a 是可以由试验确定的一个材料常数。随后一些学者以类似于在静强度分析中求安全系数的确定性的研究方法，通过大量的疲劳试验来确定 a 的合适取值[5,6]，并认为，同一构件作用大小以及分布都相近的两个谱载，a 的取值应近似相等。Levy[7]假定单一试件的个体 $S-N$ 曲线两两不相交，并采用相同容量的样本，分别采用单级等幅下一高一低两个应力水平的疲劳试验和一个低—高模式的二级加载试验，获取试验值的顺序统计量，检验个体对原始 Miner 法则是否成立，其

计算结果为 $n_1/N_1(i)+n_2/N_2(i)\in[0.84,1.40]$。Choukairi 和 Barrault[8]通过做类似于 Levy 的试验，统计二级低—高加载以及高—低加载的疲劳试验结果，根据若干组的均值 $\overline{N_1(i)}$，$\overline{N_2(i)}$，$\overline{n_1(i)}$，$\overline{n_2(i)}$ 来验证原始 Miner 法则，其 $n_1/N_1(i)+n_2/N_2(i)$ 的计算结果分别位于[0.92, 1.0]和[0.67, 1.0]。Birnbaum 等[9]利用更新理论(Renew Therory)对 Miner 法则进行了概率解释，提出了均值 Miner 法则。他们将荷载谱定义为块谱循环，以及基于每一块谱循环产生的裂纹增量 Δa_i 独立同分布、Δa_i 分布的失效率为增函数、临界裂纹 a_c 与 Δa_i(a 统计独立)等 3 个基本假设研究疲劳裂纹扩展寿命，从均值意义上验证了 Miner 法则近似成立；但其假设不符合试验结果，该准则有待验证和修正。Tanaka 等[10]在假定原始 Miner 法则 $\sum n_i/N_i=1$ 成立的基础上进一步假设 $N_1/\overline{N_1}=N_2/\overline{N_2}=a$，建立了著名的统计 Miner 法则—— $\sum n_1/\overline{N_1}=a$，$E(a)=1$。1980 年，他们对镍铬合金丝试件进行大样本疲劳试验，试验结果表明，等幅疲劳寿命与其均值之比($N_1/\overline{N_1}$)近似服从同一分布，在此基础上对统计 Miner 法则理论进行完善，初步建立了 Miner 法则、疲劳损伤、疲劳寿命、可靠性这四者之间的联系。

Langer[11]将疲劳破坏分成裂纹萌生与裂纹扩展两个阶段，并从损伤与荷载次数的关系入手，建立了 Langer 准则，对这两个阶段均适用。Langer 采用 D 表示疲劳损伤，认为裂纹萌生阶段，D 是一个不确定量，只能假设最开始 $D=0$，当裂纹出现时，$D=1$；而裂纹扩展阶段，D 为有裂纹的区域与临界裂纹区域的面积比。这一理论为后续的疲劳累积损伤理论研究提供了非常重要的思路。Marco 和 Starkey[12]通过等幅加载疲劳试验，建立了 Marco-Starkey 损伤模型—— $D=(n_i/N_i)^{x_i}$，$x_i>1$。他们做了多级高—低、低—高加载模式的疲劳试验，结果是，对于低—高加载顺序，$E(\sum n_i/N_i)>1$，而对于高—低加载顺序，$E(\sum n_i/N_i)<1$。通过绘制等幅疲劳 $D-n/N$ 曲线解释加载顺序对 $\sum n_i/N_i$ 的影响，但至今无法很好地解决 x_i 的求解问题，因此该模型只能定性分析疲劳损伤。Henry[13]假设等幅疲劳 $S-N$ 曲线和等幅剩余 $S-N$ 曲线分别为 $N(S-E)=k$ 和 $(N-n)(S-E')=k'$，由此根据等幅剩余 $S-N$ 曲线建立疲劳损伤模型，但需通过试验来确定 E，E'。Hashin[14]在 Henry 等幅剩余 $S-N$ 曲线的理论上进一步研究，建立了 $S-(N-n^r)$ 损伤曲线法(n^r 为另一级应力下的剩余循环次数)，并指出，只有当任意损伤曲线与 $S-N$ 曲线在任意应力水平下的 n^r/N 是常数时，Miner 法则才成立。Manson[15]试图基于二级低—高、高—低疲劳试验结果，用荷载顺序效应来解释裂纹萌生与扩展两个阶段在整个寿命中的不同比例，但无理论根据支撑，于是转换思路研究 $D-n/N$ 关系，首先提出 $D-N$ 曲线[图 1-1(a)]，然后归一化为 $D-n_i/N_i$ 曲线[图 1-1(b)]，进一步提出并建立了 $n_1/N_1-n_2/N_2$ 曲线[图 1-1(c)]，在此基础上提出了著名的双线性 Miner 法则。Golos 和 Ellyin[16]基于循环应变能的概念，假定在恒定振幅

荷载和磁滞回曲线具有相同变幅荷载下材料的循环应力-应变滞回曲线，推导出与Manson模型相类似的二级加载下的修正Miner法则。

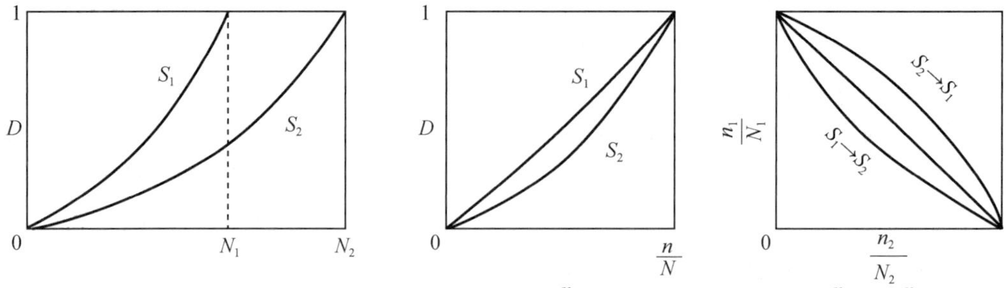

(a) D-N曲线　(b) $D - \frac{n_i}{N_i}$曲线　(c) $\frac{n_1}{N_1} - \frac{n_2}{N_2}$曲线

图 1-1　Manson 损伤模型曲线

Kececioglu 等[17]在假定程序谱加载和 P-S-N 曲线族已知的条件下提出了概率递推法，但只给出了递推算法，并未给出其力学及概率统计前提，而且概率递推法只有在单级荷载作用下才具有力学和概率意义。其后，Kececioglu[18]假设以构件承受的疲劳循环应力以及指定寿命下的疲劳强度为随机变量，且均服从正态分布，均值和方差已知，据此提出并建立了疲劳可靠性应力-强度干涉模型。Carter[19]通过试验结果对其进行验证，当 $N>10^3$ 时，该模型的计算误差相当大，因此对其提出了质疑。Bogdanoff 和 Kozin[20, 21]运用随机过程理论中的齐次 Markoff 链模型来计算疲劳累积损伤，建立了疲劳损伤 Markoff 链模型。与 Bogdanoff 的疲劳损伤 Markoff 链模型相反，Sobczyk[22]，Tsurui 和 Ishikawa[23]等一些学者假设试件在相同加载条件下的裂纹扩展是连续的 Markoff 过程，建立了连续 Markoff 过程疲劳损伤模型，但该模型仅能对疲劳试验后的疲劳寿命数据进行拟合，不能给出试验前的疲劳寿命预测。Altus[24]从微观角度研究疲劳损伤，假设材料服从机械反应-化学反应-机械反应的失效机理和损伤曲线 $D-n/N$ “自相似”，建立了分子链机械-化学连锁断裂模型，该模型考虑了链强度的随机分布，得到了确定性的累积损伤准则，但模型有待进一步验证。

Corten 与 Dolan[25]根据材料所承受的应力水平决定损伤核的数目 m 这一理论，认为损伤历程虽有不同，但疲劳破坏总损伤 D 为常数，同时考虑不同荷载作用次序，提出了比较实用的经典累积损伤模型——Corten-Dolan 模型。Chaboche 和 Lemaitre 等利用不可逆热力学和连续介质力学的理论建立了表征损伤发展规律的方程——基于连续介质损伤力学的累积损伤模型[26]。Morrow[27]，Gatts[28]及 Subramanyan[29]等也提出了相应的累积损伤计算模型，但模型复杂，参数多并且难以确定。

上述常见的累积损伤理论的建模思路主要分为两大类[30]。一类是建立确定性准则，采用的理论和参数分别为：①D-N 或 $D-n/N$ 曲线的定性分析；②二级加载下的

$n_1/N_1-n_2/N_2$ 曲线的定性分析及拟合；③S-N 曲线或剩余 S-N 曲线关系分析；④基于微观材料结构分析的机械-化学分子链模型；⑤应力循环产生的“功”或“能”的累积。另一类是建立随机性准则，采用的理论和方法分别为：①利用等幅 P-S-N 曲线与原始 Miner 法则或修正 Miner 法则相结合；②先建立等幅 P-S-N 曲线，再建立疲劳应力-强度干涉模型或概率递推模型；③研究分析 $a=\sum n_i/\overline{N_i}$，包括 a 的均值及其概率分布，建立 a-a_c 干涉模型；④将 $\frac{dD}{dN}$ 或 D-N 关系随机化，然后将其视为连续或离散的 Markoff 链过程。

经过多年的发展，学者基于各种疲劳试验、理论以及方法建立了许多损伤累积理论，并将其大量运用于金属、混凝土的疲劳寿命预测和研究。近年来，损伤累积模型也被用来解决沥青混合料、岩土及复合材料的疲劳损伤问题，但这些损伤累积模型的建立都比较依赖经验，理论基础不足，运用也比较复杂，且运用于实际问题时难以获得准确结果。

1.2 沥青混合料疲劳研究概况

沥青混合料疲劳损伤特性研究经历了近半个世纪的发展，产生了许多试验方法、分析方法及疲劳性能预测模型，人们对沥青混合料的破坏机理有了更多的认识和运用。从国内外沥青混合料疲劳损伤研究文献可知，绝大部分研究者是从现象学、力学(断裂力学和黏弹性力学)以及能量耗散等方面入手进行研究和分析。近年来，一些学者结合先进的研究设备和技术，如 X 射线技术、CT 技术、高速摄像机、数字散斑相关方法等从细观层面对沥青混合料疲劳损伤发展的历程及机理进行了研究。

自 Heveem[31] 发现沥青路面的疲劳破坏并建立了车辆荷载下的沥青层层底拉应变与路面疲劳寿命的关系以后，现象学方法成为沥青混合料疲劳损伤特性的主要研究方法。研究人员通过模拟路面的实际受力状态，开发了多种沥青混合料疲劳试验设备和方法，并根据疲劳试验结果，对影响沥青混合料疲劳性能的因素及其规律进行了分析，提出并建立了各类沥青混合料疲劳寿命预测模型[32]。加利福尼亚大学的 Carl L. Monismith[33] 和诺丁汉大学的 P. S. Pell[34] 分别根据应变控制和应力控制疲劳试验模式下的试验结果，建立了 $N_f=a\,(1/\varepsilon_t)^b$ 和 $N_f=c\,(1/\sigma_t)^d$ 两个沥青混合料疲劳性能早期经典预测模型，式中，N_f 为疲劳破坏时的荷载作用次数；ε_t 为拉伸应变值；σ_t 为拉伸应力值；a，b，c，d 为由疲劳试验确定的参数。至今这两个方程仍被用来预测单一沥青混合料的疲劳性能。Monismith 等[35] 进一步研究提出以方程 $N_f=k\,(1/\varepsilon_t)^a\,(1/S_{mix})^b$ 预测沥青混合料的疲劳性能，式中，S_{mix} 为混合料的初始劲度模量；k，a，b 分别为通过试验确定的参数。Sara Montazeri[36] 采用应变控制模式下的四点弯曲疲劳试验，在不同的应变、加载频率及温度下研究了 4 种不同的沥青混合料的疲劳损伤特性，发现温度对疲劳特性具有很大的影响，应变和试件的空隙率与疲劳性能参数相关性良好，而试件制备的差异性、加载频率的改变对沥青混合料疲劳损伤的影响并不明显。随着研究的进一步深入，考虑混合料中的材料参数、环境参数等不同因素对沥青混合料疲劳损伤特性的影响，建立了现象学模型 $N_f = f(\varepsilon_t, E, \alpha, \beta)$，式中，$\varepsilon_t$ 为拉伸应变值；E 为弹性模量；α 为材料性能参数；β 为环境参数。

现象学方法通过建立应变或拉应力与破坏时承受的累计荷载作用次数之间的关系，可以方便地运用于路面结构设计。但该方法不能体现沥青混合料的疲劳演化过程，不能很好地解释沥青混合料如何出现疲劳破坏以及破坏后的材料和结构特性。为此，研究者逐渐将力学(断裂力学和黏弹性力学)、耗散能等理论引入沥青混合料疲劳损伤特性的研究中。

俄亥俄州立大学的学者应用断裂力学的概念，从裂纹的扩展规律角度研究了沥青混合料疲劳性能。通过分析裂缝的扩展及其所引起的损伤在材料中的重分布作用，可更深入地了解破坏的形式和发展机理。Dither Bodin 等[37]利用单轴循环疲劳试验评估沥青混合料的疲劳性能，建立了基于弹性基础的非局部损伤模型来预测路面的疲劳开裂。数值模拟结果和试验数据在试件局部损伤之前的破裂过程中具有很好的相关性。Zhi Suo 等[38]利用沥青混凝混合料进行间接拉伸疲劳试验，基于连续损伤的方法建立了疲劳损伤模型来描述微裂纹的形成和裂纹的扩展。但在已有的疲劳裂缝扩展规律分析理论中，一般认为 P. C. Paris 的裂缝扩展理论和方程最适合描述沥青混合料疲劳裂缝行为。然而，断裂力学理论更适用于脆性材料，它可以较好地描述低温时沥青混合料的裂缝扩展规律，但不适用于描述高温时沥青混合料的裂缝扩展规律。

Kim 和 Randy C. West[39]利用连续损伤原理和 Schapery 相关原则建立了黏弹性连续疲劳损伤模型，但该模型源于单轴拉伸试验，不能应用于实际。若能研究一种解析方法，使该模型适用于间接拉伸试验，则可利用黏弹性连续疲劳损伤模型评价沥青混合料的损伤演化。

Heukelom[40]首先认为疲劳现象可以用能耗理论进行分析和解释，因此很多学者从耗散能的角度分析了沥青混合料的疲劳损伤过程。沥青混合料是一种黏弹性材料，在荷载反复作用下，其疲劳损伤过程是一个能量耗散的过程，当耗散能累积到一定程度便会造成试件疲劳破坏。Van Dijk 等[41,42]提出了能量损耗的概念，并据此研究了疲劳试验中沥青混合料试件的能量损耗特性，为研究沥青混合料的疲劳损伤特性提供了崭新的思路和方法。他于 1977 年和 Visser 提出了能量与疲劳寿命的关系式：$W_f = AN_f^z$，式中，W_f 为累积耗散能；A，z 为试验确定的系数，与混合料类型相关。Monismith[43]，Visser[44]，Carpenter[45]等相继采用能量法来研究沥青混合料的疲劳特性，提出了能量耗散率的概念，认为当耗散能开始发生明显变化时，说明损伤已经开始发展。Carpenter 和 Ghuzlan[46]在检验和修正该方法时发现，疲劳寿命与能耗率(Dissipated Energy Ratio，DER)有很强的相关性，并与混合料类型、荷载大小及加载模式无关。Shen 和

Carpenter[47,48]进一步发展了该理论,并将能耗率重新定义为能量耗散变化率(Ratio of Dissipated Energy Change, RDEC)。

以上这些方法研究沥青混合料疲劳性能均是基于材料均匀连续的假设,然而实际情况下材料既不均匀也不连续,且材料状态会随着荷载的反复作用而演变和发展。应用损伤力学研究这种演化,可以更深刻地认识沥青混合料的疲劳过程,为更科学地评价和优化沥青混合料的疲劳性能打下基础。

自从 Kachanov[49]提出连续度的概念和 Rabotnov[50]提出损伤因子的概念以来,损伤力学在应用的推动下不断发展,作为损伤研究的重要组成部分——材料和结构的疲劳损伤理论研究开展得较早。Chaboche[51]提出了考虑应力幅影响的不同的疲劳损伤演化模型。这些疲劳损伤演化模型采用的一般表达式为 $\frac{\mathrm{d}D}{\mathrm{d}N}=f(\sigma, D, T)$,式中,$\sigma$ 为应力;D 为损伤变量;N 为荷载循环作用次数;T 为温度。

随着沥青路面使用时间的延续,重复荷载作用下的疲劳损伤破坏日益严重,国内相关研究单位和学者逐渐开展了沥青混合料疲劳方面的研究。近年来,沥青混合料疲劳损伤演化和累积成为道路工作者研究的重点和热点。

课题组应用实验黏弹性力学的基本原理,以一维数学模型描述沥青及沥青混合料的黏弹性力学行为。郑健龙[52,53]基于损伤力学的原理,对沥青混合料的黏弹性损伤特性进行研究,通过损伤因子建立了等应变疲劳和等应力疲劳的相互关系,提出并建立了沥青混合料非线性疲劳损伤理论和分析方法。吕松涛[54]通过沥青混合料的直接拉伸试验获取其黏弹性参数,据此推出了损伤演化方程,建立了基于 Burgers 模型的老化沥青混合料黏弹性疲劳损伤模型。唐雪松等[55]基于热力学第二定律,提出并建立了完整的各向同性弹性损伤理论,并使用该理论对沥青混合料的疲劳失效问题进行了研究。

黄卫和邓学钧[56]研究了应变控制模式下沥青混合料的耗散能与荷载作用次数之间的关系,建立了基于耗散能的新型疲劳响应模型。关宏信等[57]通过高频和低频的沥青混合料疲劳试验,采用不同的定义方法描述了疲劳损伤演化过程和临界损伤值,基于耗散能的定义方法得到疲劳损伤演化曲线与以应变幅值、残余应变、动模量为损伤变量定义获得的演化曲线相比,基于耗散能的疲劳损伤定义方法更符合试验结果。严恒等[58]针对 AC 13 沥青混合料在不同试验条件下进行了疲劳试验,利用数理统计方法研究试验条件对总累积耗散能与疲劳寿命的影响,结果发现,总累积耗散能与疲劳寿命之间的关系与加载模式有关,而与加载频率及试验温度无关。

虞将苗[59]通过对不同因素(包括沥青种类、沥青用量、空隙率、混合料结构类型、集料最大粒径和集料类型)的四点弯曲疲劳试验进行研究,建立了沥青混合料疲劳性能参数指标与各内部影响因素之间的关系以及沥青混合料疲劳性能预测方程。重复荷载作用下沥青混合料劲度模量的衰减规律,是研究其内部损伤演化特性的重要途径。吴旷怀等[60]通过相同条件下大样本沥青混合料试件小梁弯曲疲劳试验(加载采用应变控制模式)，将疲劳荷载循环次数和对应循环次数的模量无量纲化后，拟合得到了非常相似的疲劳损伤和对应循环次数比的关系曲线，对其分析和归纳后建立了沥青混合料疲劳损伤的非线性演化的统一模型。刘亚敏等[61]通过应变控制模式加载下的小梁疲劳试验，研究了弯拉劲度模量在沥青混合料疲劳损伤过程中随应变水平的变化规律，当应变水平较高时，弯拉劲度模量随荷载循环次数增加而急剧衰减，随应变水平降低，其衰减趋势将逐渐变缓，由此确定沥青混合料试件疲劳过程中损伤状态变化可用弯拉劲度模量来表征，据此可预测沥青混合料的疲劳寿命。肖建清等[62]利用再生混凝土的疲劳试验结果，研究分析了超声波速法、弹性模量法、最大应变法以及残余应变法等几种损伤变量定义法的优缺点，认为再生混凝土的疲劳损伤演化规律最适合采用残余应变法定义损伤变量来进行描述。刘宏富[63]通过直接拉伸试验建立了剩余强度幂函数退化模型，揭示了不同应力水平下剩余强度的衰减规律，构建了与应力水平相关的基于剩余强度的沥青混合料疲劳损伤演化方程，统一了基于剩余强度和刚度的损伤变量定义方法，提出了剩余强度和刚度关联的损伤变量计算修正公式。

随着科研设备的创新与发展，国内道路工作者也采用先进的设备与技术来研究沥青混合料的疲劳损伤演化。李晓军等[64,65]利用 CT 扫描技术对加卸载过程中沥青混合料密度和结构的变化进行定量分析后，提出了基于 CT 图像评价沥青混合料破损状态和参数的方法。谢涛[66]基于 CT 实时观测的沥青混合料裂纹扩展，对沥青混合料的损伤行为进行了研究。

综上所述，道路工作者对沥青混合料的疲劳损伤开展了大量的研究工作，并基于各种理论和试验提出了相应的模型。其中，国内外学者常采用模量的衰减来描述沥青混合料的损伤演化过程，并以此建立了疲劳寿命方程，该方法已经非常成熟。另外，数字散斑相关方法测量系统提供了一种新的手段，能量法提供了一种新的研究思路。本书将采用数字散斑相关方法测量系统进行试验和观测，同时采用传统的模量衰减模型和耗散能模型及方法对沥青混合料在多级等幅加载下的疲劳损伤特性进行研究。

1.3 沥青路面疲劳损伤概况

Hveem 等[31]发现沥青路面在车辆荷载的作用下会产生疲劳破坏的现象，研究报告指出，沥青路面的疲劳开裂与路面变形量及交通量有关，这为沥青路面疲劳试验研究的发展奠定了基础。随着道路研究人员对沥青路面疲劳性能研究的深入，人们对路面疲劳损伤机理有了更科学的认识，并在不断地深化。

目前最常用的是以拉应变和劲度模量为参数变量的模型来预测沥青路面疲劳寿命，其中拉应变一般选用位于沥青层底部临界位置的最大拉应变，与荷载特性、沥青路面结构形式、沥青层厚度、沥青层模量等密切相关，而沥青层劲度模量是反映沥青劲度、沥青用量、混合料级配、空隙率、沥青面层温度以及荷载频率等多个因素的综合指标。该模型的方程表达式如式(1-1)所示,用于预测沥青路面疲劳开裂时车辆荷载重复作用的次数[67]。壳牌石油(Shell Oil)和美国沥青协会(Asphalt Institute)采用并发展了该模型,对方程中实验室的回归系数以及实验室与野外之间的修正系数进行了改进和完善。

$$N_f = Ck_1 \left(\frac{1}{\varepsilon_t}\right)^{k_2} \left(\frac{1}{E}\right)^{k_3} \tag{1-1}$$

式中,N_f 为疲劳破坏时的荷载作用次数;ε_t 为临界位置的拉应变;E 为沥青层模量;k_1,k_2,k_3 为实验室回归系数;C 为实验室与野外之间的修正系数。

Deacon[68]采用 Miner 疲劳累积损伤法则研究了沥青混合料的疲劳特性,并通过室内疲劳试验成功地验证了其适用性。Miner 疲劳累积损伤法则能比较准确地预测路面的疲劳寿命,目前它已成为路面疲劳设计所依据的重要法则。当今国内外的各种路面疲劳设计方法均按各自规定的条件,输入交通荷载、气候因素和材料特性等参数,通过 Miner 法则计算疲劳累积损伤,从而确定沥青层的厚度和路面结构的疲劳寿命。Brian[69]对实验室小梁疲劳试验和路面结构疲劳设计机理进行了研究,设计包括传递函数的转移因子,将二者结合起来,由此预估沥青路面的疲劳寿命。F. Homsi[70]针对多轴荷载作用下的沥青路面疲劳损伤进行了分析,建立了最大应变、最大应变值次数、斜率等与荷载因素相关的多线性疲劳损伤累积模型,以此模型预测多轴轴载下的沥青疲劳寿命。

国内不少学者也对沥青路面的疲劳损伤累积以及疲劳寿命进行了研究。陈少幸等[71]根据 ALF 试验路疲劳性能加速加载试验,利用短周期单元的渐近疲劳损伤模拟模型,按照 Miner 法则进行损伤累积,分析了加速加载过程中沥青层模量和沥青层层底拉应变的变化规律。研究表明,在重复荷载作用下,沥青层模量逐渐减小,而沥青层层底拉应变逐渐增大;在双对数坐标下,模量的衰减及应变与加载次数具有很好的线性相关性;在相同的荷载作用次数下,沥青层越薄,疲劳损伤率越大。薛连旭等[72]在加速加载试验过程中,利用落锤式弯沉仪测量不同轴载作用次数下路面弯沉量,反算沥青层模量,结果表明,累积疲劳损伤下沥青层模量与加载次数在半对数坐标下呈线性相关,并由此建立了沥青层模量衰减模型。王保良[73]对车辆荷载作用下沥青路面疲劳行为进行了研究,提出了获取该情况下沥青路面应力场公式表达的方法,研究其特征后认为,反映疲劳损伤实质的损伤因子应为由拉应力和压应力构成的应力幅,并且给出了基于应力幅因子的沥青路面疲劳寿命估算方法。孙志林[74]运用有限元方法分析了半刚性基层沥青路面在交通荷载与温度荷载下的疲劳损伤行为与疲劳寿命的关系,揭示了半刚性基层沥青路面的疲劳破坏机理。李盛等[75]针对刚柔复合式路面的结构特点和现有研究的不足,运用损伤力学、断裂力学和数值仿真方法,分析了沥青层的荷载疲劳损伤特性和开裂机理,研究表明,荷载作用一侧的基层裂缝处的沥青层易出现疲劳开裂,开裂后裂缝尖端向上扩展;随着接缝处模量不断增大,沥青层的疲劳损伤寿命不断提高;随着沥青层模量的增加,沥青层的损伤度不断增大。

参考文献

[1] 徐灏. 疲劳强度[M]. 北京：高等教育出版社，1988.
[2] Palmgren A. Die lebensdauer von kugellagem[J]. Verfahrenstechinik, 1924, 68(1): 339-341.
[3] Miner M A. Cumulative damage in fatigue[J]. Journal of Applied Gerontology, 1945, 12(3): A159-A164.
[4] Wallgren G. Fatigue test with stress cycles of varying amplitude[R]. FFA Reports, 28, Stockholm, Aeronautical Research Institute of Sweden, 1949.
[5] Buch A. Fatigue strength calculation[J]. Trans Tech Publications, 1988, 32(7): 173-177.
[6] SAE. Fatigue design handbook AE-10[M]. 2nd ed. SAE, 1988: 238-240.
[7] Levy J C. Cumulative damage in fatigue[J]. Engineering, 1955, 179(11): 724-726.
[8] Choulcairi F Z, Barrault J. Use of a statistical approach to verify the cumulative damage laws in fatigue[J]. International Journal of Fatigue, 1993, 15(2): 145-149.
[9] Birnbaum Z W, Sauders S C. A probabilistic interpretation of Miner's rule[J]. SIAM, Journal on Applied Mathematics, 1968, 16(3): 637-652.
[10] Tanaka S, Akita S. On the Miner's damage hypothesis in notched specimens with emphasis on scatter of fatigue life[J]. Engineering Fracture Mechanics, 1975, 7(2): 473-480.
[11] Langer B F. Fatigue failure from stress cycles of varying amplitude[J]. Journal of Applied Polymer Science, 1937, 59(13): A160-A162.
[12] Marco S M, Starkey W J. A concept of fatigue damage[J]. Trans AS, 1954, 76(21): 627-632.
[13] Henry D L. A theory of fatigue damage accumulation in steel[J]. Trans AS, 1955, 77(2): 913-918.
[14] Hashin Z. Rieinterpretation of the Palmgren-Miner rule for fatigue life prediction[J]. Journal of Applied Biomedicine, 1980, 47(2):324-328.
[15] Manson S S, Halford G R. Reexamination of cumulative fatigue damage analysis[J]. Engineering Fracture Mechanics, 1986, 25(5): 539-571.
[16] Golos K, Ellyin F. Generalization of cumulative damage criterion to multilevel cyclic loading[J]. Theoretical & Applied Fracture Mechanics, 1987, 7(3):169-176.
[17] Kececioglu D, Chester L B, Gardner E D. Sequential cumulative fatigue reliability[C]// Proceedings of the Annual Reliability and Maintainability Symposium, Los Angeles, CA, 1974: 533-539.
[18] Kececioglu D. Probabilistic design for reliability and their data and research requirements[C]// Proceedings of Failure Prevention and Reliability, AS, 1978: 285-309.
[19] Carter A S. Mechanical reliability[J]. 2nd ed. London: Macmillan Education, 1986: 102-103.
[20] Bogdanoff J L. A new cumulative damage model: Part 1[J]. Journal of Applied Mechanics, 1978, 45(2): 246-250.
[21] Bognanoff J L, Kozin F. A new cumulative damage model: Part 4[J]. Journal of Applied Mechanics, 1980, 47(1): 40-44.
[22] Sobczyk K. Modelling of random fatigue crack growth[J]. Engineering Fracture Mechanics,

1986, 24(4):609-623.
[23] Tsurui A, Ishikawa H. Application of the Fokker-Planck equation to a stochastic fatigue crack growth model[J]. Structure Safety, 1986, 4(1): 15-29.
[24] Altus E. Fatigue, fractals, and a modified Miner's rule[J]. Journal of Applied Mechanics, 1991, 58(3): 571-579.
[25] Corlen H T, Dolan T J. Cumulative fatigue damage[J]. International Conference on Fatigue of Tals, 1956.
[26] 吴富民.结构疲劳强度[M]. 西安: 西北工业大学出版社,1985.
[27] Morrow J D. The effect of selected sub-cycle sequences in fatigue loading histories[J]. In Random Fatigue Life Predictions, AS Publication PVP 72, 1986: 43-60.
[28] Gatts R R. Application of a cumulative damage concept to fatigue[J]. Journal of Basic Engineering, 1961, 83:529-540.
[29] Subramanyan S. A cumulative damage rule based on the knee point of the S-N curve[J]. Journal of Engineering Materials & Technology, 1976, 98(4):316.
[30] 倪侃. 随机疲劳累积损伤理论研究进展[J]. 力学进展, 1999, 29(1): 43-65.
[31] Hveem F N. Pavent fatigue deflections and fatigue failure[R]. Highway Research Board, Bulletin 114, Washington DC, 1955: 43-87.
[32] Ioannides A M. Pavent fatigue concepts: A historical review[C]//The 6th International Conference on Concrete Pavent Design and Materials for high Performance, Purdue University, Indianapolis, Indiana, 1997: 147-160.
[33] Monismith C L, Salam Y M. Fracture characteristics of asphalt concrete[J]. Association of Asphalt Paving Technologists, 1971: 215-256.
[34] Pell P S. Characterization of fatigue behavior[C]//Special Report 140: Structural Design of Asphalt Concrete Pavent Systems to Pavent Fatigue Cracking, HRB, National Research Council, Washington DC, 1973.
[35] Monismith C L, Epps J A, Finn F N. Improved asphalt mix design[C]//Association of Asphalt Paving Technologists Proceedings, 1985.
[36] Montazeri S. Assessing repeatability of four-point bending method for estimating fatigue cracking of hot mix asphalt[J]. Dissertations & Theses-Gradworks, 2009, 65(1):73.
[37] Bodin D, Cabot G P, Roche C D L, et al. A continuum damage approach of asphalt concrete fatigue tests[C]//The 15th ASCE Engineering Mechanics Conference, 2002.
[38] Suo Z, Wong W G. Analysis of fatigue crack growth behavior in asphalt concrete material in wearing course[J]. Construction and Building Materials, 2009, 23(1):462-468.
[39] Kim J, West R C. Application of the viscoelastic continuum damage model to the indirect tension test at a single temperature[J]. Journal of Engineering Mechanics, 2010, 136(4):496-505.
[40] Heukelom W. Observations on the rheology and fracture of bitumens and asphalt mixes[J]. Asphalt Paving Technology, 1966.
[41] Van Dijk W, Moreaud H, Quedeville A, et al. The fatigue of bitumen and bituminous mixes

[C]//International Conference on the Structural Design of Asphalt Pavements，1972：38-74.
[42] Van Dijk W. Practical fatigue characterization of bituminous mixes[J]. Association of Asphalt Paving Technologist，1975，44：38-74.
[43] Monismith C L，Epps J A，Kasianchuk D A，et al. Asphalt mixture behavior in repeated flexure [R]. Report TE 70-5，University of California，Berkeley，1971：303.
[44] Van Dijk W，Visser W. The energy approach to fatigue for pavent design[C]//Association of Asphalt Paving Technologists Proceedings，1977：1-40.
[45] Carpenter S H，Jansen M. Fatigue behavior under new aircraft loading conditions[C]// Proceedings of Aircraft Pavent Technology in the Midst of Change，1997，4(2)：259-271.
[46] Carpenter S H，Khalid A G，Shihui S. A fatigue endurance limit for highway and airport pavent [J]. Journal of Transportation Research Record（TRR），2003，1832（14）：131-138.
[47] Shen S，Carpenter S H. Application of dissipated energy concept in fatigue endurance limit testing [J]. Journal of Transportation Research Record：Transportation Research Board，2005，19(29)：165-173.
[48] Shen S，Airey G D，Carpenter S H，et al. A dissipated energy approach to fatigue evaluation[J]. International Journal of Road Materials and Pavent Design，2006，7(1)：38-51.
[49] Kachanov L M. On the time to failure during creep[J]. Izv AN SSSR，OTN，1958，11(8)：26-31.
[50] Rabotnov Y N. On the equations of state for creep[J]. Progress in Applied Mechanics，1963：307-315.
[51] Chaboche J L. Continuum damage mechanics-a tool to describe phenomena before crack initiation [J]. Nuclear Engineering and Design，1981，64(13)：233-247.
[52] 郑健龙. Burgers 粘弹性模型在沥青混合料疲劳特性分析中的应用[J]. 长沙交通学院学报，1995，11(3)：32-42.
[53] 郑健龙，吕松涛.沥青混合料非线性疲劳损伤模型[J]. 中国公路学报，2009，22(5)：21-29.
[54] 吕松涛.老化沥青混合料粘弹性疲劳损伤特性研究[D]. 长沙：长沙理工大学，2008.
[55] 唐雪松，蒋持平，郑健龙.沥青混合料疲劳过程的损伤力学分析[J]. 应用力学学报，2000，17(4)：92-99.
[56] 黄卫，邓学钧.沥青混合料疲劳响应新模型研究[J]. 中国公路学报，1995，8(1)：56-62.
[57] Guan H，Zheng J，Tian X. Comparing of fatigue damage defining ways of asphalt mixtures[J]. ICTE，2009：2749-2755.
[58] 严恒，朱洪洲，唐伯明，等. AC-13 沥青混合料疲劳能耗模型分析[J]. 重庆大学学报（自然科学版），2010，29(4)：559-563.
[59] 虞将苗. 沥青混合料疲劳性能研究[D]. 广州：华南理工大学，2005.
[60] 吴旷怀，张肖宁. 沥青混合料疲劳损伤非线性演化统一模型试验研究[J]. 公路，2007，4(5)：125-130.
[61] 刘亚敏，韩森，徐鸥明，等. 疲劳试验中沥青混合料的弯拉劲度模量[J]. 广西大学学报（自然科学版），2010，35(1)：127-131.

[62] 肖建清，丁德馨，骆行文，等.再生混凝土疲劳损伤演化的定量描述[J]. 中南大学学报(自然科学版)，2011，42(1)：170-177.
[63] 刘宏富. 基于强度与刚度衰变的沥青混合料非线性疲劳损伤特性研究[D]. 长沙：长沙理工大学，2012.
[64] 李晓军，张肖宁.CT技术在沥青胶结颗粒材料内部结构分析中的应用[J]. 公路交通科技，2005，22(2)：4-16.
[65] 李晓军，冯樊.非均匀性的沥青混合料半圆弯曲实验数值仿真[J]. 长安大学学报(自然科学版)，2010，30(4)：18-22.
[66] 谢涛. 基于CT实时观测的沥青混合料裂纹扩展行为研究[D]. 成都：西南交通大学，2002.
[67] Myre J. Fatigue of asphalt pavents[C]//The Third International Conference on Bearing Capacity of Roads and Airfields，The Norwegian of Technology Trondheim，Norway，1990：703-714.
[68] Deacon J A. Fatigue of asphalt concrete[D]. Berkeley：University of California，1965.
[69] Brian D P. Estimate of fatigue shift factors between laboratory tests and field performance[J]. Transportation Research Record，2018，2181(1)：117-124.
[70] Homsi F，Bodin D，Yotte S. Fatigue life model of asphalt pavents under multiple-axle loadings [J]. Road Materials and Pavent Design，2012，13(4)：749-768.
[71] 陈少幸，张肖宁，孟书涛，等. 基于ALF加速加载试验的沥青层疲劳损伤[J]. 公路交通科技，2012，29(1)：18-22.
[72] 薛连旭，陈少幸，张肖宁. 沥青层模量累积疲劳损伤衰减的试验研究[J]. 科学技术与工程，2008，8(6)：1635-1638.
[73] 王保良. 车辆荷载作用下沥青路面疲劳行为研究[D].西安：长安大学，2008.
[74] 孙志林. 基于损伤力学沥青路面疲劳损伤研究[D]. 南京：东南大学，2008.
[75] 李盛，刘朝晖，李宇峙. 刚柔复合式路面沥青层荷载疲劳损伤特性及开裂机理[J]. 中南大学学报(自然科学版)，2013，44(9)：3857-3862.

2 沥青混合料疲劳试验方法及其随机性

国内外研究者通过不同途径研究沥青混合料的疲劳性能，其主要方法可归为三类[1]：现象学法[2]、力学近似法[3]和能量耗散法。不管采用哪一种方法，都必然涉及材料的疲劳试验。本章主要介绍沥青路面包括沥青混合料的疲劳试验方法，以及由于沥青混合料材料的非均匀性而导致的试验结果的随机性。

2.1 沥青混合料疲劳试验方法

自 20 世纪 60 年代以来，在路面领域的研究中进行了许多类型的疲劳试验，并已在文献中报道。疲劳性能研究试验归纳起来可分为四类[4]：一是室内小型试件的疲劳试验；二是试板试验；三是足尺路面结构在模拟行车荷载作用下的疲劳试验，包括环道试验和加速加载试验，如美国华盛顿州立大学的室外环道和重庆公路研究所的室内大型环道试验，澳大利亚和新西兰的加速加载设备（Accelerated Loading Facility，ALF）、南非的重型车辆模拟车（Heavy Vehicle Simulation，HVS）试验；四是在真实行车荷载作用下实际路面的疲劳破坏试验，如美国利用 AASHTO 试验路进行的试验等。

至今，美国加州大学伯克利分校和英国诺丁汉大学的路面研究团队已进行了大量的沥青混合料疲劳试验。疲劳寿命预测试验的好坏取决于如何使这些试验方法更准确地模拟路面使用过程中的加载情况、约束条件、应力应变状态以及环境的影响。此外，测试试验方法的选用还要考虑是否简单可靠以及具有可行性[4,5]。

2.1.1 足尺疲劳试验方法

为了缩短试验时间，沥青路面的疲劳性能试验绝大部分采用加速加载试验。国际上常用的加速加载试验设备可分为以下三大类型：实验室内的试件加速加载试验仪器、小比例尺路面加速加载试验设备、大比例尺或足尺路面加速加载试验设备。

小比例尺路面加速加载试验设备（图 2-1）主要包括小比例尺车轮装置，施加荷载于缩小比例的路面结构上。缩小比例的路面结构在设计过程中需要考虑与足尺路面的尺寸效应修正。荷载与轮胎气压同样要进行缩小，在试验路面埋设采集数据的传感器及设备，用于沥青路面性能评价指标的采集。

足尺加速加载试验能够控制车轮荷载，不同层状、结构的路面系统在高于或低于设计的实际荷载作用下，确定路面响应和性能，在缩短时间内可以控制、加速累积损伤。加速损伤可以通过增加重复荷载的作用次数、改变加载条件或气候环境、使用较薄的路面以降低结构承载能力以及缩短设计寿命等方式进行，或者采用几种不同因素进行组合，在较短的时间内，较为真实地模拟交通荷载对路面的破坏作用。足尺的路面加速试验设备主要包括澳大利亚的加速加载设备（ALF）和南非的重型车辆模拟车（HVS），分别如图 2-2 和图 2-3 所示。

图 2-1　小比例尺路面加速加载试验设备

图 2-2　加速加载设备

图 2-3　重型车辆模拟车

2.1.2　疲劳开裂试验路与试验环道

从 20 世纪 50 年代初美国开始修建 WASHO 和 AASHTO 试验路以来，以真实路面结构和足尺试验方式获得沥青路面的疲劳开裂等性能数据成为一种主要的试验测试方法。先后有美国西部环道试验路、明尼苏达州试验路和美国国家沥青技术中心试验环道等不同结构的试验路被修建，为沥青路面的路用性能提供了宝贵的测试数据。

1. 美国西部环道 WesTrack 试验路

1994 年 9 月，美国联邦公路局（FHWA）和美国国家公路合作研究计划

(NCHRP)立项 Accelerated Field Test of Performance-Related Specifications for Hot-Mix Asphalt Construction 研究项目,并由私人咨询公司与高校组成的西部环道研究团队(WesTrack Team)负责该项目的研究。西部环道研究项目的主要目标,一方面是通过评价不同材料与施工质量等因素对沥青路面使用性能的影响,进而继续开发和完善基于使用性能的沥青路面标准(Performance-Related Specification, PRS);另一方面则是为 SHRP Superpave® 沥青混合料体积设计方法提供早期的现场验证。

美国西部环道试验路位于内华达州雷诺市东南部 100 km 处,于 1994 年 10 月至 1995 年 10 月完成设计与建造,于 1996 年 3 月开始实施加载,至 1999 年 2 月完成加载,累计共加载 500 万次标准轴载($ESAL$ =80 kN)。

2. 美国明尼苏达州 MnROAD 试验路

美国明尼苏达州交通部于 1992 年开始修建 MnROAD 试验路。修建该试验路的主要目的是验证现有的路面设计模型,分析影响路面性能的因素和开发新的路面设计模型。MnROAD 试验路位于明尼苏达州的赖特县,紧邻美国州际公路 I-94 而修建。MnROAD 试验路也是美国路面性能长期观测的重点项目之一。

MnROAD 试验路分为主线试验路(Mainline Test Road)和低交通量试验路(Low Volume Test Road, LVTR)两部分。其中主线试验路为长度 4.8 km 的双车道公路,与州际公路 I-94 平行而建,可随时引入 I-94 公路西行方向的交通流作为路面的实际作用荷载。MnROAD 主线试验路也是模型验证的重要数据来源之一。低交通量路段为长度 4 km 的封闭试验环道,位于主线试验路的北侧。MnROAD 试验路的布局如图 2-4 所示。

图 2-4 MnROAD 试验路布局

3. 美国国家沥青技术中心 NCAT 试验路

美国国家沥青技术中心(National Center for Asphalt Technology, NCAT)作为全美最大的沥青技术研究中心,由美国国家沥青铺面联合会(National Asphalt Pavement Association, NAPA)教育研究基金和美国奥本大学共同经营。该中心于 2003 年修建了 NCAT 试验路(第二期),该试验路(图 2-5)位于亚拉巴马州的李县境内,全长 2.8 km,用于测试各种沥青路面结构。

NCAT 试验路修建的主要目的是对美国在研的力学经验法(M-E)进行验证与改进。具体研究目标:①验证已有的路面力学模型(包括路面疲劳寿命预估模型);②为典型路面结构疲劳开裂和沥青混合料开发转换函数;③从力学角度研究动态效应对路面疲劳性能衰减的影响;④评价结构厚度和聚合物改性沥青对结构疲劳等性能的影响。

图 2-5 NCAT 试验路实拍图

NCAT 试验路的总体布局如图 2-6 所示。其中,2003 年修建的第二期 8 个沥青路面试验段位于该试验环道的北侧,编号为 N1～N8,每段长度为 200 ft(约 61 m)。

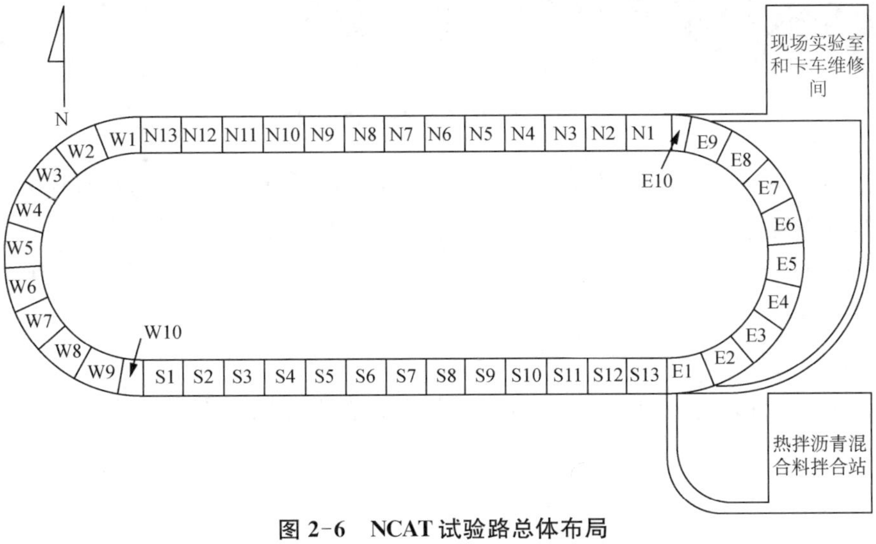

图 2-6 NCAT 试验路总体布局

2.1.3 室内小型试件疲劳试验方法

目前，室内沥青混合料的小型疲劳试验（也称试件疲劳试验）众多，大致包括悬臂梁旋转试验、三轴压缩试验、梯形悬臂梁弯曲试验、轴向拉伸-压缩试验、弹性基础梁弯曲试验、直接拉伸试验、间接拉伸试验、拉-压法简支三点或四点弯曲试验、路面试验和剪切试验等。下面详细介绍普遍使用的疲劳试验，主要是间接拉伸试验（即劈裂疲劳试验）、直接拉伸试验和小梁弯曲试验。

1. 间接拉伸试验

间接拉伸试验在早期的沥青混合料疲劳试验研究中应用较为普遍，美国德州大学奥斯汀分校的公路研究中心进行了大量的重复加载间接拉伸试验[6,7]。间接拉伸试验提供一个双轴应力状态，能更好地模拟现场实际荷载下的应力状态。这是表征沥青混凝土性能由拉应力所导致失效或破坏的一个最简单的方法。该方法可以在不同的测试条件下，如不同温度、湿度条件，甚至在不同的加载速率下，进行单一荷载或重复加载试验，获取试件的强度、弹性及黏弹性、疲劳寿命等特性。图 2-7 所示为间接抗拉强度测试的一般装置。间接拉伸试验（ASTM 4123）是通过两个截然相反、电弧形状的刚性压板对圆柱试样进行加载。该装置提供了垂直于加载方向的相对统一拉应力，从而导致试件开裂破坏。

图 2-7 间接拉伸试验装置

由于间接拉伸试验方法相对简单，因而早期许多研究者开展的疲劳试验都使用该方法进行沥青混合料疲劳性能的评价。间接拉伸法的主要优点如下：

（1）试件制作容易，也可以采用路面芯样作为试件，试验方法简单，方便评价其疲劳性能[8]。

（2）试验过程中也可获取其他试验指标，如回弹模量、间接拉伸强度等。

（3）从线弹性理论角度分析，试件在开裂破坏发生区域所受到的拉应力作用相对比较均匀。

(4) 从已有研究成果来看,疲劳试验结果基本满足沥青路面疲劳设计的要求,并且在一定程度上与实际路面性能相关。

然而,间接拉伸试验作为一种室内小型疲劳试验方法,其试验模式本身存在一些固有缺陷,导致其逐渐被其他的沥青混合料疲劳研究方法所代替。间接拉伸法存在的主要缺陷表现为以下几点:

(1) 虽然圆柱体试件中心处于双轴向受力状态,但其加载方式与实际路面受力状态存在较大差别,假定在同样的加载水平下,由间接拉伸法获得的疲劳寿命要小于其他试验方法获得的疲劳寿命,低估了沥青混合料的疲劳性能。

(2) 试件实际开裂位置与理论开裂位置通常会出现偏差。理论上裂缝部位应在试件中部或者接近试件中部,而事实上大部分的试件会先在加载条边缘开裂,还有的试件在达到垂直变形的极限后也不出现垂直裂纹。

(3) 采用劈裂方式加载,试件两端会产生明显的局部变形,这会导致试件内力的分布情况发生改变,尤其在较高温度下很难获得沥青混合料的疲劳性能。

(4) 从试验获取的数据来看,沥青混合料的疲劳特性难以从耗散能角度进行分析。

(5) 从加载控制模式来看,间接拉伸加载方式都采用应力控制,目前无法采用应变控制方式进行疲劳试验。

2. 直接拉伸试验

美国运输部及英国运输与道路研究实验室(Transport and Road Research Laboratory, TRRL)研发并使用25 Hz的加载频率进行无旋转应力的单轴拉伸试验,持续时间为40 ms,间隙时间从0 s变到1 s,这些试验的加载模式都是应力控制模式。刘宏富[9]也采用应力控制模式对沥青混合料的非线性疲劳损伤特性进行了研究。后来,荷兰学者通过半正矢波加载,采用应变控制模式进行直接拉伸试验研究,使用的频率为1 Hz和0.1 Hz[10]。最近,该试验方法被美国得克萨斯州A&M大学和北卡罗来纳州立大学用来研究沥青和沥青混凝土的黏弹性连续损伤、断裂细观力学和能量耗散方法以及微损伤愈合。直接拉伸试验及试件受力示意图见图2-8。

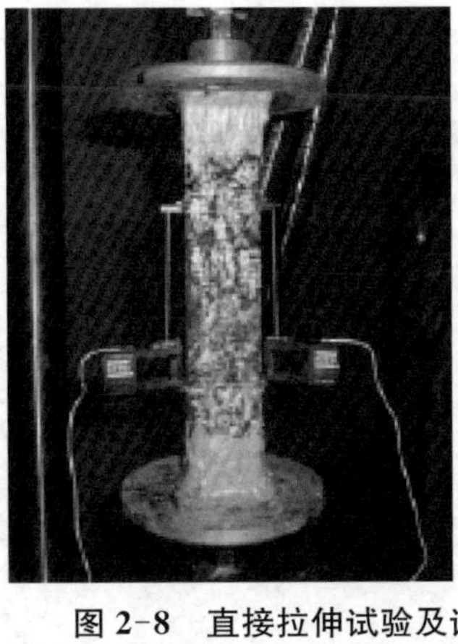

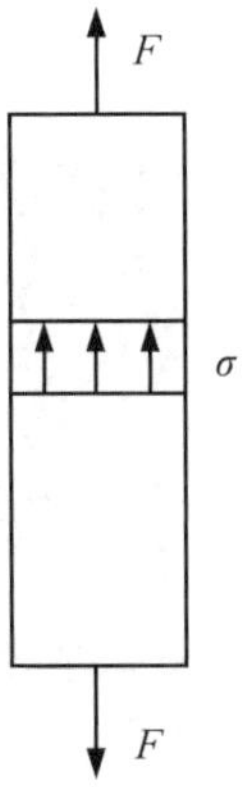

图2-8 直接拉伸试验及试件受力示意图

直接拉伸试验的优点是:①测试试件的形状及尺寸可以任意选择,形状可以是圆形、矩形或者其他,尺寸的大小可以根据试验的条件及目的选用,因此试件制作简单;②试验方法简单;③试件达到破坏时持续加载周期较少,因此试验时间比较短,成本较低。

缺点是:①加载条件与路面实际荷载作用有较大的差别;②在试验时需要做大量的准

备工作，主要是试件的安装；③极易产生偏心受拉，导致获取的疲劳寿命差异性大且不准确。

3. 小梁弯曲试验

小梁弯曲试验包括梯形悬臂梁两点弯曲试验、小梁三点弯曲试验和小梁四点弯曲试验等。梯形悬臂梁试验在欧洲比较流行，壳牌和法国路桥实验中心的研究人员采用该方法对梯形试件进行了试验。梯形试件的尺寸较大的一端是固定的，较小的一端施加正弦应力或应变。假定梯形试件的最大弯曲应力大致位于中间，而不是在试件的固定端，这可能会影响测试结果的解释。由 Van Dijk 制作的试件尺寸为：上底 0.8 in(约 20 mm)，下底 2.2 in(约 55 mm)，试件宽(厚)0.8 in(约 20 mm)，高 10 in(约250 mm)。梯形悬臂梁两点弯曲试验装置如图 2-9 所示。

小梁四点弯曲疲劳试验在美国、南非以及澳大利亚等国家广泛应用，近几年国内也采用其做了大量的试验研究。SHRPA-003A 项目对间接拉伸试验、梯形悬臂梁两点弯曲试验以及小梁弯曲试验三种试验方法进行了影响因素敏感性、试验可靠性及合理性三个方面的评价与分析[11]。分析表明：间接拉伸疲劳与四点弯曲疲劳的试验结果相差非常大。通过间接拉伸方法获得的平均劲度模量要比四点弯曲试验结果高出 60%～70%，而四点弯曲疲劳试验获得的平均疲劳寿命是间接拉伸疲劳试验结果的 27 倍，造成这一现象的主要原因可能是间接拉伸疲劳试验过程中，在试件受力两端产生了明显的永久变形，从而显著地缩短了沥青混合料的疲劳寿命。而梯形悬臂梁疲劳试验所得到的劲度模量和疲劳寿命似乎均对温度不太敏感，这有可能是梯形悬臂梁疲劳加载速度过快所引起的，沥青混合料实际的温度敏感性要比梯形悬臂梁疲劳试验结果高。在经过综合分析与评价之后，SHRPA-003A 研究项目最终选定了四点弯曲疲劳试验作为其沥青混合料疲劳性能研究的标准试验。四点弯曲试验装置如图 2-10 所示。

图 2-9　梯形悬臂梁两点弯曲试验装置

图 2-10　四点弯曲试验装置

最初，小梁弯曲试验使用的是三点弯曲梁加载装置，可控制加载条件下试件的任一应变或应力，并借助计算机进行工程控制和数据采集，直到试件失效或者破坏。此试验方法可加速测试沥青混凝土在受控条件下的疲劳寿命和抗弯刚度，全面预测沥青路面的疲劳寿命。试验要求试件的标准尺寸为：宽 2.5 in(约 63.5 mm)，高 2.0 in(约 50.8 mm)，长 15 in(约 381 mm)。试件损伤定义为加载过程中试件刚度(或模量)相比初始刚度(或模量)按照一定的百分比减少。一般情况下，采用 50%的初始刚度(或模量)作为应变控制下疲劳试件失效的标准，采用试样完全断裂作为应力控制下疲劳试件破坏的标准。后来为改善试验结果的可靠性，采用四点弯曲疲劳试验提高小梁疲劳试验的实用性、简单性和可靠性。主要改进有：①增大试件即测试梁的尺寸：从宽 1.5 in(约 38.1 mm)、高 1.5 in(约 38.1 mm)、长 15 in(约 381 mm)变成了宽 2.5 in(约 63.5 mm)、高 2.0 in(约 50.8 mm)、长 15 in(约 381 mm)；②专门设计并建造了一个独立的设备用于疲劳试验，软件已经发展到自动执行 SHRP 指定 M-009 测试，最新的软件可以自动控制应变和应力来对试件进行加载。现有的四点弯曲试验的标准主要为 AASHTO，ASTM 和 SHRP，对其技术指标进行汇总[11-13]，列于表 2-1。

表 2-1　现有标准及其技术指标汇总

标准		AASHTO	ASTM	SHRP
指定方法		T321	D7460-08	M-009
荷载测量及控制	范围/kN	0～4.5	0～5	±4.5
	分辨率/kN	2.5	2.5	0.002
	精度/kN	5	5	±0.004
位移测量及控制	范围/mm	0～5	0～5	±5
	分辨率/μm	2.5	2.5	0.00254
	精度/μm	5	5	±0.005
频率测量及控制	范围/Hz	5～15	5～10	5～10
	分辨率/Hz	0.005	0.005	0.005
	精度/Hz	0.01	0.01	0.01
温度测量及控制	范围/℃	5～30	5～30	5～10
	分辨率/℃	0.25	0.25	0.25
	精度/℃	0.5	0.5	±0.5
疲劳破坏标准	弯拉劲度模量减小至/%	50	40	50
试件尺寸	长度/mm	380	380	38.1±6.35
	宽度/mm	63	63	63.5±6.35
	高度/mm	50	50	50.8±6.35

为了评价沥青混合料四点弯曲小梁疲劳试验方法由不同试验设备所得试验结果的差异性，并检验不同设备得到的疲劳试验结果是否具有较好的兼容性，在前期研究中，采用 3 种疲劳试验设备进行了沥青混合料四点弯曲疲劳的比对试验。3 种四点弯曲疲劳试验设备的制造商分别为英国 Cooper 公司（图 2-11）、美国 Jas Cox & Sons 公司（图 2-12）、澳大利亚 IPC 公司（图 2-13）。上述设备均按照 AASHTO T321—2007 试验标准的要求进行设计。

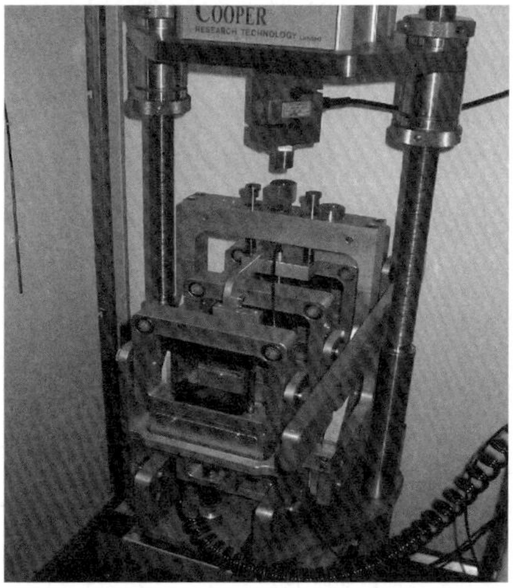

图 2-11　Cooper 四点弯曲疲劳试验机

图 2-12　Jas Cox & Sons 四点弯曲疲劳试验机

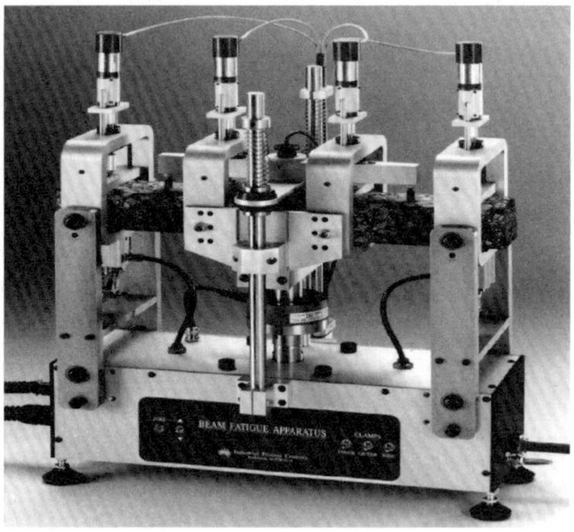

图 2-13　IPC 四点弯曲疲劳试验机

疲劳比对试验的统计结果表明，3 种试验机的所有初始劲度模量和疲劳寿命的试验结果均在可接受范围以内，试验结果具有很好的一致性，但美国 Jas Cox & Sons 四点弯曲疲劳试验机不能提供相应的滞后角和累积耗散能指标，无法对滞后角和累积耗散能指标进行分析，而 Cooper 试验机和 IPC 试验机得出的滞后角指标非常接近，不同应变水平下的累积耗散能指标也基本在同一数量级内。

综合考虑上述各种疲劳试验方法的优缺点，比较各试验方法所获得的结果，从满足科学研究要求的角度出发，兼顾实际操作及应用的可行性，本书采用英国 Cooper 四点弯曲疲劳试验机作为主要的试验仪器进行沥青混合料疲劳性能研究。

2.2 四点弯曲梁式疲劳试件内部组成影响因素研究

首先开展了相同试验条件下的100件同等条件制作的相同混合料类型小梁的重复四点弯曲疲劳试验,以检验由于试件不均匀性等因素产生的疲劳试验结果的随机性。试验结果发现,沥青混合料的应变疲劳寿命离散性很大,一个大样本内沥青混合料的疲劳寿命相差40多倍。造成沥青混合料试件疲劳寿命差异的因素很多,通常将沥青混合料疲劳性能影响因素分为外部因素和内部因素,其中,外部因素包括温度、加载频率等;内部因素包括空隙率、沥青级配以及沥青老化程度等。通常对沥青混合料疲劳性能影响因素的研究并不涉及沥青混合料内部组成结构和组成因素。本节采用数字图像处理方法对试件中部纯弯段的内部结构和组成进行分析,寻找沥青混合料试件内部结构和组成的差异,并在归纳分析的基础上探究沥青混合料内部结构和组成因素对疲劳性能的影响规律。

2.2.1 试件特征信息的图像处理与提取

1. 试件图像的获取

为了便于区分和提取试件中各组成部分的数字图像信息,对2.36 mm以上的粗集料专门选用颜色鲜明的珠江红卵石在实验室采用小型颚式破碎机破碎而成,2.36 mm以下的细集料采用深圳平湖深灰色的辉绿岩石粉,颜色较深(但试件切割后仍然发现细料有较多的杂色)。沥青采用壳牌脱色沥青,颜料采用翡翠绿无机颜料,掺量为2%,与集料干拌均匀后,加沥青拌和成混合料成型试板,切割成小梁进行疲劳试验。若以初始模量的50%为破坏标准完成疲劳试验后,试件依然完好,未见开裂等发生,则可将已完成疲劳试验的试件进行再切割。具体做法是将已完成疲劳试验的试件用双面锯沿正立面方向切割成大致等厚的3条,得到与正立面平行的6个面。

为了能够通过数字图像较好地提取沥青混合料的空隙信息,需要对试件空隙的颜色加以区分,为此采用多种方法对试件表面的宏观空隙加以填抹、打磨,然后扫描获取数字图像。尝试采用的主要方法是:①环氧树脂添加黄色无机颜料填抹表面空隙,硬化后打磨;②面粉添加黄色无机颜料填抹表面空隙,用湿毛巾及时擦除多余部分;③用石膏粉添加黄色无机颜料拌和均匀,加水调至适当稠度后填抹表面空隙,用湿毛巾及时擦除多余部分,晾干后清除周边污染。环氧树脂硬化后打磨困难,且由于环氧树脂和沥青胶浆硬度差别大,易造成边界模糊;面粉有黏性,不易充分填充小空隙和空隙的边界;采用石膏填充的效果最好,硬结时间快,空隙边缘填充充分,容易打磨。将试件切面适当涂以植物油,使切面颜色更鲜明,对比更强烈。将处理后的切面置于扫描仪内,可将一个试件切割后的三个小试件正面一次扫描完毕。试件放置应与扫描仪边界平行,小试件之间可用夹条隔开,如图2-14所示。用遮光布包裹好扫描仪,扫描得到三个小试件正面的扫描图像。将三个小试件翻转,按照上述步骤扫描其反面,这样就得到一个试件切割后的三个小试件的六个面的彩色扫描图像,共获取 54×6=324 幅纯弯段的与正立面平行的截面的数字图像。

截取图像中部纯弯段区域(10 cm)进行数字图像处理分析(图 2-15)。通过数字图像处理分析,提取这部分沥青混合料的内部组成和微观结构信息,归纳分析沥青混合料内部微观信息与疲劳特性的相关性和规律。

图 2-14 试件扫描摆放图

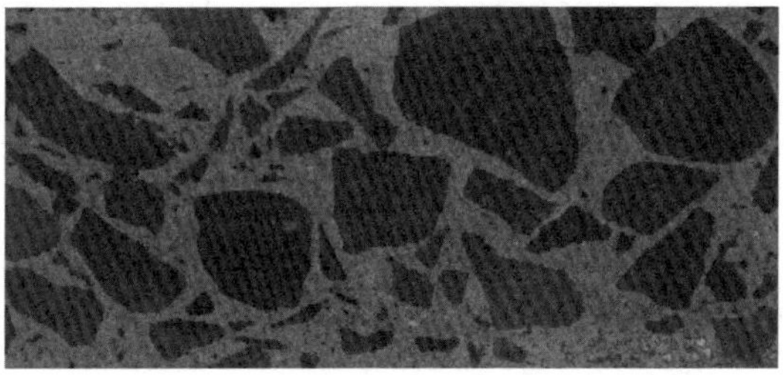

图 2-15 中部纯弯段切面典型数字图像

2. 图像处理工具、方法及过程

沥青混合料图像的预处理分两次进行。第一次是运用图像处理软件对混合料图像进行预处理,将红色粗集料突显出来。利用图像处理软件将图 2-15 中红色以外的细料、沥青胶浆和空隙设置成白色,以便在运用 IMAQ Version Builder 时便于和红色粗集料进行区分,这样做可以减少 IMAQ Version Builder 进行图像识别时的误差,使数据更加准确。同时可对照原图像,将连在一起的颗粒运用图像处理软件进行分离。利用图像处理软件预处理后的红色粗集料图像如图 2-16 所示。

第二次是运用图像处理软件对混合料图像进行预处理,将黄色空隙突显出来。利用图像处理软件将黄色以外的细料、沥青胶浆和粗骨料设置成白色,以便在运用 IMAQ Version Builder 时易于区分,这样做可以减少 IMAQ Version Builder 进行图像识别时的误差,使数据更加准确。利用图像处理软件预处理后的黄色空隙图像如图 2-17 所示。

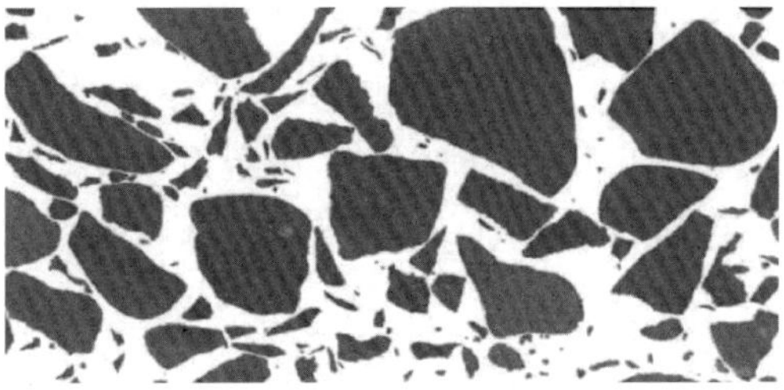

图 2-16 图像处理软件预处理后的红色粗集料图像

图 2-17 图像处理软件预处理后的黄色空隙图像

图 2-18—图 2-21 展示了图像处理软件预处理后的结果。利用 IMAQ Version

Builder 进行图像处理的主要过程如下：①阈值分割；②滤除细小颗粒；③孔洞填充；④量测颗粒几何特征；⑤将 IMAQ Version Builder 数据直接导入 Excel 进行后续的数据处理。

图 2-18　阈值分割后的结果

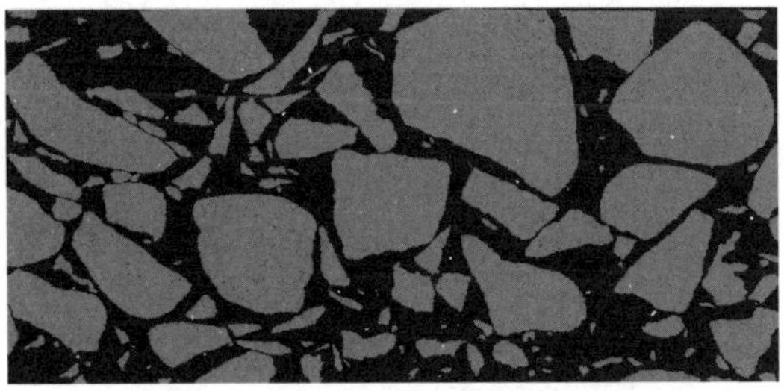

图 2-19　滤除细小颗粒后的结果

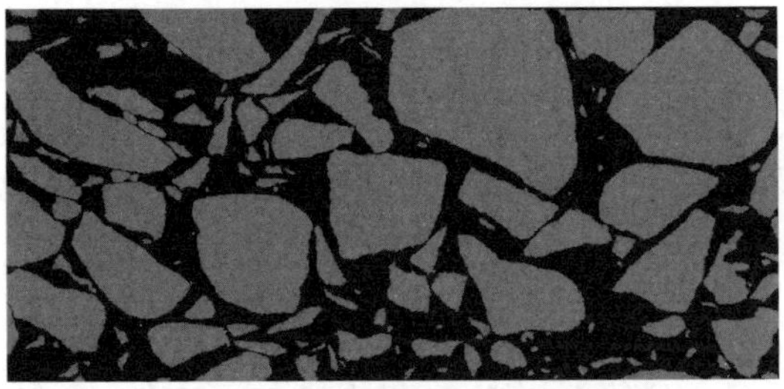

图 2-20　孔洞填充后的结果

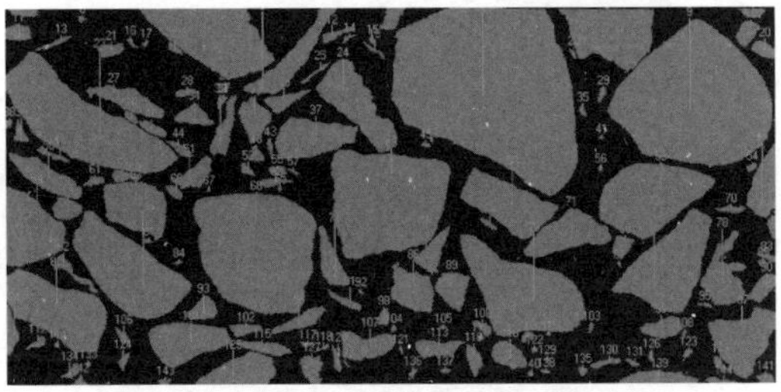

图 2-21　颗粒特征量测结果

2.2.2　空隙和粗颗粒信息的数据处理

试验共获取了 324 个切面的红色粗集料电子表格和 324 个切面的黄色空隙电子表格。每个电子表格列出了每个颗粒的编号、像素数、面积、孔洞数、孔洞面积、总面积等 51 项信息，一幅图像往往包含几百个颗粒，信息量非常大。此外，想要更好地分析和整理这些信息，需要定义一些新的指标，进行大量的分析计算。为此，需要编制专门的 Matlab 程序自动从数据文件中提取相关信息进行数据批处理和分析计算。

1. 空隙和粗颗粒信息指标的定义

空隙信息指标以空隙面积率指标为主。定义单个空隙面积与整幅图像面积的比值为空隙面积率 J_i，一幅图像中所有空隙面积总和与整幅图像面积的比值为空隙总面积率 $J_{总}$：

$$\text{空隙面积率}\ J_i = \frac{\text{单个空隙面积}\ A_i}{\text{图像总面积}\ A} \tag{2-1}$$

$$\text{空隙总面积率}\ J_{总} = \frac{\sum \text{单个空隙面积}\ A_i}{\text{图像总面积}\ A} \tag{2-2}$$

（1）粗颗粒面积率 G_i

定义单个颗粒面积与整幅图像面积的比值为粗颗粒面积率 G_i，一幅图像中所有粗颗粒面积总和与整幅图像面积的比值为粗颗粒总面积率 $G_{总}$：

$$粗颗粒面积率\ G_i = \frac{单个颗粒面积\ A_i}{图像总面积\ A} \tag{2-3}$$

$$粗颗粒总面积率\ G_{总} = \frac{\sum 单个颗粒面积\ A_i}{图像总面积\ A} \tag{2-4}$$

（2）砂浆膜厚度 F

定义沥青混合料图像上细集料、沥青胶浆和空隙的总面积与粗颗粒总周长的比值为砂浆膜厚度 F：

$$F = \frac{S_f + S_a + S_v}{\sum P_i} \tag{2-5}$$

式中，S_f 为细集料面积；S_a为沥青胶浆面积；S_v为空隙面积；$\sum P_i$ 为粗颗粒总周长。

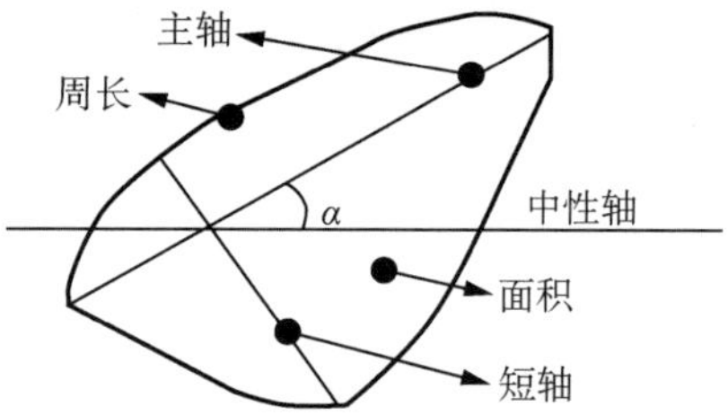

图 2-22　沥青混合料颗粒示意图

（3）颗粒主轴和方向角

沥青混合料集料颗粒并非规则的正方体，而是如图 2-22 所示的长扁状，可以定义颗粒凸边界上距离最大的两点间的连线为集料颗粒的主轴，颗粒主轴与小梁疲劳试件中性轴的夹角为颗粒方向角 $\alpha(0^\circ \leqslant \alpha \leqslant 90^\circ)$。

（4）顺从系数

定义一幅图像中所有颗粒主轴长度 L_i 与 $\sin\alpha_i$ 乘积的总和与颗粒主轴长度 L_i 的总和的比值为顺从系数 φ。当混合料中所有颗粒方向角为零时，顺从系数为零；当混合料中所有颗粒方向角为 90°时，顺从系数为 1。顺从系数 φ 为介于 0～1 之间的数，综合反映了混合料中颗粒的排列。

$$\varphi = \frac{\sum (L_i \cdot \sin\alpha_i)}{\sum L_i} \tag{2-6}$$

（5）颗粒矩长度指标

材料力学中，静矩是平面图形对坐标轴的一次矩：

$$S_x = \int_A y \mathrm{d}A \tag{2-7}$$

参考材料力学中静矩的定义，定义颗粒面积 A_i 与颗粒形心坐标 y_i 和 1/2 试件高度 h 的差值绝对值的乘积为颗粒相对于疲劳试件中性轴的面积矩 S_i：

$$\text{粗颗粒面积率 } S_i = \text{单个颗粒面积 } A_i \times | y_i - h/2 | \tag{2-8}$$

定义一幅图像中颗粒面积矩的总和 $\sum S_i$ 与颗粒面积的总和 $\sum A_i$ 的比值为颗粒矩长度 l：

$$l = \frac{\sum S_i}{\sum A_i} \tag{2-9}$$

颗粒矩长度 l 指标反映了颗粒相对于中性轴向试件上、下底面的集散程度。颗粒矩长度 l 越大，说明颗粒越集中在上、下底面；反之，颗粒矩长度 l 越小，则颗粒越集中在中性轴。

2. Matlab 程序设计和数据处理

由于获得的数据文件较多，每个数据文件的信息量大且需要根据前述指标进行进一步数据处理，为此专门编制了 Matlab 程序，进行数据文件批处理、自动取值以及各项指标运算。

此外，考虑到小梁疲劳试验的受力特点，为了研究距离下底面不同高度内材料组成和内部结构的差异对沥青混合料疲劳性能的影响，还运用 Matlab 的数字图像处理功能根据研究的需要对原始图像进行了裁剪，图 2-23 为用 Matlab 程序将图 2-16 的数字图像由下而上进行 5 mm，10 mm，15 mm，20 mm，25 mm 高度裁取后的图像。Matlab 的应用大大缩短了图像分割的时间，提高了研究效率。图像裁取后即可按照上述步骤对相关信息进行提取和分析整理，研究不同高度内材料组成和内部结构的差异对沥青混合料疲劳性能的影响。

(a) 距下底面5 mm高度

(b) 距下底面10 mm高度

(c) 距下底面15 mm高度

(d) 距下底面20 mm高度

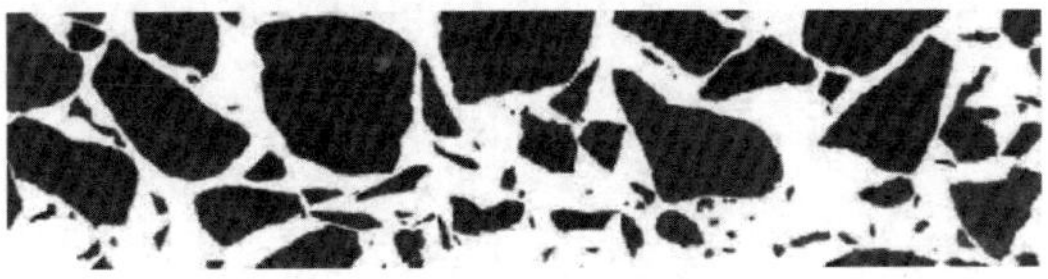

(e) 距下底面25 mm高度

图 2-23　按不同高度裁取后的图像

2.2.3 空隙和颗粒信息指标与试件疲劳性能的相关分析

1. 多元线性回归分析原理

多元线性回归分析,可以先建立多重线性模型。设一个因变量 y 与多个自变量 x_1, x_2, …, x_k 之间存在非确定性线性关系:

$$y = \beta_0 + \beta_1 x_1 + \cdots + \beta_k x_k + \varepsilon \tag{2-10}$$

式中, ε 为随机误差。y 可以看作是 $\beta_0 + \beta_1 x_1 + \cdots + \beta_k x_k$ 以及随机误差 ε 的叠加,则 y 亦为随机变量。

若对 y 及 x_1, x_2, …, x_k 同时进行 N 次独立观测,便得到:

$$\begin{cases} y_1 = \beta_0 + \beta_1 x_{11} + \cdots + \beta_k x_{1k} + \varepsilon_1 \\ \quad \vdots \\ y_N = \beta_0 + \beta_1 x_{N1} + \cdots + \beta_k x_{Nk} + \varepsilon_N \end{cases} \tag{2-11}$$

若采用矩阵形式,则式(2-11)可记为

$$\boldsymbol{Y} = \boldsymbol{X\beta} + \boldsymbol{\varepsilon} \tag{2-12}$$

此模型称为一元多重线性回归模型,简记为 $L(\boldsymbol{Y},\ \boldsymbol{X\beta} + \boldsymbol{\varepsilon})$。建立了回归模型之后,回归分析的基本问题是:①参数估计;②假设检验;③预测预报。

利用最小二乘原理进行参数估计,实际上就是求误差平方和达到极小值的点 $\hat{\beta}$。误差平方和为

$$Q(\boldsymbol{\beta}) = (\boldsymbol{Y} - \boldsymbol{X\beta})^{\mathrm{T}}(\boldsymbol{Y} - \boldsymbol{X\beta}) = \boldsymbol{Y}^{\mathrm{T}}\boldsymbol{Y} - 2\boldsymbol{\beta}^{\mathrm{T}}\boldsymbol{XY} + \boldsymbol{\beta}^{\mathrm{T}}\boldsymbol{X}^{\mathrm{T}}\boldsymbol{X\beta} \tag{2-13}$$

将式(2-13)对 β 求导:

$$\frac{\partial Q}{\partial \boldsymbol{\beta}} = -2\boldsymbol{X}^{\mathrm{T}}\boldsymbol{Y} + 2\boldsymbol{X}^{\mathrm{T}}\boldsymbol{X\beta} \tag{2-14}$$

令

$$\frac{\partial Q}{\partial \boldsymbol{\beta}} = \boldsymbol{0} \tag{2-15}$$

$\hat{\beta}$ 就是满足方程(2-15)的解。

显著性检验包括回归方程的显著性检验和回归因子的显著性检验。

(1) 回归方程的显著性检验。若记 $\boldsymbol{\beta} = \begin{pmatrix} \boldsymbol{\beta}_0 \\ \boldsymbol{\beta}_{(k)} \end{pmatrix}$, $\boldsymbol{\beta}_{(k)} = (\beta_1,\ \beta_2,\ \cdots,\ \beta_k)^{\mathrm{T}}$,则原假设和备选假设可提为

$$H_0: \boldsymbol{\beta}_{(k)} = \boldsymbol{0}(\text{即 } \beta_1 = \beta_2 = \cdots = \beta_k = 0);\ H_1: \boldsymbol{\beta}_{(k)} \neq \boldsymbol{0}$$

若 H_0 可接受，则说明 y 几乎不能用各因子的线性组合来作出估计，线性回归方程不显著；反之，则称回归方程显著。

总离差平方和：$$S_T = \sum (y_i - \hat{y}_i)^2 + \sum (\hat{y}_i - \bar{y})^2 \tag{2-16}$$

剩余平方和：$$S_e = \sum (y_i - \hat{y}_i)^2 \tag{2-17}$$

回归平方和：$$S_R = \sum (\hat{y}_i - \bar{y})^2 \tag{2-18}$$

$$S_T = S_e + S_R \tag{2-19}$$

统计量 $F = \dfrac{S_R/k}{S_e/(N-k-1)} \sim F(k,\ N-k-1)$。若 $F \geqslant F_{(1-\alpha)}(k,\ N-k-1)$，则拒绝 H_0，称线性回归效果显著；反之，则接受 H_0，称线性回归效果不显著。

多重线性回归时，整个方程显著并不意味着每个回归因子对指标 y 的线性相关程度都显著。因此，方程显著性检验之后，仍有必要对各回归因子分别作显著性检验。

(2) 回归因子 x_j 的显著性检验可归结为假设检验：$H_0: \beta_j = 0$；$H_1: B_j \neq 0$。

由统计学可推知：

$$\hat{\beta}_j \sim N(\beta_j,\ \sigma^2 c_{jj}) \tag{2-20}$$

式中，c_{jj} 是回归方程中的元素，$j = 1,\ 2,\ \cdots,\ k$。

当 $H_0: \beta_j = 0$ 为真时，

$$Z = b_j / \sqrt{c_{jj}}\sigma \sim N(0,\ 1) \tag{2-21}$$

$$V = S_e/\sigma^2 \sim \chi^2_{N-(k+1)} \tag{2-22}$$

且 Z 与 V 独立，从而

$$t(x_j) = Z/\sqrt{\frac{V}{N-k-1}} \sim t(N-k-1) \tag{2-23}$$

$$F(x_j) = \frac{b_j^{-2}}{c_{jj}\sqrt{S_e}} \sim F(1,\ N-k-1) \tag{2-24}$$

对于给定的检验水平 α，当 $|t(x_j)| > t_{\alpha/2}$ 或 $F(x_j) > F_\alpha$ 时，拒绝 $H_0: \beta_j = 0$，表明回归因子 x_j 与 y 线性相关显著；否则，应接受 $H_0: \beta_j = 0$，表明回归因子 x_j 不显著。

2. 空隙和颗粒信息指标结果

通过以上处理和分析，得到了有关空隙和红色粗颗粒特性的电子表格，进一步应用自编的 Matlab 程序分析和计算后，得到了每幅图像有关空隙和粗颗粒的指标值数据，将同一试件的六幅图像的各项指标值取平均后得到试件的各项指标值。

空隙信息指标统计分析结果汇总于表 2-2。从表 2-2 可以看出，试件内 6 个切面图像变异系数最大值为 11.06%，最小值为 1.39%，平均值为 4.36%，样本内变异系数为 55.03%，说明图像中空隙面积率在同一试件内和组内都有较大的变异性。特别是样本组内变异系数为 55.03%，说明不同试件的空隙率有较大差别。

颗粒信息指标统计分析结果汇总于表 2-3。从表 2-3 可以看出，对于粗集料总面积率 $G_{总}$ 指标，试件内 6 个切面图像变异系数最大值为 16.6%，最小值为 3.3%，平均值为 8.6%，样本内变异系数为 8.48%，说明 $G_{总}$ 在试件内和组内变异都较大；对于砂浆膜厚度 F 指标，试件内 6 个切面图像变异系数最大值为 17.65%，最小值为 2.59%，平均值为 9.0%，样本内变异系数为 9.54%，说明砂浆膜厚度 F 在试件内和组内变异较大；粗颗粒顺从系数 φ 介于 0.35～0.45 之间，试件内 6 个切面图像的顺从系数的变异系数最大值为 17.82%，最小值为 2.89%，平均值为 8.1%，样本内变异系数为 5.649%，说明 φ 在试件内和组内也有较大变异性。

这意味着相同条件下制作的所谓"相同试件"其实存在较大差异，这也意味着平时肉眼所见的相同试件其实在微观组成、排列乃至微观结构上都存在较大差异。正是这些差异可能导致"相同试件"宏观力学性能的巨大差异。

表 2-2　　空隙数字图像指标结果统计

指标名称	图像总面积		空隙总面积		空隙面积率 $J_{总}$	
	6 幅图像平均/$pixel^2$	6 幅图像 C_v/%	6 幅图像平均/$pixel^2$	6 幅图像 C_v/%	6 幅图像平均/%	6 幅图像 C_v/%
平均值	2 808 159	0.97	34 082	8.622	1.212	4.36
最大值	2 943 700	3.32	80 151	25.909	2.738	11.06
最小值	2 560 700	0.01	892	0.52	0.030	1.39
C_v/%	2.84	66.05	121.71	43.40	55.03	53.83

注：C_v 为变异系数。

表 2-3　　粗集料数字图像分析指标结果统计

指标名称	颗粒总面积		粗集料面积率 $G_{总}$		图像总面积		图像高度	
	6 幅图像平均/$pixel^2$	6 幅图像 C_v/%	6 幅图像平均/%	6 幅图像 C_v/%	6 幅图像平均/$pixel^2$	6 幅图像 C_v/%	6 幅图像平均/pixel	6 幅图像 C_v/%
平均值	1 346 994	8.63	48.0	8.6	2 808 159	0.97	1 141.63	0.79
最大值	1 520 600	16.05	53.8	16.6	2 943 700	3.32	1 167.20	3.06
最小值	895 280	3.43	32.7	3.3	2 560 700	0.01	1 086.80	0.25
C_v/%	9.33	39.46	8.48	40.86	2.84	66.05	1.62	70.06

（续表）

指标名称	砂浆膜厚度 F		顺从系数 φ		颗粒矩长度 l		粗颗粒平均大小	
	6 幅图像平均/pixel	6 幅图像 C_v/%	6 幅图像平均	6 幅图像 C_v/%	6 幅图像平均/pixel	6 幅图像 C_v/%	6 幅图像平均/pixel	6 幅图像 C_v/%
平均值	27.19	9.00	0.401	8.10	347.722	8.622	8 554.5	21.08
最大值	37.42	17.65	0.453	17.82	455.540	19.909	13 863.0	43.84
最小值	24.05	2.59	0.355	2.89	294.490	1.957	4 566.7	7.55
C_v/%	9.54	38.76	5.649	40.88	10.89	46.40	21.81	43.17

注：C_v 为变异系数。

3. 空隙和颗粒信息指标与疲劳试验结果参数的相关显著性分析

利用 SPSS 统计分析软件对上述指标进行统计分析。统计量描述结果见表 2-4。各个变量之间的皮尔逊相关系数见表 2-5，相关显著性检验见表 2-6。

表 2-4　　统计量描述

序号	统计量	均值	标准差	N
1	疲劳寿命 $\ln N_f$	11.525 2	0.854 80	54
2	初始模量 $\ln E_0$	8.937 8	0.164 67	54
3	累计耗散能 $\ln W_f$	11.274 6	0.832 99	54
4	粗集料总面积率 $G_{总}$/%	47.957 9	3.536 24	54
5	砂浆膜厚度 F/pixel	27.195 6	2.228 79	54
6	顺从系数 φ	0.401 5	0.021 31	54
7	颗粒矩长度 l/pixel	347.722 0	35.241 46	54
8	粗颗粒平均大小/pixel	8 554.546 3	1 686.797 82	54
9	空隙面积率 $J_{总}$/%	1.211 6	0.631 95	54
10	空隙率 V_v/%	3.875 9	0.892 72	54

从表 2-5 和表 2-6 的数据来看：①沥青混合料的疲劳寿命 $\ln N_f$ 与各变量的相关性由高到低依次为砂浆膜厚度 F、空隙面积率 $J_{总}$、顺从系数 φ、空隙率 V_v、粗集料总面积率 $G_{总}$、粗颗粒平均大小、颗粒矩长度 l；②沥青混合料的初始模量 $\ln E_0$ 与各变量的相关性由高到低依次为顺从系数 φ、砂浆膜厚度 F、粗颗粒平均大小、粗集料总面积率 $G_{总}$、空隙面积率 $J_{总}$、空隙率 V_v、颗粒矩长度 l；③沥青混合料的累计耗散能 $\ln W_f$ 与各变量的相关性由高到低依次为砂浆膜厚度 F、空隙面积率 $J_{总}$、空隙率 V_v、顺从系数 φ、粗集料总面积率 $G_{总}$、粗颗粒平均大小、颗粒矩长度 l。

表 2-5　各变量之间的皮尔逊相关系数

	疲劳寿命 $\ln N_f$	粗集料总面积率 $G_总$	砂浆膜厚度 F	顺从系数 φ	颗粒矩长度 l	粗颗粒平均大小	空隙面积率 $J_总$	空隙率 V_v	初始模量 $\ln E_0$	累计耗散能 $\ln W_f$
疲劳寿命 $\ln N_f$	1.000	−0.390	0.607	0.492	−0.075	−0.354	−0.554	−0.463	−0.583	0.987
粗集料总面积率 $G_总$	−0.390	1.000	−0.668	−0.303	0.435	0.786	0.080	−0.030	0.258	−0.360
砂浆膜厚度 F	0.607	−0.668	1.000	0.385	−0.011	−0.335	−0.280	−0.153	−0.393	0.587
顺从系数 φ	0.492	−0.303	0.385	1.000	−0.164	−0.315	−0.269	−0.249	−0.512	0.458
颗粒矩长度 l	−0.075	0.435	−0.011	−0.164	1.000	0.775	−0.022	−0.001	0.033	−0.055
粗颗粒平均大小	−0.354	0.786	−0.335	−0.315	0.775	1.000	0.051	0.064	0.261	−0.318
空隙面积率 $J_总$	−0.554	0.080	−0.280	−0.269	−0.022	0.051	1.000	0.720	0.197	−0.572
空隙率 V_v	−0.463	−0.030	−0.153	−0.249	−0.001	0.064	0.720	1.000	0.151	−0.472
初始模量 $\ln E_0$	−0.583	0.258	−0.393	−0.512	0.033	0.261	0.197	0.151	1.000	−0.466
累计耗散能 $\ln W_f$	0.987	−0.360	0.587	0.458	−0.055	−0.318	−0.572	−0.472	−0.466	1.000

表 2-6　各变量相关显著性(单侧)

	疲劳寿命 $\ln N_f$	粗集料总面积率 $G_总$	砂浆膜厚度 F	顺从系数 φ	颗粒矩长度 l	粗颗粒平均大小	空隙面积率 $J_总$	空隙率 V_v	初始模量 $\ln E_0$	累计耗散能 $\ln W_f$
疲劳寿命 $\ln N_f$	.	0.002	0.000	0.000	0.294	0.004	0.000	0.000	0.000	0.000
粗集料总面积率 $G_总$	0.002	.	0.000	0.013	0.001	0.000	0.284	0.416	0.030	0.004
砂浆膜厚度 F	0.000	0.000	.	0.002	0.469	0.007	0.020	0.135	0.002	0.000
顺从系数 φ	0.000	0.013	0.002	.	0.118	0.010	0.025	0.035	0.000	0.000
颗粒矩长度 l	0.294	0.001	0.469	0.118	.	0.000	0.437	0.498	0.408	0.346
粗颗粒平均大小	0.004	0.000	0.007	0.010	0.000	.	0.356	0.323	0.028	0.010
空隙面积率 $J_总$	0.000	0.284	0.020	0.025	0.437	0.356	.	0.000	0.077	0.000
空隙率 V_v	0.000	0.416	0.135	0.035	0.498	0.323	0.000	.	0.137	0.000
初始模量 $\ln E_0$	0.000	0.030	0.002	0.000	0.408	0.028	0.077	0.137	.	0.000
累计耗散能 $\ln W_f$	0.000	0.004	0.000	0.000	0.346	0.010	0.000	0.000	0.000	.

总的说来，沥青混合料的疲劳寿命 $\ln N_f$、初始模量 $\ln E_0$ 和累计耗散能 $\ln W_f$ 与砂浆膜厚度 F、空隙面积率 $J_{总}$、顺从系数 φ、空隙率 V_v 等指标的相关性较好；而与颗粒矩长度 l 指标的相关性最差，这可能是由于所采用的试件高度不大，或者是混合料内部颗粒相对于中性轴本身的分布并无明显差异造成的。

2.2.4 小梁试件底部不同高度范围的空隙和颗粒积聚特性

如图 2-23 所示，将所得到的 324 幅图像按照距下底面 5 mm，10 mm 和 20 mm 的不同高度进行裁切，获得 972(即 3×324)幅图像。分析计算各项指标的统计结果，列于表 2-7—表 2-9。不同高度数字图像的空隙指标结果统计列于表 2-10。

表 2-7　粗集料数字图像(距下底面 5 mm 高度)指标结果统计

指标名称	图像总面积/$pixel^2$	颗粒总面积/$pixel^2$	粗集料总面积率 $G_{总}$/%	图像高度/pixel	砂浆膜厚度 F/pixel	顺从系数 φ
平均值	292 677	133 798	45.7	118.94	22.21	0.21
最大值	301 840	160 620	54.34	119	38.68	0.27
最小值	280 290	75 178	26.25	116.67	17.96	0.14
C_v/%	1.9	12.44	12.05	0.38	19.24	13.67

表 2-8　粗集料数字图像(距下底面 10 mm 高度)指标结果统计

指标名称	图像总面积/$pixel^2$	颗粒总面积/$pixel^2$	粗集料总面积率 $G_{总}$/%	图像高度/pixel	砂浆膜厚度 F/pixel	顺从系数 φ
平均值	582 894	272 106	46.66	236.93	25	0.29
最大值	601 150	312 670	52.95	237	40.03	0.34
最小值	558 220	161 350	28.3	234.5	20.21	0.21
C_v/%	1.9	11.18	10.65	0.2	15.79	10.9

表 2-9　粗集料数字图像(距下底面 20 mm 高度)指标结果统计

指标名称	图像总面积/$pixel^2$	颗粒总面积/$pixel^2$	粗集料总面积率 $G_{总}$/%	图像高度/pixel	砂浆膜厚度 F/pixel	顺从系数 φ
平均值	1 163 398	554 273	47.62	472.94	26.37	0.35
最大值	1 199 800	658 410	55.87	473	42.86	0.42
最小值	1 114 100	316 820	27.83	470.67	21.75	0.29
C_v/%	1.9	11.43	10.88	0.1	15	8.88

表 2-10　　不同高度处数字图像的空隙指标结果统计

所截取的图像高度	统计量	图像总面积（6 幅图像平均）/ $pixel^2$	空隙总面积（6 幅图像平均）/ $pixel^2$	空隙面积率 $J_{总}$（6 幅图像平均）/%
距下底面 5 mm	平均值	292 677	3 567	1.222
	最大值	301 840	8 650	2.869
	最小值	280 290	165	0.06
	C_v/%	1.90	131.61	61.03
距下底面 10 mm	平均值	582 894	7 049	1.208
	最大值	601 150	16 349	2.718
	最小值	558 220	271	0.05
	C_v/%	1.90	126.51	57.06
距下底面 20 mm	平均值	1 163 398	14 190	1.218
	最大值	1 199 800	32 991	2.748
	最小值	1 114 100	441	0.04
	C_v/%	1.90	122.81	54.08

图像中各项指标随截取高度的变化见图 2-24—图 2-27。

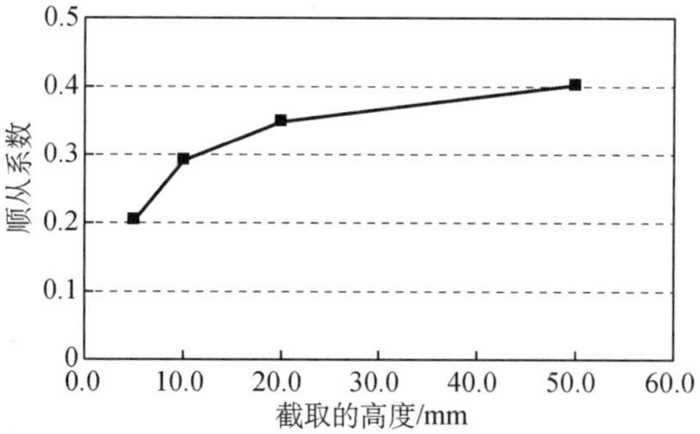

图 2-24　顺从系数随截取高度的变化

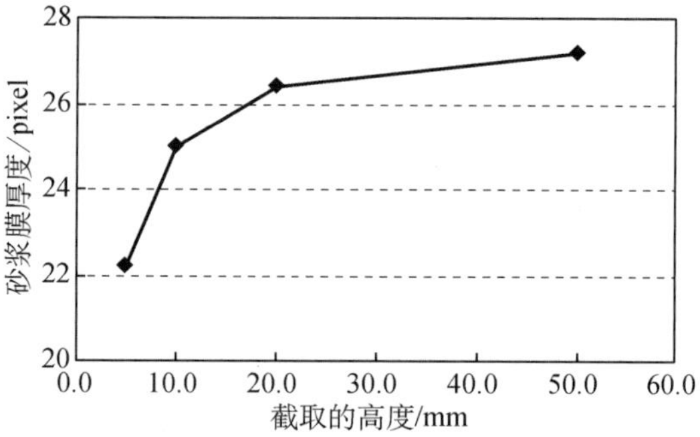

图 2-25　砂浆膜厚度随截取高度的变化

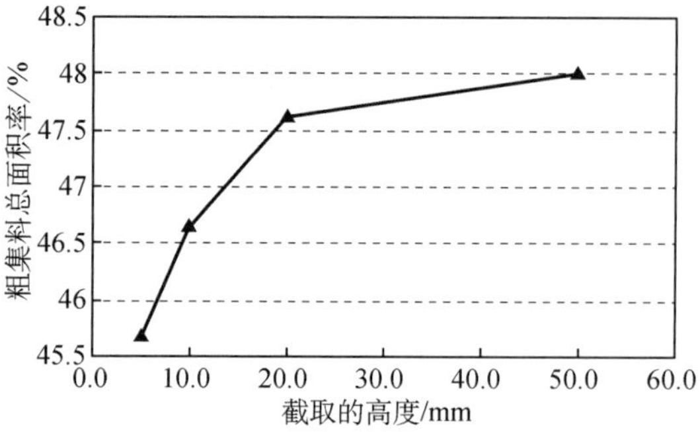

图 2-26　粗集料总面积率随截取高度的变化

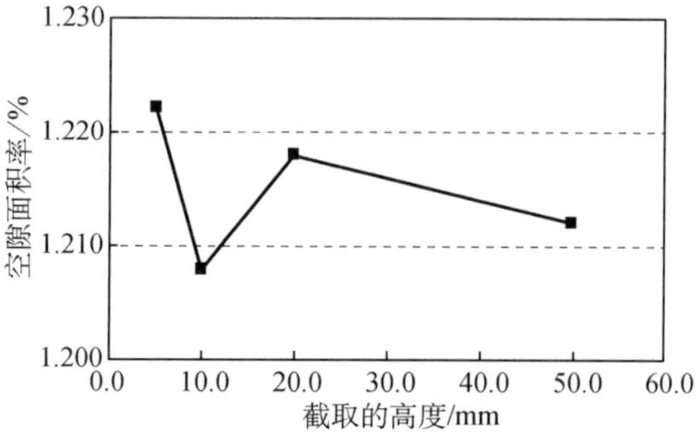

图 2-27　空隙面积率随截取高度的变化

由图 2-24 可知,顺从系数随图像截取高度的减小而减小,主要原因可能是,当截取的图像高度较小时,大部分颗粒都被截开,截留的颗粒更易卧倒。由图 2-25 可知,砂浆膜厚度随图像截取高度的减小而减小,主要原因可能是,随着截取高度的减小,被截开颗粒的比例提高,导致颗粒周长相对延长。由图 2-26 可知,粗集料总面积率随图像截取高度的增大而增大,主要原因可能是,沥青混合料的离析和压实过程的差异。在沥青混合料试板成型装料和手工整平过程中,造成了沥青混合料粗颗粒的离析,导致粗集料更集中于试件顶部。此外,试件成型过程中,上表面振动的效果较好,而越接近底面,压实效果越差,粗集料面积率越小。由图 2-27 可知,空隙面积率随图像截取高度变化的幅度不大,但当截取高度较小时,说明空隙在整个截面的分布较均匀。

以上分析结果表明,同一试件在不同高度范围内的颗粒和空隙组成存在差异,而且这种差异遵循了一定的规律,可能是沥青混合料在试件高度范围内的离析和压实过程中上、下底面压实程度的差异造成的。

2.3 四点弯曲梁式疲劳试验结果参数的随机分析

由于原材料本身的不均匀性,试验和成型过程不可避免地存在差异,这些指标可以看作是一个 n 维随机变量。本节将从多维随机变量的概率和分布的角度,考察这些指标对疲劳寿命的影响。

2.3.1 多维随机变量函数的分布

1. 随机变量的概述

设 Ω 为某随机试验的样本空间,若对任何 $\omega\in\Omega$,有唯一实数 $\xi(\omega)$与之对应,则称$\xi(\omega)$为随机变量。随机变量可能取的值,在有些情况下是有限个,在有些情况下则是无穷多个,在有些情况下,随机变量的取值范围甚至是数轴上的某个区间。根据取值情况,可以把随机变量分成两类:离散型随机变量与非离散型随机变量。根据维数的多少,随机变量又可分为一维随机变量和多维随机变量。

一般地,若$(\xi_1, \xi_2, \cdots, \xi_n)$是定义在同一样本空间 Ω 上的 n 个随机变量,则$(\xi_1, \xi_2, \cdots, \xi_n)$称为 n 维随机变量或随机向量。对随机向量可以就其各个分量 ξ_i 分别研究,即转化为一维随机变量的问题。若把它们作为一个向量来研究,则不但能研究各个分量的性质,而且还可以考察它们之间的联系,这对许多问题来说是十分必要的。

沥青混合料的疲劳寿命受到许多因素的影响,这些因素包括上述空隙和颗粒积聚特性指标,试验和成型过程的温度、离析等,这些因素对某一试件的疲劳寿命来说是不确定的随机因素,也就是说,这些因素构成了随机向量或者可以看作是 n 维随机变量。

2. 多维正态随机变量函数的分布

(1) 若 $\xi_i \sim N(0, 1)(i=1, 2, \cdots, n)$ 且相互独立，则

$$\sum_{i=1}^{n} \xi_i \sim N(0, 1) \tag{2-25}$$

(2) 若 $\xi_i \sim N(\mu_i, \sigma_i^2)(i=1, 2, \cdots, n)$ 且相互独立，则

$$\sum_{i=1}^{n} \xi_i \sim N\left(\sum_{i=1}^{n} \mu_i, \sum_{i=1}^{n} \sigma_i^2\right) \tag{2-26}$$

即服从正态分布的随机变量之和仍服从正态分布，正态分布具有可加性。

(3) 若 $\xi_i \sim N(\mu_i, \sigma_i^2)(i=1, 2, \cdots, n)$ 且相互独立，$c_1, c_2, \cdots, c_n$ 是常数，则

$$\sum_{i=1}^{n} c_i \xi_i \sim N\left(\sum_{i=1}^{n} c_i \mu_i, \sum_{i=1}^{n} c_i^2 \sigma_i^2\right) \tag{2-27}$$

即服从正态分布的随机变量的线性组合仍服从正态分布。

2.3.2 空隙和颗粒积聚特性变量的分布

1. 随机变量分布的正态性检验

随机变量分布的正态性检验常用的方法包括偏度和峰度联合检验法、正态概率纸检验法和 W 检验法。偏度和峰度联合检验法要求较大的样本容量，其主要理论依据是正态分布的概率密度函数曲线是对称的，且陡缓适中。概率纸检验法是一种判断总体分布的简单工具，可以快速判断总体是否服从某一分布，还能够粗略地估计出总体的数字特征，适合现场统计。概率纸检验方法直观而且计算较简单，但精度不高，只能得到一些粗略的结论，而且对于所描述的点列是不是在一条直线附近的判断也因人而异。W 检验法是 Shapiro 与 Wilk 于 1965 年提出的，这种方法灵敏度高，计算简单，需要的样本容量较小。W 检验法是由样本 $(\xi_1, \xi_2, \cdots, \xi_n)$ 的顺序统计量 $\xi_{(1)}, \xi_{(2)}, \cdots, \xi_{(n)}$ 构成检验统计量 W。

$$W = \frac{L^2}{\sum_{i=1}^{n} (\xi_i - \tilde{\xi})^2} \tag{2-28}$$

式中，

$$L = \sum_{i=1}^{l} a_k \left[\xi_{(n+1-k)} - \xi_{(k)}\right]$$

$$l = \begin{cases} \dfrac{n}{2}, & n \text{ 为偶数} \\[2ex] \dfrac{n-1}{2}, & n \text{ 为奇数} \end{cases}$$

可以证明，对于任意分布的样本值(x_1，x_2，…，x_n)，计算出的 W 的观测值都满足 $0 \leqslant W \leqslant 1$，而且分布越接近正态分布，则 W 的值越接近 1。若 $W \leqslant W_\alpha$，则拒绝正态性假设；若 $W_\alpha < W \leqslant 1$，则接受正态性假设，即认为总体服从正态分布。

2. 空隙和颗粒积聚特性变量分布的正态性检验

利用 Origin 绘出砂浆膜厚度 F、顺从系数 φ、空隙面积率 $J_总$ 和疲劳寿命 $\ln N_f$ 等指标的频数直方图(图 2-28—图 2-31)。根据正态性检验的原理，选择 W 检验法对砂浆膜厚度 F、顺从系数 φ、空隙面积率 $J_总$ 和疲劳寿命 $\ln N_f$ 进行正态性检验，结果列于表 2-11。

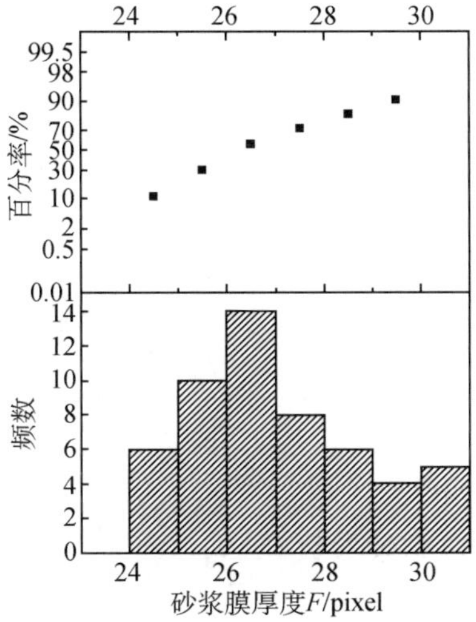

图 2-28　砂浆膜厚度频数直方图

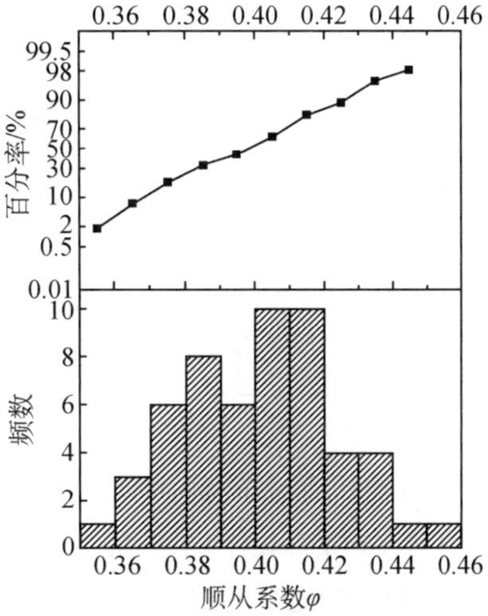

图 2-29　顺从系数频数直方图

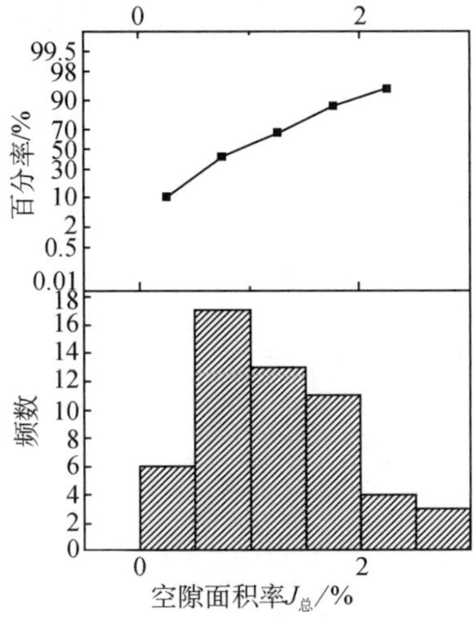

图 2-30　空隙面积率频数直方图

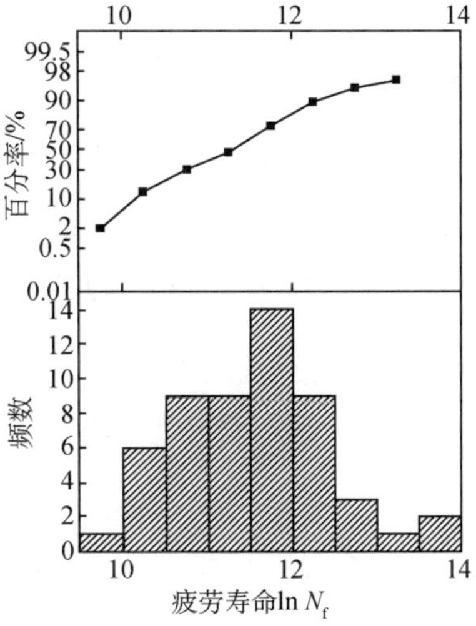

图 2-31　疲劳寿命频数直方图

表 2-11　　空隙和颗粒积聚特性变量分布的 W 检验

指标名称	个体总数 N	W 统计值	P 值	显著性水平	是否正态分布	备注
砂浆膜厚度 F	53	0.946 20	0.031 63	0.025	是	去掉 1 个异常数据
顺从系数 φ	54	0.984 93	0.877 03	0.05	是	
空隙面积率 $J_{总}$	54	0.958 16	0.110 03	0.05	是	
疲劳寿命 $\ln N_f$	54	0.970 69	0.366 31	0.05	是	

正态性检验结果表明，空隙和颗粒积聚特性变量的砂浆膜厚度 F、顺从系数 φ 和空隙面积率 $J_{总}$ 指标呈正态分布，疲劳寿命 $\ln N_f$ 也呈正态分布，其均值和方差列于表 2-12。

表 2-12　　各技术指标的统计参数

统计量	砂浆膜厚度 F	顺从系数 φ	空隙面积率 $J_{总}$	疲劳寿命 $\ln N_f$	备注
均值 μ	27.00	0.401	1.212	11.53	统计砂浆膜厚度 F 时去掉了 1 个异常数据
均方差 σ	1.81	0.023	0.667	0.90	

2.3.3　作为随机变量的疲劳试验结果的随机分析

通过回归分析得到了沥青混合料试件疲劳试验结果参数 $\ln N_f$ 关于砂浆膜厚度 F、顺从系数 φ 和空隙面积率 $J_{总}$ 的回归模型：

$$\ln N_f = 0.158F + 9.291\varphi - 0.509J_{总} + 4.106 \tag{2-29}$$

由本章前述分析可知，砂浆膜厚度 F、顺从系数 φ 和空隙面积率 $J_{总}$ 是相互独立的随机变量，且都服从正态分布，于是式(2-29)右边为服从正态分布的随机变量的线性组合，其亦服从正态分布。令

$$\zeta_1 = 0.158F + 9.291\varphi - 0.509J_{总} + 4.106 \tag{2-30}$$

则 ζ_1 服从正态分布，由式(2-30)，求得其均值和均方差(表 2-13)。

同理，对于 $\ln E_0$ 和 $\ln W_f$ 的回归方程：

$$\ln E_0 = -3.272F - 0.017\varphi + 10.714 \tag{2-31}$$

$$\ln W_f = 0.149F + 7.606\varphi - 0.539J_{总} + 4.826 \tag{2-32}$$

令

$$\zeta_2 = -3.272F - 0.017\varphi + 10.714 \tag{2-33}$$

$$\zeta_3 = 0.149F + 7.606\varphi - 0.539J_{总} + 4.826 \tag{2-34}$$

可求得随机变量 ζ_2 和 ζ_3 的均值和均方差(表 2-13)。

表 2-13　　多元随机变量的统计参数

统计量	多维随机变量计算值			实际观测值		
	ζ_1	ζ_2	ζ_3	$\ln N_f$	$\ln E_0$	$\ln W_f$
均值 μ	11.48	8.94	11.25	11.53	8.94	11.27
均方差 σ	0.49	0.081	0.482	0.090	0.018	0.49

从表 2-13 的结果来看，由多元随机变量线性叠加预测的 $\ln N_f$，$\ln E_0$ 和 $\ln W_f$ 的均值与实际观测到的均值基本接近，但预测到的均方差却与观测值的均方差相差较大，实际观测到的均方差比预测的均方差要大。这主要是由于预测模型只考虑了砂浆膜厚度 F、顺从系数 φ 和空隙面积率 $J_{总}$ 几个随机因素的影响，而实际试验过程中还有更多的因素未加考虑，甚至试验时的“相同条件”也并不相同，正是这些未考虑到的影响因素致使实际试验观测值的离散度和变异性增大，从而导致实际观测值的均方差比预测值大。

2.4　小结

通过相关的文献查阅与性能试验的比对验证，表明四点弯曲小梁疲劳试验方法是目前最为可靠的室内沥青混合料小型试件疲劳测试方法。进一步对该方法所采用的试件内部结构和组成的非均匀性进行描述，结合重复条件下的疲劳试验测试与结果的随机分析，可得出如下结论：

(1) 沥青混合料的疲劳寿命与沥青混合料的砂浆膜厚度、粗颗粒顺从系数和空隙面积率线性相关。进一步分析建立了疲劳试验结果参数与图像中有关空隙和粗颗粒指标的关系模型，揭示了沥青混合料微观组成和结构对沥青混合料疲劳性能的影响规律。这些分析结果同时也说明了沥青混合料疲劳寿命与其内部组成和结构直接相关，正是沥青混合料疲劳寿命内部组成和结构的差异直接导致了相同条件下沥青混合料疲劳寿命的巨大差异。

(2) 截取不同高度的数字图像分析结果表明，不同截取高度内粗集料面积率随图像截取高度的增大而增大，说明同一试件在不同高度范围内的颗粒和空隙组成存在差异，而且这种差异遵循了一定的规律，这可能是沥青混合料在试件高度范围内的离析和压实过程的差异造成的。

(3) 由于原材料的不均匀性，试验和成型过程不可避免地存在差异，即使在相同条件下，沥青混合料的疲劳寿命仍然受到许多因素的影响，这些因素包括空隙和颗粒积聚特性指标，试验和成型过程的温度、离析等，对于某一试件的疲劳寿命来说是不确定的随机因素，也就是说，这些影响因素构成了随机向量或可以看作是 n 维随机变量。受这些因素直接影响的沥青混合料疲劳试验结果参数 $\ln N_f$，$\ln E_0$ 和 $\ln W_f$ 等也可以看作是随机变量。

(4) 从服从正态分布的随机变量的线性组合仍服从正态分布这一理论出发，考虑几个主要影响因素构成的随机向量，预测了 $\ln N_f$，$\ln E_0$ 和 $\ln W_f$ 的均值与均方差。结果表明，由主要影响因素构成的多元随机变量线性叠加预测的 $\ln N_f$，$\ln E_0$ 和 $\ln W_f$ 的均值与实际观测到的均值基本接近，但预测到的均方差却与观测值相差较大，实际观测值的均方差比预测的均方差大。这主要是由于预测模型只考虑了有限的几个随机因素的影响，而实际试验过程中还有更多未加考虑的因素，甚至试验时的“相同条件”其实也并不完全相同，正是这些未考虑到的影响因素致使实际试验观测值的离散度和变异性增大，从而导致实际观测值的均方差比预测值大。

参考文献

[1] 张肖宁.沥青与沥青混合料的黏弹力学原理及应用[M].北京：人民交通出版社，2006：197-217.

[2] Monismith C L. Fatigue characteristics of asphalt paving mixtures and their use in pavement design[C]//Proceedings of the 18th Paving Conference，1981.

[3] Dowling N. Mechanical behavior of materials：Engineering methods for deformation，fracture & fatigue[M]. Englewood Cliffs：Prentice Hall，1993.

[4] 叶国铮. 柔性路面疲劳与优化设计[M]. 北京：人民交通出版社，1989.

[5] Hugo F，Poolman P. A critical analysis of WesTrack MMLS3 and truck rut data[R]//Epps A L，Ahd T，Little D C. Appendix A in Report 2134 - 1 of Project 2134，Texas Department of Transportation.

[6] Germann F P，Lytton R L. Methodology for predicting the reflection cracking life of asphalt concrete overlays[R]. Research Report，FHWA/TX - 79/09 + 207 - 5，Texas，College Station，1979.

[7] Paris J，Pereira P，Picado-Santos L. Variability of laboratory fatigue life of asphalt mixes using four point bending test results[D]. Portugal：University of Minho，2002.

[8] 胡晓倩. 双向襞裂加载模式下的沥青混合料疲劳性能研究[D]. 广州：华南理工大学，2013.

[9] 刘宏富. 基于强度与刚度衰变的沥青混合料非线性疲劳损伤特性研究[D]. 长沙：长沙理工大学，2012.

[10] 吕松涛.老化沥青混合料粘弹性疲劳损伤特性研究[D]. 长沙：长沙理工大学，2008.

[11] Pronk A C. Comparison of 2 and 4 point fatigue tests and healing in 4 point dynamic bending test based on the dissipated energy concept[C]//Proceedings of the eighth international conference on asphalt pavents，Seattle，Washington，1997：987-994.

[12] ASTM D4123 - 82. Standard test method for indirect tension test for resilient modulus of bituminous mixtures[S]. ASTM International，2003.

[13] Bell C，Weider A，Fellin M. Laboratory aging of asphalt-aggregate mixtures：Field validation. SHRP-A-390，strategic highway research program[R]. Research Council，Washington DC，1994.

3 基于数字散斑技术的疲劳开裂随机分析

沥青混合料是由沥青胶浆、骨料与空隙组成的各向异性材料。由于试验方法的局限性，传统疲劳试验中一般都将其假定为均匀的弹性体材料，因此，同一种沥青混合料疲劳试件的试验结果常常呈现较大的分散性。实际上，由于集料、沥青胶浆模量差异很大，不同位置处的应变并不相同，所以从细观上研究沥青混合料的疲劳变形更符合沥青混合料各向异性的特性。

数字散斑相关方法(Digital Speckle Correlation Method，DSCM)是近几十年来快速兴起并得到广泛应用的一种非接触式全场光学测量方法。通过获取加载过程中的散斑图像，分析变形前后数字图像的灰度变化来计算被测试件表面的位移场，具有方法简单、操作方便且满足精度要求的优点。本章将数字散斑相关方法与四点弯曲疲劳试验结合起来，从而实现对沥青混合料疲劳变形的细观分析。

3.1 数字散斑相关方法的理论及应用

20 世纪 80 年代初，数字散斑相关方法的基本思想由日本的 Yamaguchi[1] 和美国的 Peter 和 Ranson[2] 同时独立提出。Yamaguchi 在研究物体小变形时，通过测量物体变形前后光强的互相关函数峰值来导出物体的位移，同时推导了物体变形与衍射场中散斑位移的关系，利用这个关系推导出了与表面应变有关的项，最后设计出一种测量表面应变的激光应变计。与此同时，Peter 和 Ranson 则采用电视摄像机记录被测物体加载前后的激光散斑图，经模数转换得到数字灰度再进行相关迭代运算，然后通过找出相关系数的极值得到相应的位移和应变。

然而，对 DSCM 的理论和实际应用方面进行系统研究并取得显著成果的是美国南卡罗来纳州大学的 Sutton 教授及其所带领的团队。他们从 20 世纪 80 年代以来一直致力于 DSCM 的研究和应用，推动了 DSCM 的发展，被公认是该研究领域的权威学者。

DSCM 的关键是在物体变形前后的图像中找到参考子区最佳匹配区域，这个过程被称为相关搜索或相关计算。在相关计算之前，需要定义一个评价变形前后图像子区相似程度的函数，即相关函数，它是待求变形参数的函数。DSCM 就是通过寻找相关函数的极值来求解变形参数。相关函数有多种表达形式，如互相关函数、最小平方距离相关函数和参数最小平方距离函数[3,4]。需要强调的是，不同的相关函数可能导致不同的计算速度和计算精度，Tong[5] 从抗干扰能力和计算效率两个方面详细研究了各种相关函数的性能，并推荐使用抗干扰能力最强的标准化协方差互相关函数。

对于多数情况，物体的平移量不一定为像素的整数倍，因此，确定相关函数后，还需要采用一种优化算法对相关函数进行优化，获得亚像素位移。最初的研究通过灰度插值方法[6]，使离散的灰度值近似于连续的灰度场。通常双线性插值即能满足一般精度的要求，为了达到更高的精度，Bruck 等[7] 提出了双三次样条插值。对于亚像素位移搜索，第一次较大的进展是 Sutton 等[8-10] 提出的 Newton-Rapshon 算法，该方法不仅精度高,而且收敛迅速,但不足之处在于该方法需要求解相关系数的二阶导数,计算过程比较繁琐。Newton-Rapshon 算法的优化计算,首先需要进行初值估计,Vendroux 和 Knauss 研究认为,只有较准确的初值估计才能使计算迅速收敛,从而获得准确可靠的位移计算结果。当被测物体变形较小时,即目标图像子区相对参考图像子区的变形不大,可以通过简单的整像素位移相关搜索方法得到较准确的位移初值估计,并以其作为 Newton-Rapshon 方法的迭代初值。另外,对于 Newton-Rapshon 方法计算量较大的问题,一些学者对其做了改进,Vendroux 和 Knauss[11] 对 Hessian 矩阵做了近似处理,在不影响测量精度的前提下,极大地降低了算法的复杂性。

目前已报道的亚像素位移搜索算法,除了 Newton-Rapshon 方法以外,还有遗传算法[12-14]、基于梯度的算法[15,16]、曲面拟合算法[17,18]等。但是这些方法的实用性及测量精度均不如 Newton-Rapshon 方法,如遗传算法难以编制通用的程序,几乎没有后续的跟踪研究及应用;曲面拟合法和梯度方法相对来说算法实现比较简单,计算耗时少,但缺点是计算精度低。因此,本书采用 Newton-Rapshon 方法进行亚像素位移搜索。

近年来,在 DSCM 不断发展和理论不断成熟的过程中,其应用研究也广泛开展起来。Peters 等用 DSCM 完成了流场的测试。Wu[19] 和 Durig[20] 等用 DSCM 测试了柔软材料和软组织的力学性质。Zink[21] 和 Gonzalez[22] 等用 DSCM 研究了复合材料的力学性质。Zink 等[23]还将 DSCM 应用于木材的力学性质研究。值得注意的是,DSCM 还被广泛应用于破坏力学研究中[22,24,25],包括裂纹尖端应变场测量[24,26]、裂纹尖端张开位移测量[25,27]等。

国内关于 DSCM 的研究工作始于 20 世纪 90 年代初,金观昌将 DSCM 成功应用于火箭发动机固体燃料[28]、陶瓷电容器[29]等一系列新型材料和新型问题的力学测试中。计宏伟等[30]将 DSCM 应用于电子封装、复合材料以及高聚物的力学行为检测中,取得了较好的效果。侯振德等[31]研究了散斑场的分形性质并提出了分形数字散斑相关理论。

然而,DSCM 方法在路面材料领域的应用研究国内外鲜有报道。Kim 等[32]用几何分析方法,结合 DSCM 对沥青混凝土代表性体积单元的尺寸进行了研究,Chehab 等[33]借助 DSCM 研究了沥青混合料的黏弹塑性损伤模型。谭忆秋等[34]使用 DSCM 对沥青混合料的劈裂应变进行了研究。

3.2 基于 DSCM 的沥青混合料疲劳试验

3.2.1 疲劳试验设备

本节疲劳试验采用美国 MTS(Material Test System)公司的 MTS-810 试验系统进行,如图 3-1 所示。MTS 为液压伺服式试验系统,它是目前世界上最先进的多功能材料试验系统,能够对多种材料进行静态和动态的拉、压、弯、剪及高频、低频的试验。采用液压加载方式，能提供快速稳定的荷载。

图 3-1　MTS-810 试验系统

图像采集设备采用德国进口的 Stingray F-504B CCD 高速摄像机及日本进口的 FV3519 定焦镜头，此摄像机通过电脑直接对其进行操控，可以根据拍摄需要自行设置分辨率及采集频率。CCD 高速摄像机及操控软件界面如图 3-2 所示。为了实现加载设备与图像采集设备的同步触发，本试验通过同步触发软件来实现疲劳加载与数字图像采集的同步进行。

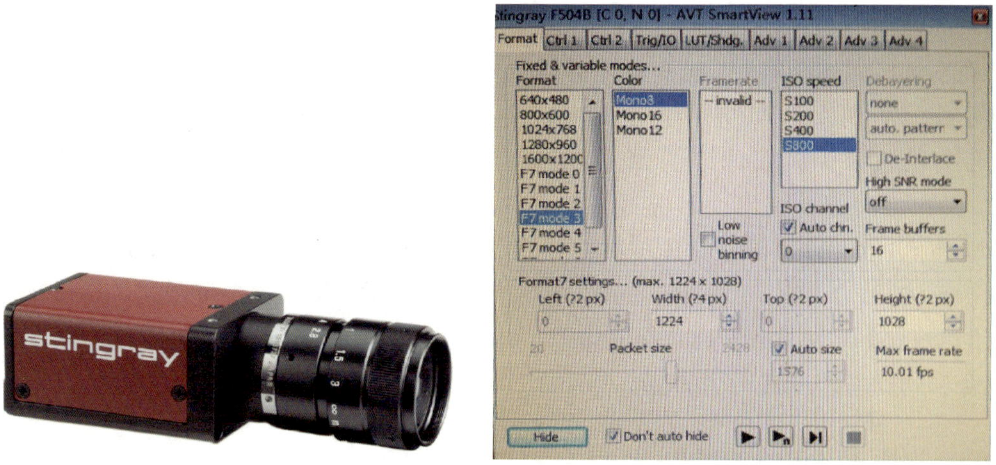

(a) CCD高速摄像机　　(b) CCD高速摄像机操控软件界面

图 3-2　图像采集设备及操控软件界面

3.2.2　试验材料

本试验所用的主要原材料有泰普克 70# 基质沥青(A-70)，该沥青的性能指标如表 3-1 所示。

表 3-1 泰普克 A-70 沥青性能

评价指标		单位	A-70 技术要求	试验结果	单项评定
针入度(25 ℃,100 g,5 s)		0.1 mm	60～80	68	合格
针入度指数 *PI*		—	−1.5～+1.0	−1.35	合格
软化点 $T_{R\&B}$		℃	≥46	47.8	合格
延度(10 ℃,5 cm/min)		cm	≥15	85.1	合格
延度(15 ℃,5 cm/min)		cm	≥100	>100	合格
密度(15 ℃)		g/cm^3	实测记录	1.040	—
溶解度(三氯乙烯)		wt%	≥99.5	99.8	合格
闪点(COC)		℃	≥260	298	合格
含蜡量		wt%	≤2.2	2.04	合格
动力黏度(60 ℃)		Pa·s	≥180	199	合格
表观黏度(135 ℃)		Pa·s	实测记录	0.34	—
旋转薄膜加热试验残留物(163 ℃, 85 min)	质量变化	wt%	±0.8	0.11	合格
	针入度比(25 ℃)	%	≥61	74.6	合格
	延度(10 ℃,5 cm/min)	cm	≥6	15.3	合格

本试验采用的集料为河源裕丰石场的辉绿岩矿料,集料的检验指标和技术要求见表 3-2。

表 3-2 辉绿岩性能检测

检验指标	高速、一级公路技术要求	试验结果	单项评定
石料压碎值/%	≤26	10.5	合格
洛杉矶磨耗损失/%	≤28	15.2	合格
表观相对密度	≥2.60	2.721	合格
吸水率/%	≤2.0	0.71	合格
与普通沥青的黏附性/级	≥4	4	合格
与改性沥青黏附性/级	≥5	5	合格
坚固性/%	≤12	2.1	合格
针片状颗粒含量/%	≤15	4.4	合格
水洗法<0.075 mm 颗粒含量/%	≤1	0.23	合格
软石含量/%	≤3	0	合格
石料磨光值/%	≥42	47.4	合格

本试验采用的矿粉为广东云浮生产的石灰石矿粉，其检验指标及技术要求见表 3-3。

表 3-3　石灰石矿粉性能检测

检验指标	高速、一级公路技术要求	试验结果	单项评定
表观密度/($t \cdot m^{-3}$)	≥2.50	2.762	合格
含水率	≤1	0.6	合格
亲水系数	<1	0.3	合格
塑性指数	<4	3	合格
外观	无团粒结块	无团粒结块	合格

本试验采用的两种粒径的沥青混合料级配及沥青用量见表 3-4。

表 3-4　沥青混合料矿料级配

筛孔/mm	通过筛孔质量百分率/%					
	AC10 级配下限	AC10 目标级配	AC10 级配上限	AC20 级配下限	AC20 目标级配	AC20 级配上限
26.5	100	100	100	100	100	100
19	100	100	100	90	95	100
16	100	100	100	78	85	92
13.2	100	100	100	62	71	80
9.5	90	95	100	50	61	72
4.75	45	60	75	26	41	56
2.36	30	44	58	16	30	44
1.18	20	32	44	12	22.5	33
0.6	13	22.5	32	8	16	24
0.3	9	16	23	5	11	17
0.15	6	11	16	4	8.5	13
0.075	4	6	8	3	5	7
最佳沥青含量	5.80%			4.70%		
设计空隙率	4.00%					

3.2.3　试件的制备及后处理

沥青混合料矩形梁四点弯曲疲劳试件的主要制备过程分为混合料拌和、碾压、切割三个过程。本试验按照表 3-4 所示的配比进行配料，将配制好的矿料放在烘箱中预热至高于拌和温度约 15 ℃，用电子秤称出指定量的沥青加入配置好的矿料中，然后使用专用搅拌机拌和，如图 3-3(a)所示，拌和时长为 240 s；之后采用芬兰产的振动轮碾成型设备对沥青混合料进行碾压，如图 3-3(b)所示，最终碾压成型的试板尺寸为 400 mm×300 mm×75 mm；最后使用芬兰产的高精度金刚石双面锯对试板进行切割，如图 3-3(c)所示，最终切割成尺寸为 380 mm×50 mm×65 mm 的标准四点弯曲疲劳试件，每块试板可切割成 4 条试件。制备好的部分试件如图 3-4 所示。

(a) 拌和　　(b) 碾压　　(c) 切割

图 3-3　沥青混合料梁试件制备过程

图 3-4　沥青混合料梁试件

为了获得沥青混合料疲劳变形的局部结果，使疲劳裂纹在 CCD 高速摄像机焦点范围内扩展，本试验将矩形梁试件在三分点的中间段底部设置预制切口，切口长与试件高度比为 0.2，由于所采用的锯片厚度为 2 mm，所以切割后经测量，预制切口的平均宽度为 2.5 mm。为了提高 DSCM 变形计算的精确度，对切割好的试件进行人工制斑处理。具体做法是，在试件表面手动喷涂随机分布的白色光斑，然后再喷涂少量黑色光斑。这样可以提高 DSCM 方法对变形前后图像子区的相关搜索匹配度，从而提高计算精度。经过制斑处理后的试件如图 3-5 所示。

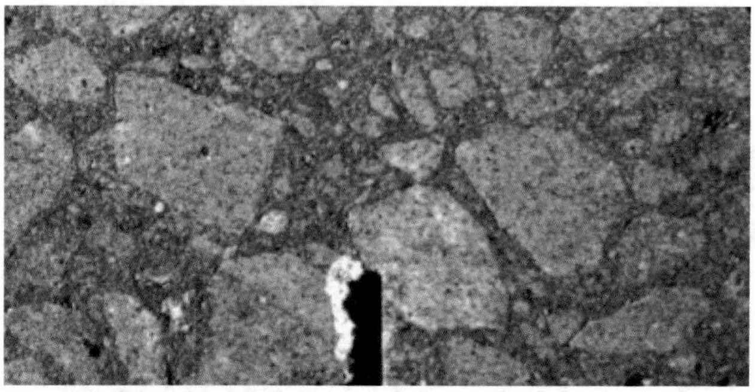

图 3-5 经制斑处理后的沥青混合料梁试件

3.2.4 疲劳试验荷载控制模式

进行疲劳试验时，可以采用应力控制和应变控制两种不同的加载模式。应力控制模式的疲劳试验又叫作常应力疲劳试验，试验时每次施加的循环荷载大小不变，随着荷载循环次数的不断增加，沥青混合料强度降低，直到试件发生断裂破坏，试件破坏时的荷载循环作用次数即为疲劳寿命。应变控制模式的疲劳试验又叫作常应变疲劳试验，试验时保证每次加载过程中试件挠度或试件底部应变峰谷值不变，随着荷载循环作用次数的不断增加，沥青混合料试件的强度降低，通过减小循环荷载的大小来保证应变峰谷值不变，一般以试件的劲度模量衰减为初始模量的一定百分比（多为 50%或 10%）时的荷载循环作用次数作为疲劳寿命。

疲劳试验时的荷载控制模式有明显的区别[35]：

（1）通常来讲，对于同一种沥青混合料，应力控制模式下的疲劳寿命比应变控制下的疲劳寿命小，二者疲劳寿命的差值随试件所处的温度条件不同而有所不同，低温时差值小，高温时差值大。

（2）应力控制模式的疲劳破坏准则较为统一，一般以试件发生彻底断裂作为疲劳破坏标准，而应变控制模式的疲劳破坏准则随意性较大，一般以试件的劲度模量衰减为初始模量的一定百分比作为疲劳破坏标准。

（3）应力控制模式适合劲度较大、面层较厚的路面（一般厚度大于 15 cm），而应变控制模式适合劲度较小、面层较薄的路面（一般厚度小于 5 cm）。近年来修建的高等级公路沥青路面的结构形式多采用半刚性基层，其面层厚度不断增加，面层对路面强度起主要作用，沥青混凝土劲度的变化对其应变有明显的影响，而对应力的影响较小，这样在车辆荷载反复作用下，采用应力控制模式下的疲劳试验较为合适。

综上所述，采用应力控制模式的疲劳试验进行沥青混凝土的疲劳变形行为的研究，以试件发生彻底断裂作为试验终止条件。

3.2.5 疲劳试验条件

1. 试验温度

沥青混合料中的沥青砂浆是温度敏感性材料，因此，温度条件对沥青混合料的力学性能影响比较大。沥青路面的疲劳破坏主要发生在路面服役温度下的中温范围，这是目前世界各国的道路研究者普遍认同的观点。哈尔滨建筑大学在交通部科研项目“沥青路面设计指标与参数的研究”中，根据国内各地区的气温资料，最终得出了 15 ℃为沥青混合料疲劳试验的当量温度[36]。虞将苗在进行沥青混合料疲劳性能试验研究时，所采用的试验温度范围为 5～25 ℃[35]。美国 AASHTO T321-07 中规定，在弯曲梁疲劳试验中，沥青混合料疲劳破坏的试验温度为 20 ℃[37]。

综上可知，目前国内外进行沥青混合料疲劳试验的温度均为中温区。本试验综合考虑加载设备及试验条件，最终选取 20 ℃作为沥青混凝土疲劳变形行为研究的试验温度。

2. 加载波形及频率

对于沥青混凝土疲劳试验的加载波形，国内外大量的试验研究证明，移动的车轮荷载对路面产生接近于正弦曲线的应力应变效应[38]。德国学者 G. Leykauf 和 W. J. Kawohl 在其相关研究中指出，荷载波形(如正弦波、矩形波、三角波或半正矢波)对沥青混合料的疲劳寿命影响不大[39]。参考 SHRP M-009 标准，直接选用无间歇时间的偏正弦波作为加载波形，具体波形如图 3-6 所示。

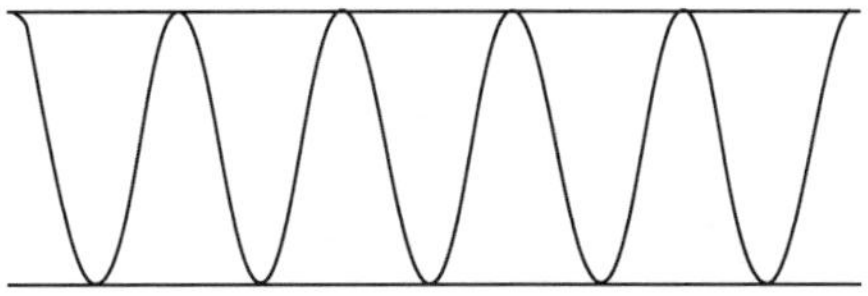

图 3-6 加载波形示意图

关于加载频率与车速的关系，国内外很多学者对此进行了研究。通常认为加载频率为 10 Hz 时，对应于沥青路面大致相当于 60～65 km/h 的行车速度[40]。但是由于采用 DSCM 测量系统对沥青混凝土的疲劳变形进行测量，所采购的 Stingray F-504B CCD 高速摄像机在高分辨率下，最大采集频率为 10 Hz，为了实现波形加载与图像采集的同步，以及在每个加载波形中获取足够多的图像信息，以达到分析沥青混合料的疲劳变形演化规律的目的，本试验采用加载频率 1 Hz，图像采集频率 10 Hz，即每个加载波形采集 10 个点，实现沥青混合料疲劳行为的实时观测。

3. 应力比

对于沥青混凝土的疲劳试验，应力比通常选为 0.2，0.4，0.6，高应力比的疲劳试验耗时短，疲劳裂缝扩展明显，可以显著体现沥青混合料的疲劳变形演化规律，而低应力比试验耗时长，且疲劳变形演化规律不明显，在有限的图像采集条件下，试验误差较大。综上考虑，本次疲劳试验应力比采用 0.6。

3.3 沥青混合料疲劳断裂过程区的试验观察

对于混凝土类材料而言，在自由裂缝前端存在一个类似金属材料裂缝端塑性区的微裂缝区，而且随着荷载的增加，在自由裂缝和微裂缝之间存在裂缝的亚临界扩展，裂缝的亚临界扩展和微裂缝区合称为断裂过程区(Fracture Process Zone，FPZ)[41]。用 DSCM 测量系统观察了断裂过程区的发展过程，这对研究沥青混合料的断裂特性和疲劳破坏机理具有重要意义。本节主要以 AC20 基质沥青混凝土为例进行试验结果的分析。

3.3.1 失稳断裂前全场位移与应变的演化过程及统计分析

在疲劳试验过程中，MTS 位移传感器监测到的竖向位移 d 即为四点弯曲试验夹具压条的行走位移，由于夹具压条直接与试件三分点位置接触，因此采用 d 来表征沥青混合料梁试件的竖向挠度。随着荷载的循环作用，竖向位移 d 随时间 t 的变化曲线如图 3-7 所示，从图中可以看出，随着正弦波循环荷载的施加，试件三分点处的竖向位移呈波浪式增加，试件的竖向位移随 d 的增大而增大，试件的变形也随即增大，图中 1～8 点对应不同循环次数下的荷载峰值，从图中的曲线趋势可知，试件在点 6(荷载循环次数 $N=107$)之前的荷载循环中，竖向位移缓慢增加，而在点 6 以后的荷载循环中，竖向位移急速增加。从 CCD 高速摄像机每隔 0.1 s 采集到的试件散斑图像[图 3-8(a)，(b)，(c)]中发现，点 4($N=78$)处的图像可见微细短裂纹，点 5($N=94$)处的图像可见短裂纹汇集，点 6($N=107$)处的图像可见明显长裂纹，说明在点 6 后的荷载循环中试件已开始失稳。

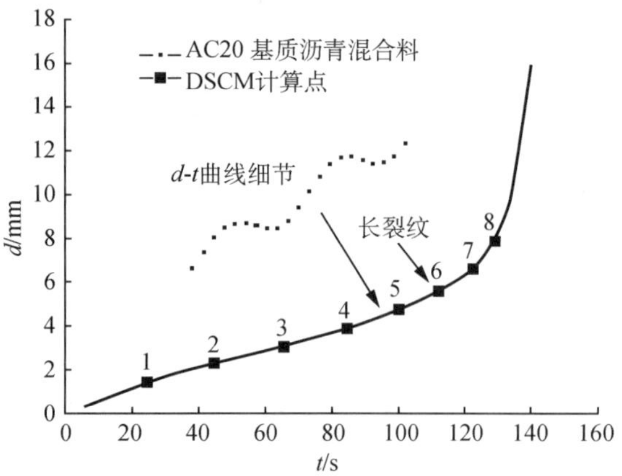

图 3-7 AC20 基质沥青混合料竖向位移 d 随时间 t 的变化曲线

为了量化分析沥青混合料疲劳断裂的变形演化过程，选取图 3-7 中的点 1～点 6 作

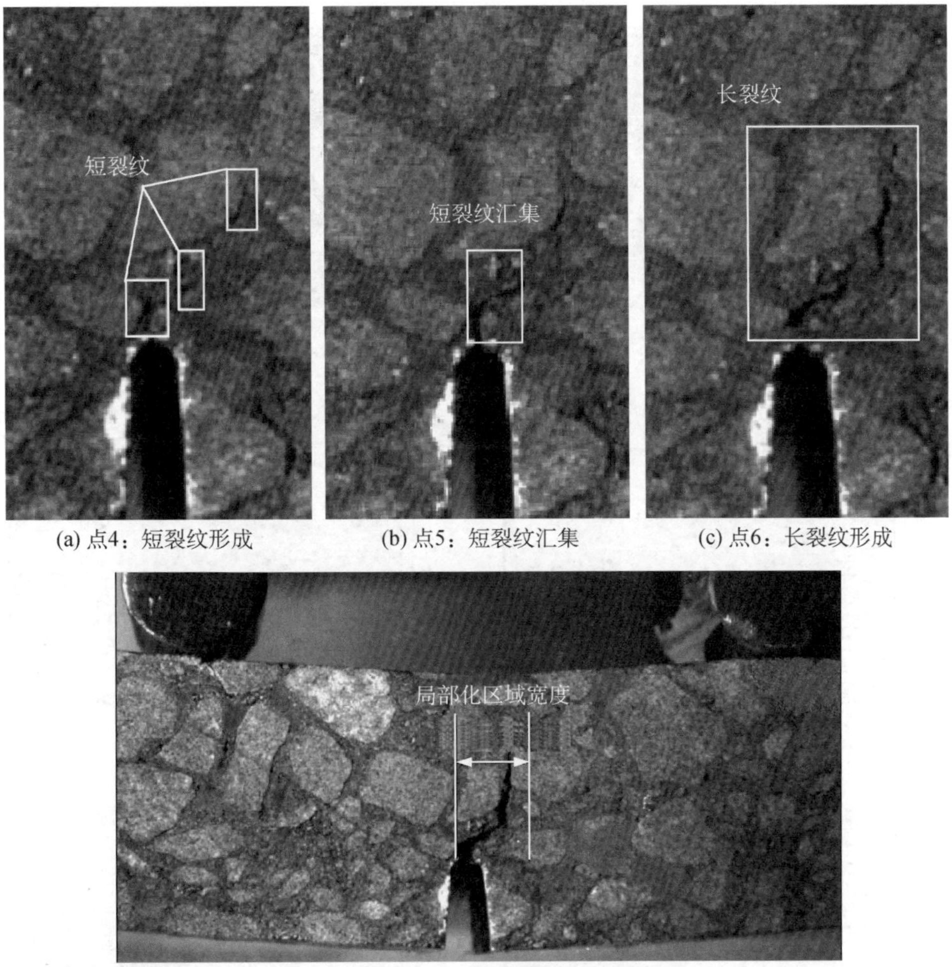

(a) 点4：短裂纹形成　(b) 点5：短裂纹汇集　(c) 点6：长裂纹形成

(d) 点8：宏观长裂纹

图 3-8　试件散斑图像

为 DSCM 的计算点，即在疲劳加载的全过程中所采集的 1 357 张数字图像中，点 1～点 6 分别对应着某一编号的图像，然后针对这 6 个特征点的数字图像，以加载前的图像为参考图像，以点 1～点 6 所对应的图像为变形后图像，采用 DSCM 方法（图像子区大小：41 pixel×41 pixel，步长：5 pixel，横向放大倍数 0.145 mm/pixel，竖向放大倍数 0.150 mm/pixel），基于 Matlab 软件，对其位移场、应变场进行计算。在进行 DSCM 计算时，所选取的计算区域和图像子区如图 3-9 所示，图中大矩形框为计算区域，对应试件的纯弯段，图中小矩形框为图像子区，整个计算区域由 n 个子区组成，通过选取合适的相关函数，对变形前后的图像子区进行搜索匹配，选取抗干扰能力最强的零均值归一化的最小平方距离相关函数，当此相关函数取极小值时，即认为变形前后的两个图像子区为相对应的区域，然后借助 Matlab 软件，通过 Newton-Raphson（N-R）迭代法求解位移场，再经过位移场的局部最小二乘拟合得到应变场。

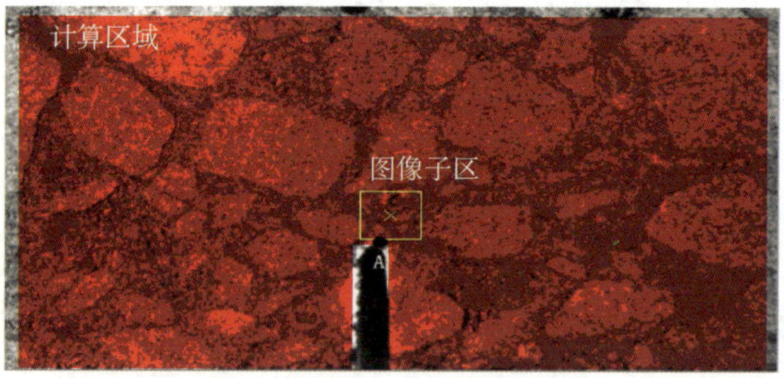

图 3-9　DSCM 方法所选计算区域(长:495 pixel,宽:297 pixel)

图 3-7 中的点 1～点 6 对应的水平和竖直位移场分别如图 3-10、图 3-11 所示，点 2、点 4、点 5、点 6 对应的水平应变场如图 3-12 所示（N 为荷载循环次数）。

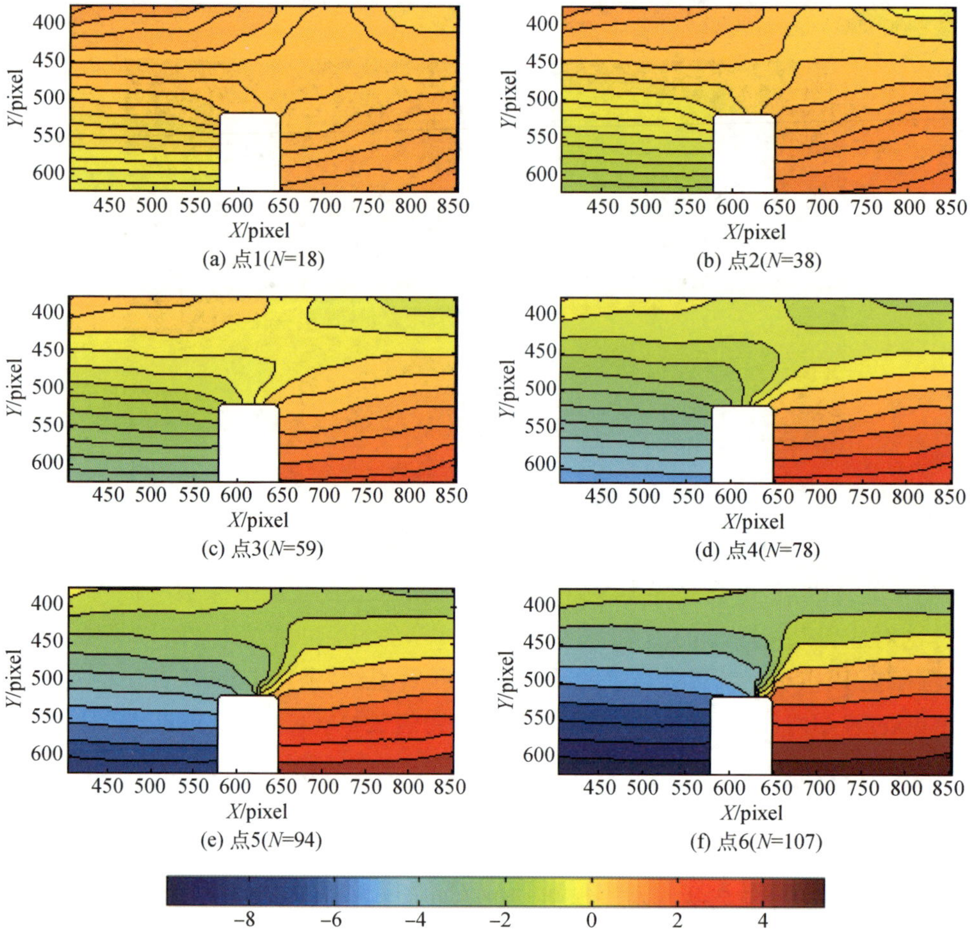

图 3-10　水平位移场(AC20 基质沥青)

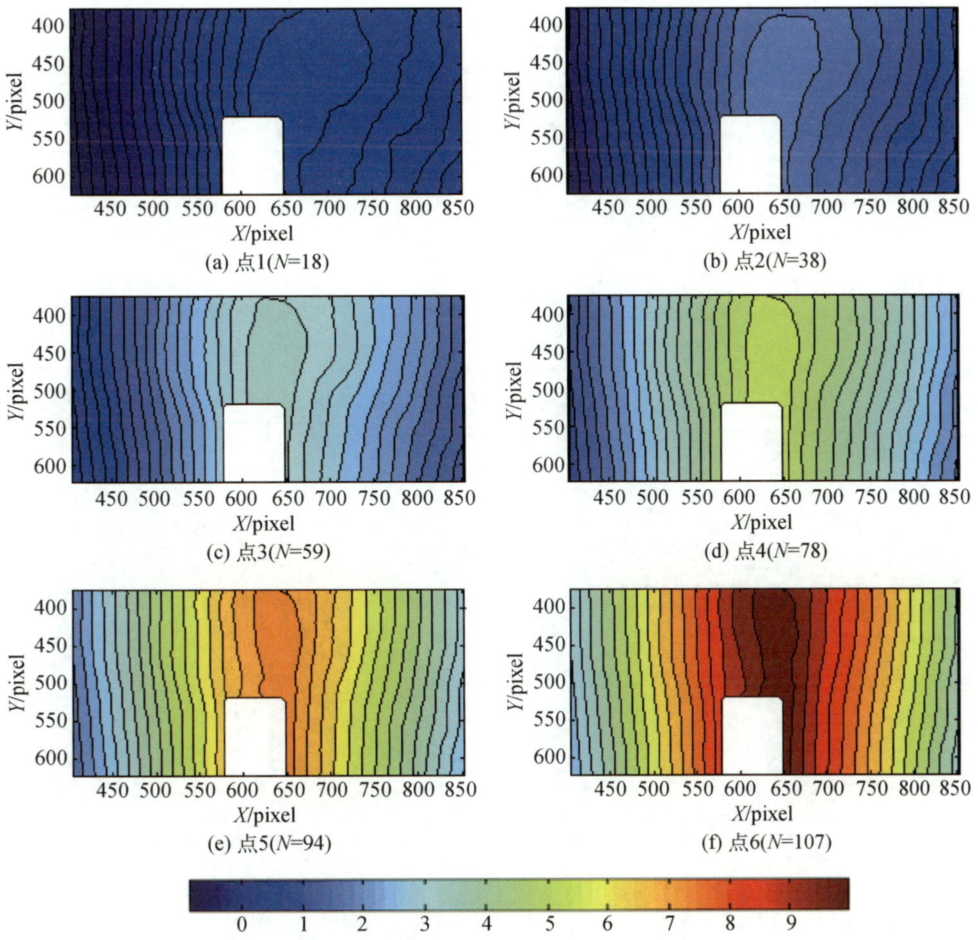

图 3-11　竖向位移场(AC20 基质沥青)

从位移场(图 3-10、图 3-11)的演化中可以看出,随着荷载循环次数的增加,水平位移场与竖向位移场的等值线并不以预制切口为中轴线左右对称,这是由沥青混凝土的各向异性导致的。水平最大位移位于试件底部边缘,竖直最大位移位于预制切口前端偏右的带状区域。

从水平应变场(图 3-12)的演化中可以看出,在循环荷载下,应变场演化经历了三个阶段:①均匀变形阶段[图 3-12(a),(b),(c)],此时试件表面未见裂纹出现;②局部化阶段[图 3-12 (d),(e)],此时试件表面可见微细短裂纹,应变云图中可见带状局部化区域;③破坏阶段[图 3-12(f)],此时试件表面可见明显宏观长裂纹,带状局部化区域进一步扩大。

本书将此带状局部化区域的长度定义为可见长裂纹简化成直线后的长度,宽度定义为长裂纹面两侧相距最远的属于局部化区域内的两条带之间的水平距离,如

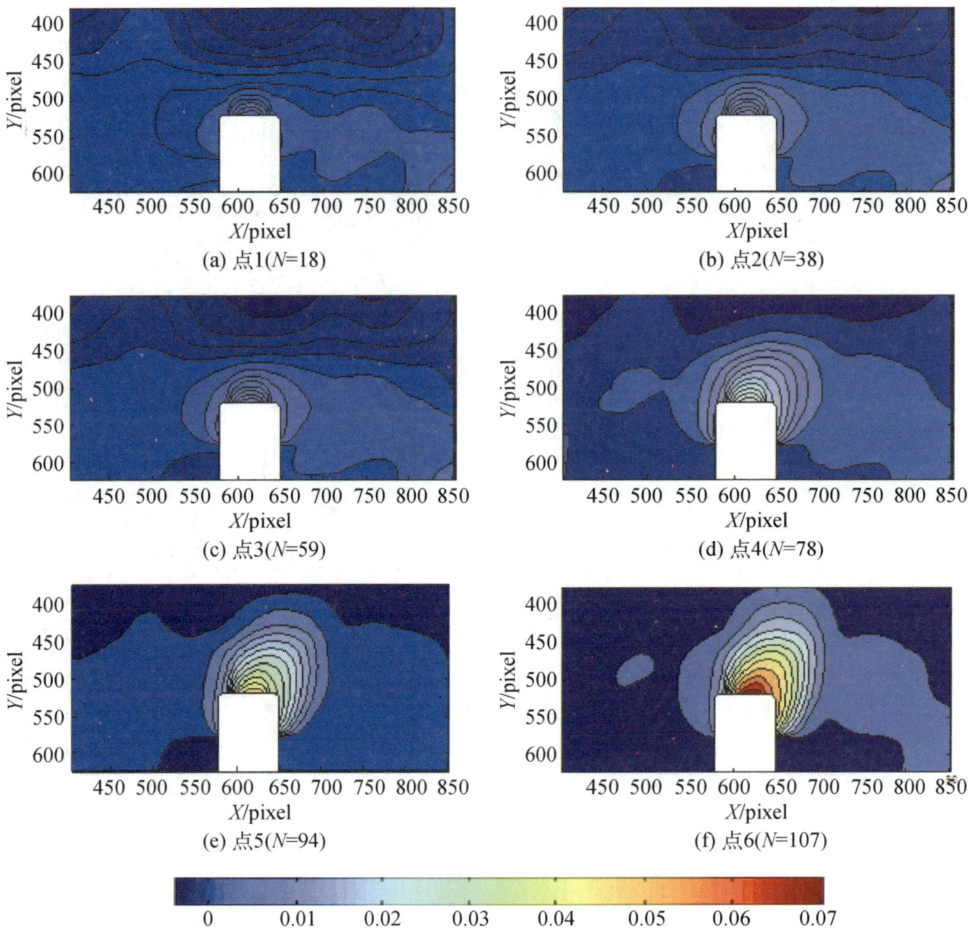

图 3-12　水平应变场(AC20 基质沥青)

图 3-7(d)所示。判别某区域是否属于带状局部化区域的标准是:如果该区域上所有计算点的应变平均值大于整个试件表面的应变平均值,同时满足该区域上应变值大于整个试件表面应变值的点数超过这一区域上计算点总量的一半,则认为该区域属于带状局部化区域,否则不属于。

根据以上局部化区域的尺寸,对沥青混凝土在此区域的水平应变场进行统计分析,得出该区域水平应变场的标准差及变异系数,如图 3-13 所示。从图中可知,在失稳断裂前,局部化区域应变场的变异系数逐渐减小并趋于 0,说明此区域的应变值集中化程度越来越高,而应变场的标准差却越来越大,说明随着荷载循环次数的增加,局部化区域各点的应变与均值的偏离程度越来越大,同时最大应变偏离均值越来越多。综上可见,随着荷载循环次数的增加,沥青混凝土梁试件的局部化效应越来越明显,但是在整个疲劳试验过程中,沥青混凝土的变形局部化过程并未发现突变情况,总体呈现缓慢而稳定的变化趋势,说明 AC20 基质沥青混凝土在 20 ℃下的疲劳破坏呈韧性破坏特性。

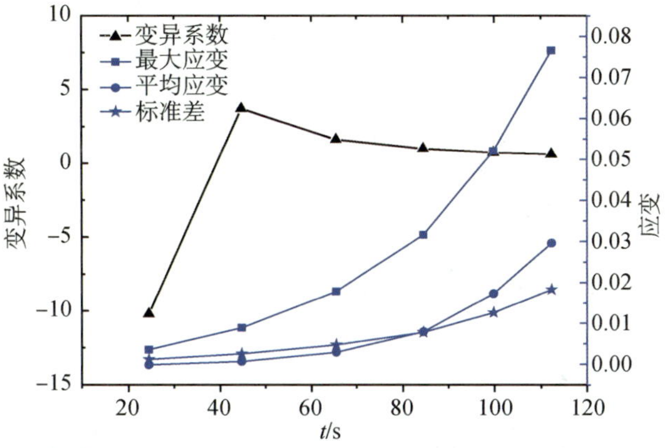

图 3-13　断裂过程区水平应变场平均值与标准差(AC20 基质沥青)

3.3.2　失稳断裂前预制切口前端应变场的分布

失稳断裂前(图 3-7 中点 6 之前),试件预制裂缝前端区域的水平应变分布如图 3-14(a),(b)所示。图 3-14(a)中横坐标原点为预制裂缝尖端起裂位置,横坐标 d 表示与裂缝尖端起裂点的水平距离,若位置点在起裂点的右方,则 d 取正值,反之,取负值。从这些位置点的水平应变随 d 的变化曲线可以看出,水平应变变化幅度较大的区域集中在预制切口前端的带状区域($d\in[-5, 15]$),随着荷载循环次数的增加,此区域逐渐向起裂点的右方偏移,这是由于疲劳裂纹在扩展过程中,遇到强度和刚度大于沥青砂浆的集料时会绕道而行,即裂缝的发展遵循能量较小原则。但在带状区域的两侧($d<-5$或$d>15$),其应变值普遍偏小且变化幅度不大,远低于沥青混凝土的起裂应变。因此,失稳断裂前微细裂缝的形成及扩展只能发生在这一带状区域内,这与 DSCM 测量系统所采集到的图像一致(图 3-7),本书将此区域称为断裂过程区,即前文提到的局部化区。

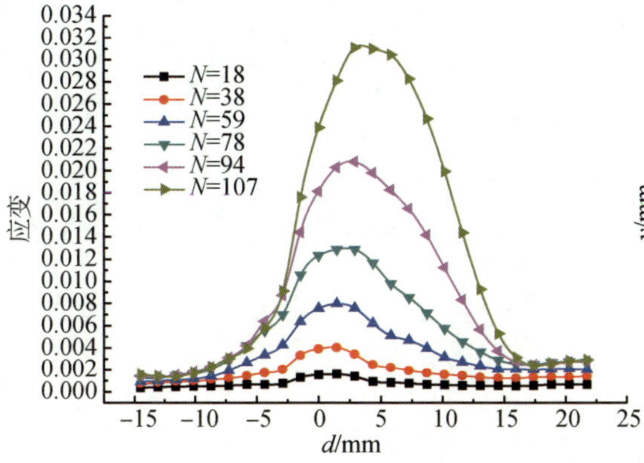

(a) 水平分布

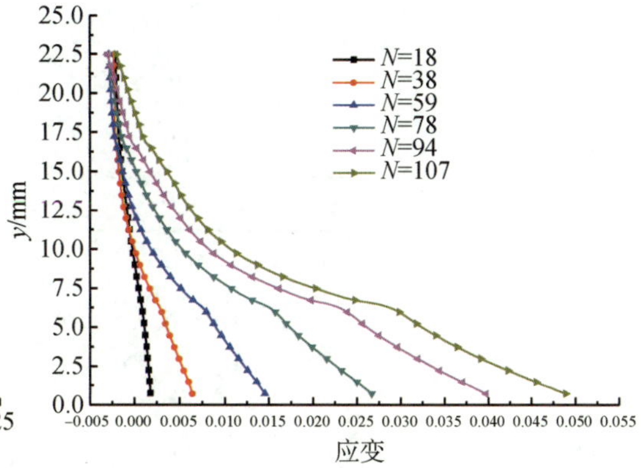

(b) 竖直分布

图 3-14　不同荷载循环次数下裂缝前端水平应变场的变化

同理，对于图 3-14(b)，纵坐标 y 表示与预制裂缝尖端起裂点的竖向距离，横坐标为断裂过程区水平应变平均值，从图中可以看出，随着荷载循环次数的增加，压应力区逐渐减小，拉应力区逐渐增大，说明中性轴逐渐上移，受压区的应变近似为线性分布，而受拉区的应变呈现明显的非线性变化，这说明沥青混凝土梁在四点弯曲疲劳荷载下不再遵循平截面假定。

3.4 疲劳裂纹扩展路径的随机分析

3.4.1 疲劳裂纹扩展路径

从前面的分析可知，对于预制切口的混凝土试件而言，断裂过程区位于预制切口的前端，是裂纹汇集与扩展的区域，此区域呈不规则的狭长带状。另外，由 DSCM 测量系统采集到的各时刻数字图像可知，各试件的疲劳裂纹扩展路径呈不规则的曲线，这是因为沥青混凝土试件预制切口前端随机分布着尺寸不等的集料颗粒、微细裂纹及孔隙。

通过对 AC20 及 AC10 两组基质沥青混凝土进行疲劳试验，总结多个试件的疲劳裂纹扩展路径，得到裂纹扩展路径与集料颗粒的相对位置包括图 3-15 所示四种情况。当预制切口前端分布粗粒径集料时，疲劳裂纹或者紧贴粗集料边缘扩展[如图 3-15(a)所示，预制切口尖端左侧或右侧紧邻粗集料]；或者在粗集料附近的沥青砂浆中形成短裂纹，然后随着荷载循环次数的增加，短裂纹汇集成一条长裂纹，并仍然沿着粗集料边缘扩展[如图 3-15(b)所示，预制切口尖端左侧或右侧附近分布有粗集料]；或者等可能地沿着粗集料左右两边缘扩展[如图 3-15(c)中路径 1,2 所示，预制切口尖端正上方紧邻粗集料]。而当预制切口前端分布有沥青砂浆而无明显粗集料时[图 3-15(d)]，随着荷载循环次数的增加，切口前端的砂浆处形成短裂纹群，并分别扩展直至试件失稳断裂。

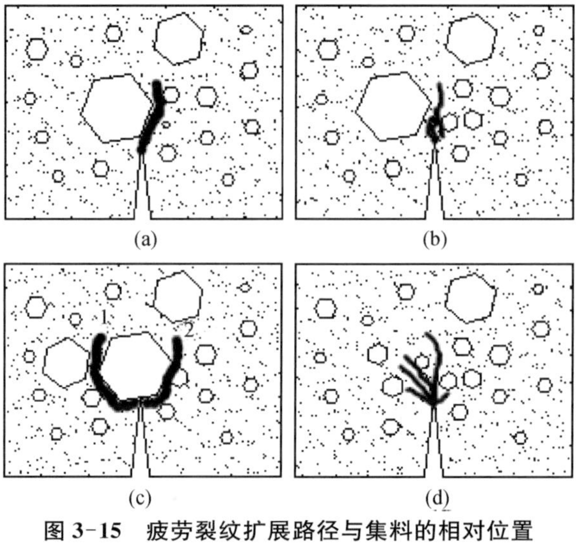

图 3-15　疲劳裂纹扩展路径与集料的相对位置

综上可知，疲劳开裂多发生于粗集料与沥青砂浆界面处，因为此区域孔隙和微裂缝较多，另外由于沥青砂浆与集料模量的差异性，导致此区域在荷载作用下，集料和沥青砂浆发生相对运动，从而引起拉应力，在拉应力作用下，集料与沥青砂浆的界面过渡区更容易开裂，因此，此区域是沥青混凝土中的薄弱位置，此区域的强度对沥青混凝土的总体强度和耐久性有重要影响。此外，从疲劳裂纹的扩展过程可以看出（图 3-8），沥青混合料中裂缝的发展遵循能量较小原则，即裂缝发展前端遇到强度和刚度大于沥青砂浆的集料时会绕道而行。

3.4.2 起裂应变

由于预制切口前端断裂过程区是微裂纹汇集的区域，同时也是最早开裂的区域，因此，本节对两种粒径的沥青混凝土（AC20，AC10）分别进行了抗弯拉强度试验（加载速率 5 mm/min）。通过 DSCM 测量系统（图像采集频率 10 Hz）捕捉到了试件预制切口前端裂纹起裂时刻的图像。然后使用 DSCM 方法对此图像进行应变计算，得到了 20 ℃下这两种粒径的沥青混凝土第一个起裂点的起裂应变，如图 3-16 所示。

从图 3-16 中可知，AC20 的起裂应变 $\varepsilon \in [0.0168, 0.0198]$（变异系数 7.1%），而 AC10 的起裂应变 $\varepsilon \in [0.0205, 0.0227]$（变异系数 4.5%），说明细粒式沥青混凝土的起裂应变普遍大于粗粒式的起裂应变，这是由于细粒式沥青混凝土集料颗粒间的尺寸差异性较小，试件的均匀性较好。另外，预制切口前端没有明显的粗集料分布，所以细粒式混凝土的开裂方式类似于图 3-15(d)所示情况，即初始裂纹主要产生于沥青砂浆区域，而沥青砂浆可以看成是由细集料及沥青胶浆组成的，沥青胶浆在 20 ℃下具有一定的黏性及韧性，这使得细粒式沥青混凝土需要在较大变形下才可能开裂。而对于粗粒式沥青混凝土，由于各个试件预制切口尖端的位置不同，所以各个试件的起裂应变差异性较大。另外，粗粒式沥青混凝土试件预制切口前端均分布有粗集料，沥青砂浆与粗集料界面处容易开裂。因此，整体而言，粗粒式沥青混凝土比细粒式的起裂应变偏小。

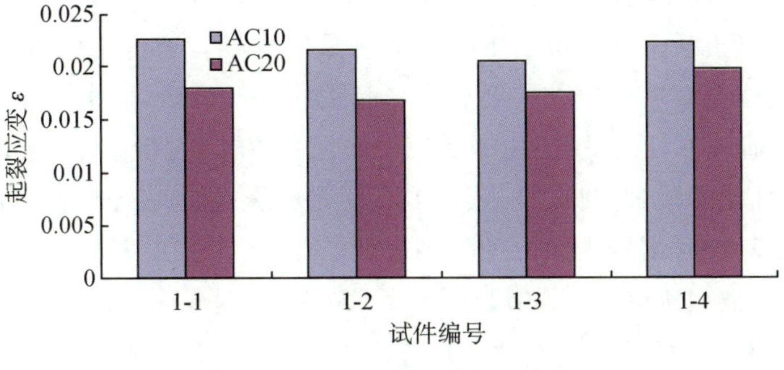

图 3-16 沥青混凝土弯拉起裂应变

由 MTS 采集到的荷载数据及公式 $\sigma = \frac{FL}{bh^2}$（L 为试验夹具下方两支点的距离，b 为试件宽，h 为试件高）计算出了强度试验过程中试件的最大应力，由采集到的数字图像及 DSCM 方法计算出试件底部平均应变，从而得出两种粒径的沥青混凝土在弯拉强度试验中的应力-应变关系，如图 3-17 所示（分别以 1-1 试件为例，其他试件类推）。结合 DSCM 测量系统所采集到的图像可知，这两种沥青混凝土均在峰值荷载之前发生起裂。这说明以往习惯将弯拉强度试验中峰值荷载对应的应力值作为沥青混凝土的抗弯拉强度这种做法存在不合理性。同时，捕捉到沥青混凝土的起裂时刻对研究其断裂机理具有重要意义，因为这直接影响了断裂能密度的计算，而断裂能密度是研究材料断裂机理的重要参数。

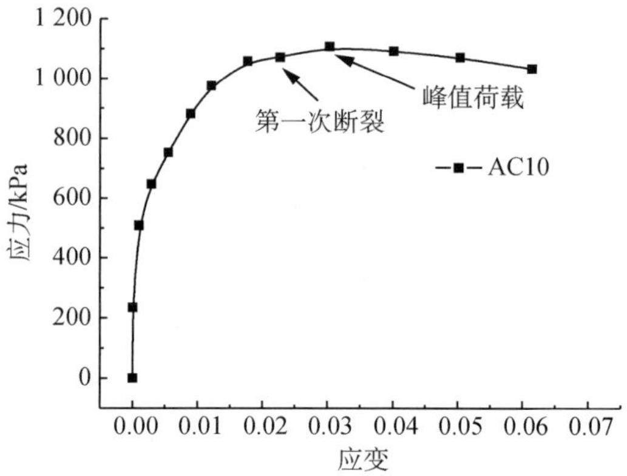

(a) AC10(1-1试件)

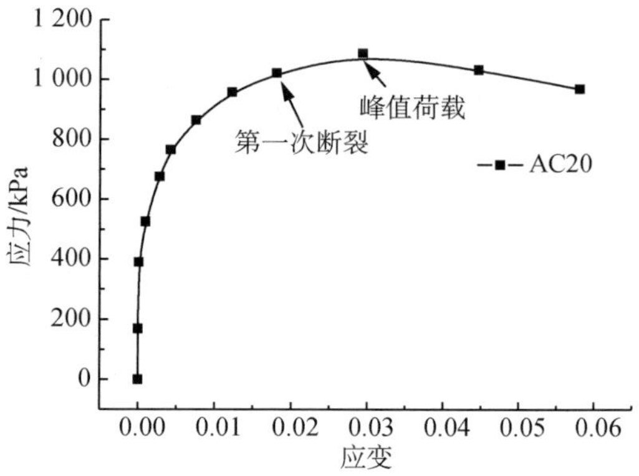

(b) AC20(1-1试件)

图 3-17　沥青混凝土应力-应变关系

3.5　小结

本章基于四点弯曲疲劳试验和 DSCM 测量方法对细粒式（AC10）和中粒式（AC20）基质沥青混凝土的疲劳变形局部化特征进行了研究。通过 DSCM 测量系统，实时监测了沥青混凝土疲劳加载过程中的位移场及应变场。通过对沥青混凝土疲劳断裂过程区的试验观察及对疲劳裂纹扩展规律与起裂应变的分析，得出了以下结论：

（1）在循环荷载下，应变场演化经历三个阶段：①均匀变形阶段，此时试件表面未见裂纹出现；②局部化阶段，此时试件表面可见微细短裂纹，应变云图中可见带状局部化区域；③破坏阶段，此时试件表面可见明显宏观长裂纹，带状局部化区域进一步扩大。

（2）对沥青混凝土局部化区的尺寸进行了定义，并对此区域的水平应变场进行了统计分析。研究表明，随着荷载循环次数的增加，沥青混凝土梁试件的局部化效应越来越明显。但是在整个疲劳试验过程中，沥青混凝土的变形局部化过程未出现突变情况，总体呈现缓慢而稳定的变化趋势，说明基质沥青混凝土在 20 ℃下的疲劳破坏呈韧性破坏特性。

(3) 根据失稳断裂前预制切口前端应变场的分布得出，水平应变变化幅度较大的区域集中在预制切口前端的带状区域，并且呈现明显的非线性变化，说明沥青混凝土梁在四点弯曲疲劳荷载下，不再遵循平截面假定。

(4) 对沥青混凝土疲劳裂纹扩展路径与集料的相对位置进行分析得出，疲劳开裂多发生于粗集料与沥青砂浆界面过渡区，此区域是沥青混凝土中的薄弱位置，此区域的强度对沥青混凝土的总体强度和耐久性有着重要影响。另外，疲劳裂纹在扩展过程中，遇到强度和刚度大于沥青砂浆的集料时会绕道而行，即裂缝的发展遵循能量较小原则。

(5) 对两种粒径的沥青混凝土(AC20，AC10)分别进行了抗弯拉强度试验，通过DSCM方法获得了这两种粒径的沥青混凝土的起裂应变。结合数字图像，发现这两种沥青混凝土均在峰值荷载之前起裂，这说明以往习惯将弯拉强度试验中峰值荷载对应的应力值作为沥青混凝土的抗弯拉强度存在不合理性。

参考文献

[1] Yamaguchi I A. Laser-speckle strain gauge[J]. Journal of Physics E: Scientific Instruments, 1981, 14(1): 1270-1273.

[2] Peters W H, Ranson W F. Digital imaging techniques in experimental stress analysis[J]. Optical Engineering, 1982, 21(3): 427-431.

[3] Pan B, Asundi A, Xie H M, et al. Digital image correlation using iterative least squares and pointwise least squares for displacement field and strain field measurements[J]. Optics and Lasers in Engineering, 2009, 47(7/8): 865-874.

[4] Pan B, Wang Z Y, Xie H M. Generalized spatial-gradient based digital image correlation for displacement and shape measurement with sub-pixel accuracy[J]. Journal of Strain Analysis for Engineering Design, 2009, 44(8): 659-669.

[5] Tong W. An evaluation of digital image correlation criteria for strain mapping applications[J]. Strain, 2005, 41(4): 167-175.

[6] 于起峰.基于图像的精密测量与运动测量[M].北京：科学出版社，2002.

[7] Bruck H A, Mcneill S R, Sutton M A, et al. Digital image correlation using Newton-Raphson method of partial differential correction[J]. Experimental Mechanics, 1989, 29(3): 261-267.

[8] Chu T C, Ranson W F, Sutton M A. Applications of digital-image-correlation techniques to experimental mechanics[J]. Experimental Mechanics, 1985, 25(3):232-244.

[9] Sutton M A, Mcneill S R, Jang J, et al. The effects of subpixel image restoration on digital correlation error estimates[J]. Optical Engineering, 1988, 27(11): 173-185.

[10] Sutton M A, Cheng M, Mnceill S R, et al. Application of an optimized digital correlation method to planar deformation analysis[J]. Image and Vision Computing, 1998, 4(3): 143-156.

[11] Vendroux G, Knauss W G. Submicron deformation field measurements: Part 2. Improved digital image correlation[J]. Experimental Mechanics, 1998, 38(2): 86-92.

[12] Jin H, Bruck H A. Pointwise digital image correlation using genetic algorithms[J]. Experimental

Techniques, 2010, 29(1):36-39.

[13] Jin H, Bruck H A. Theoretical development for Pointwise digital image correlation[J]. Optical Engineering, 2005, 44(6): 1-14.

[14] Hwang S F, Horn J T, Wang H J. Strain measurement of SU-8 photoresist by a digital image correlation method with a hybrid genetic algorithm[J]. Optical and Lasers in Engineering, 2008, 46(3): 281-289.

[15] Davis C Q, Dennis M F. Statistics of subpixel registration algorithms based on spatiotemporal gradients or block matching[J]. Optical Engineering, 1998, 37(4): 1290-1298.

[16] Zhang J, Jin G, Ma S, et al. Application of an improved subpixel registration algorithm on digital speckle correlation measurement[J]. Optics & Laser Technology, 2003, 35(7):533-542.

[17] Wattrisse B, Chrysochoos A, Muracciole J M, et al. Analysis of strain localization during tensile tests by digital image correlation[J]. Experimental Mechanics, 2001, 41(1):29-39.

[18] 侯成刚，赵明涛.基于二次曲面拟合的亚像素图像匹配算法[J]. 计量学报，1997，18(3): 227-231.

[19] Wu W, Peters W H, Hammer M. Basic mechanical properties of retina in simple elongation[J]. Journal of Biomechanical Engineering, 1987, 109(2): 65-67.

[20] Durig B R, Peters W H, Hammer M A. Digital image correlation measurements of strain in bovine retina[J]. Optical Testing and Metrology, 1989, 954(25): 438-443.

[21] Zink A G, Davidson R W, Hanna R B. Effect of composite structure on strain and failure of laminar and wafer composites[J]. Mechanics of Composite Materials and Structures, 1997, 4 (4): 345-359.

[22] Gonzalez J, Knauss W G. Strain inhomogeneity and discontinuous crack growth in a particulate composite[J]. Journal of the Mechanics and Physics of Solids, 1998, 46(10): 1981-1996.

[23] Zink A G, Davidson R W, Hanna R B. Strain measurement in wood using a digital image correlation technique[J]. Wood and Fiber Science, 1995, 27(4): 346-356.

[24] Sutton M A, Turner J L, Chao Y J, et al. Experimental investigations of three-dimensional effects near a crack tip using computer vision[J]. International Journal of Fracture, 1992, 53(3): 201-228.

[25] Mcneill S R, Sutton M A, Miao Z, et al. Measurement of surface profile using digital image correlation[J]. Experimental Mechanics, 1997, 37(1): 13-20.

[26] Han G, Sutton M A, Chao Y J. A study of stationary crack-tip deformation fields in thin sheets by computer vision[J]. Experimental Mechanics, 1994, 34(2): 125-140.

[27] Dawicke D S, Sutton M A. CTOA and crack-tunneling measurements in thin sheet 2024-T3 aluminum alloy[J]. Experimental Mechanics, 1994, 34(4): 357-368.

[28] Zhao W Z, Jin G C. An experimental study on measurement of Poisson's ratio with digital speckle correlation method[J]. Journal of Applied Polymer Science, 1996, 60(5): 1083-1088.

[29] Chan Y C, Dai X, Jin G C, et al. Nondestructive detection of delaminations in multilayer ceramic capacitors using improved digital speckle correlation method[J]. Microwave and Optical

Technology Letters，1997，16(2)：80-85.

[30] 计宏伟，秦玉文，陆华.非常应变模式数字相关方法的初值估计[J].实验力学，2001，16(1)：49-55.

[31] 侯振德，秦玉文.基于图像分形相关位移测量新方法的研究[J].光学学报，2002，22(2)：210-214.

[32] Kim Y R，Lutif J，Allen D. Determining representative volume elements of asphalt concrete mixtures without damage[J]. Transportation Research Record Journal of the Transportation Research Board，2010，2127(2127)：52-59.

[33] Chehab G R，Richard K Y. Viscoelastoplastic continuum damage model application to thermal cracking of asphalt concrete[J]. Journal of Materials in Civil Engineering，2005，17(4)：384-392.

[34] 谭忆秋，张魁，吴思刚，等.应用数字散斑技术的沥青混合料劈裂应变研究[J].哈尔滨工业大学学报，2009，41(9)：56-58.

[35] 虞蒋苗.沥青混合料疲劳性能研究[D].广州：华南理工大学，2005.

[36] 王绍怀.路面设计中沥青混合料疲劳破坏预测方法的研究[D].哈尔滨：哈尔滨建筑大学，1994.

[37] US-AASHTO. Determining the fatigue life of compacted hot-mix asphalt (HMA) subjected to repeated flexural bending：AASHTO T 321-2014[S]. 2010.

[38] 笠原笃，冈川秀幸，菅原照雄.沥青混合料的动态性质及其在沥青路面结构力学分析中的应用[J].沥青混合料力学性能研究论文集，1982：123-136.

[39] Leykauf G，Kawohl W J. Structural design of full depth-asphalt-pavements and field test in comparison with German standardized asphalt pavement[C]//Presented at the Third International Conference on，1972：1049-1060.

[40] 叶国铮.柔性路面疲劳与优化设计[M].北京：人民交通出版社，1989.

[41] 徐世烺.混凝土断裂机理[D].大连：大连理工大学，1988.

4 基于 CT 与数值分析方法的疲劳损伤研究

沥青混合料属于典型的多相非均匀性材料，主要由空隙、沥青砂胶（通常可定义为细集料、矿质填料和沥青胶结料的混合物）和集料三种成分组成。其中，集料属于形状不规则的刚性颗粒，而沥青砂胶在绝大多数荷载作用条件下是受温度影响的黏弹塑性材料。沥青混合料不同成分的比例、分布特点、材料特性差异及其相互作用使得沥青混合料的微观结构疲劳损伤行为极其复杂。这给沥青混合料的微观结构疲劳损伤机理研究带来了困难，也是至今仍无法实现沥青路面结构与沥青混合料组成的数字化设计的重要原因。

本章拟利用高精度工业 CT 扫描技术结合数字图像技术来获取复杂的混合料三相微观结构，并通过室内频率扫描和拉伸试验建立沥青砂胶的黏弹塑损伤本构模型。结合微观结构数字模型和三相本构模型，建立体现沥青混合料三相微观结构的有限元模型，分析不同级配、不同砂胶成分、温度与频率等因素对沥青混合料疲劳特性的影响。结合沥青混合料宏观试件的疲劳试验和加速加载足尺疲劳试验，对微观有限元分析结果进行验证。

4.1 沥青混合料 CT 数值图像获取

一个工业 CT 系统大致包括以下基本部件：射线源、辐射探测器和准直器、数据采集系统、样品扫描机械系统、计算机系统（硬件和软件）及辅助系统（辅助电源及辅助安全系统）等。典型的 X 射线 CT 扫描系统如图 4-1 所示。

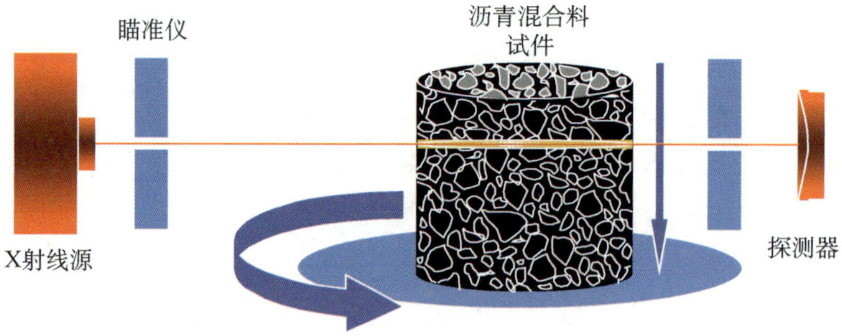

图 4-1　典型 X 射线 CT 扫描系统

按照扫描方式，可以分为平移-旋转（TR）扫描、只旋转（RO）扫描和螺旋扫描三大类；按照图像重建算法，可以分为平行束重建、扇形束重建和锥形束重建三大类[1]。工业 CT 最常见的是 TR 和 RO 两种扫描方式。近年来，螺旋扫描方式在工业 CT 中的应用也在不断增加，不过其锥束重建算法相对比较复杂。

采用德国 YXLON 国际射线公司生产的 Compact-225 型工业 CT 以螺旋扫描方式进行工件旋转的扫描，并采用锥束重建算法。Compact-225 型工业 CT 外形如图 4-2所示，主要性能参数如表 4-1 所示。

图 4-2 YXLON 公司生产的 Compact-225 型工业 CT

表 4-1 Compact-225 型工业 CT 产品性能指标

机构	射线类型	型号	能量	射线源	最大成像像素	对比度分辨率	最高空间分辨率	典型检测时间
YXLON 公司	X 射线	Compact-225	225 kV	金属陶瓷X射线管	1 024×1 024	<1%	0.02 mm	<20 min

CT 图像的成像原理与光学成像原理不同。CT 图像是由该层面各像素 CT 值组成的显示数据(Display Data)矩阵经处理后被送入图像存储器显示图像。在普通计算机上,若按 0～255 级灰度描述 CT 图像的特征,则在相同的 CT 扫描条件下,每级灰度所代表的密度是不同的,而且随着灰度数的增大,密度逐渐减小,即越来越黑。

图 4-3 为通过 CT 扫描技术获得的沥青混合料图像,其中,黑色部分为空隙,颜色较白部分为集料,而处于二者之间的灰色部分则为沥青砂胶材料。这一图像特性使得利用 CT 图像区分沥青混合料中三大体积组分——集料、沥青砂胶和空隙成为可能。采用数字图像技术处理 CT 图像获取沥青混合料的细观结构特征,为研究集料、沥青砂胶和空隙三相体积组成的随机分布对混合料性质的影响提供了可能。

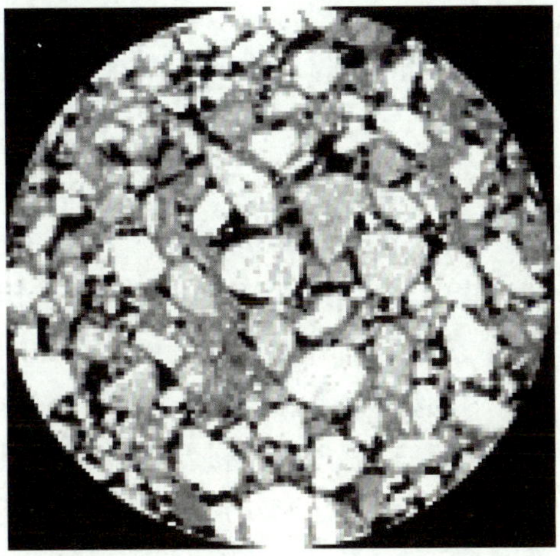

图 4-3 沥青混合料 CT 图像

获得沥青混合料 CT 图像后,需要对三相体积组成的单元进行数值识别,以区分出空隙、沥青砂胶和集料所在区域。CT 图像的识别要先确定区分空隙与沥青砂胶的阈值 T_1 及区分沥青砂胶与集料的阈值 T_2。阈值 T_1 和 T_2 的确定是数字转换过程中的重点问题，较为常用的方法有双峰法[2]和导数法[3]。双峰法认为，灰度分布图中，两个峰值之间的应为同一介质，如图 4-4 所示；而导数法认为，灰度一阶偏导数分布图中，两个峰值之间的应为同一介质。能否准确区分空隙、沥青砂胶和集料，阈值 T_1 和 T_2 的选取显得尤为重要。在有限元法构造实体模型中，最重要的是确定不同材料的几何边界，采用的图像处理技术包括图像的三值化和不同组分的边界提取技术。

初步确定阈值 T_1 和 T_2 后，采用反复试验方法微调 T_1 和 T_2。图 4-5 为三值化后的 CT 图像，图像中深灰色部分为沥青砂胶，黑色部分为空隙，灰色部分为集料。

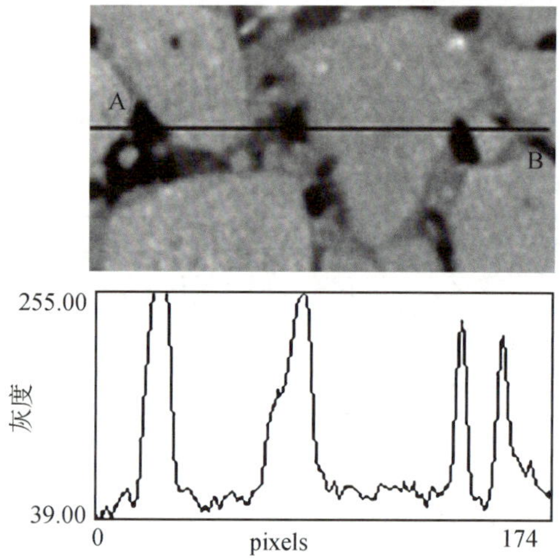

图 4-4　扫描图像与灰度直方图对比

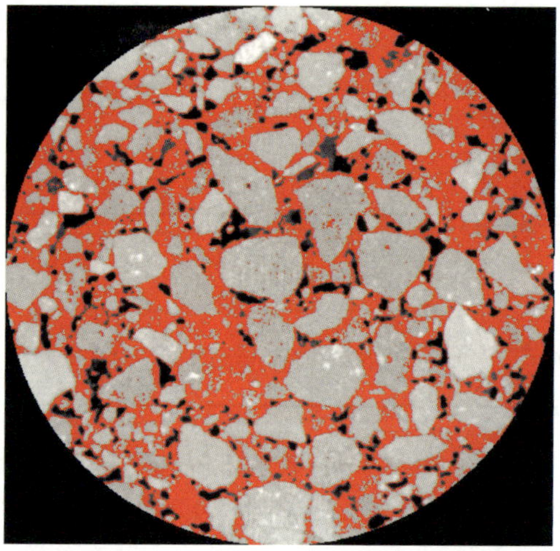

图 4-5　混合料三值化后的 CT 图像

4.2　沥青混合料疲劳试件数值模型建模

4.2.1　沥青混合料微观结构建模

采用德国 YXLON 公司生产的 Compact-225 型工业 CT，开展了基于 X-CT 技术的沥青混合料数字图像处理研究。利用高精度工业 CT，对沥青混合料试件进行了断层扫描，获得了沥青混合料三相数字 CT 图像。通过自编程序实现了对数字图像的边界识别，对图像中的沥青砂胶（<2.36 mm 的集料和沥青胶结料的混合物）、空隙和集料进行了有效的三相分离。将最终的数字模型导入 ABAQUS 有限元分析软件，分别建立了马歇尔试件间接拉伸疲劳分析模型（单元数>6 万）和四点弯曲小梁疲劳分析模型（单元数>15 万）。建模过程如图 4-6 和图 4-7 所示。

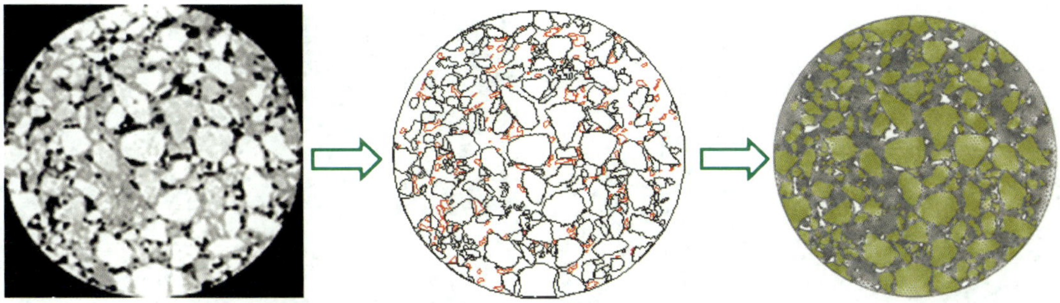

图 4-6 间接拉伸疲劳有限元分析模型

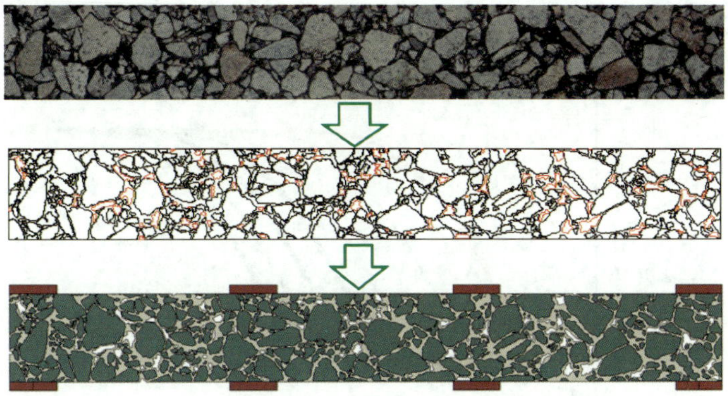

图 4-7 四点弯曲小梁疲劳有限元分析模型

4.2.2 沥青砂胶材料力学特性研究

沥青砂胶的力学特性是影响沥青混合料疲劳性能的重要因素,由于沥青砂胶的本构关系相对复杂,研究中关于该部分的参数主要通过材料试验的方式获取特定条件下的数值。沥青砂胶参数的获取主要采用剪切流变试验和圆环贯入的间接拉伸试验两种方式。

采用美国 TA 公司开发的动态剪切流变仪 Advanced Rheometer-2000(简称 AR2000,图 4-8)进行沥青砂胶材料小梁试件(图 4-9)的频率扫描,获得砂胶材料的模量主曲线(图 4-10)。

沥青砂胶材料采用 2.36 mm 以下的细集料,分别按常规 AC-F 型、AC-C 型和 SMA 型混合料级配的细料比例进行制备。小梁试件尺寸为 50 mm×10 mm×10 mm,采用高精度双面锯进行切割,试件切割最大误差要求小于±0.2 mm。

为获得沥青砂胶材料的抗拉强度,设计了圆环试件中心贯入的间接拉伸试验方法。通过沥青砂胶材料的圆环间接拉伸试验获得不同沥青砂胶材料的抗拉强度参数和沥青砂胶材料的应力-应变关系(图 4-11)。

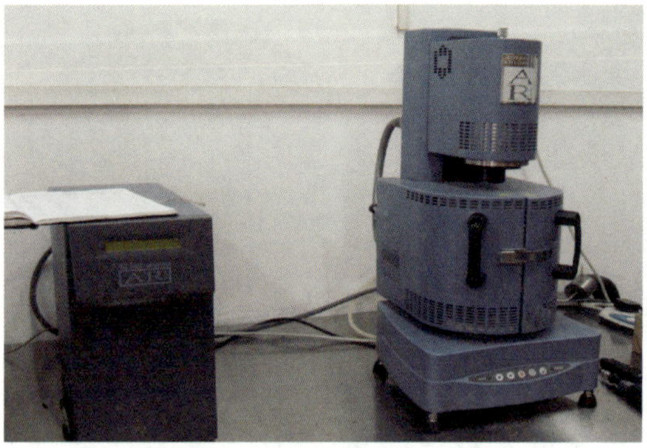

图 4-8　AR2000 动态剪切流变仪

图 4-9　用于试验的小梁试件

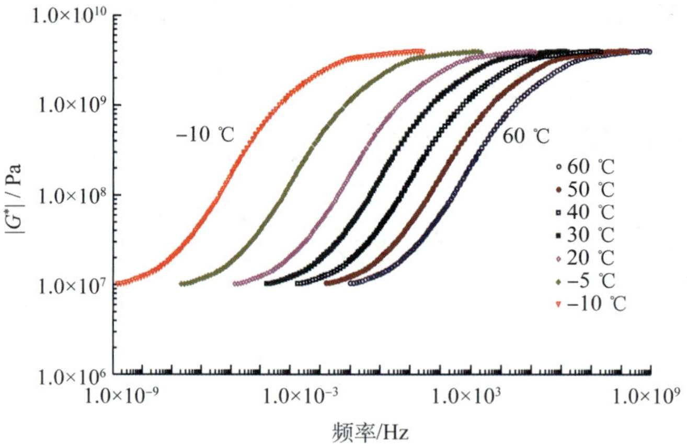

图 4-10　基于 AR2000 频率扫描试验的沥青砂胶模量主曲线

图 4-11　沥青砂胶材料的圆环间接拉伸强度试验

4.3 基于数值分析方法的疲劳损伤研究

采用 ABAQUS 有限元分析软件，分别开展了基于损伤模型的马歇尔试件和小梁试件的沥青混合料多相微观结构疲劳试验数值分析，并分别进行了竖向和水平的控制应力模式下的疲劳试验。图 4-12 为对应于图 4-5 的马歇尔试件模型在恒定间接拉伸荷载作用下的疲劳损伤因子分布情况。图 4-13 为对应于图 4-6 的四点弯曲小梁模型在 11 297 次恒定弯曲变形荷载作用后的疲劳损伤因子分布情况。图 4-14 为四点弯曲疲劳试验损伤路径的演化过程示例，图 4-14(a)—(d)的弯曲疲劳加载次数分别为 50 次、1 000 次、5 000 次和 11 297 次。

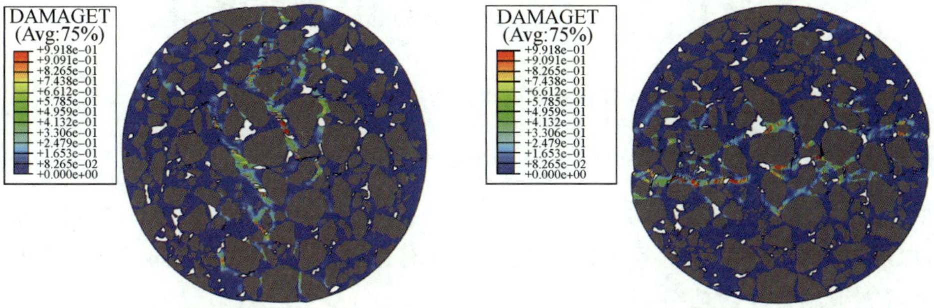

(a) 竖向荷载作用　　(b) 水平荷载作用

图 4-12　马歇尔试件间接拉伸疲劳损伤因子分布

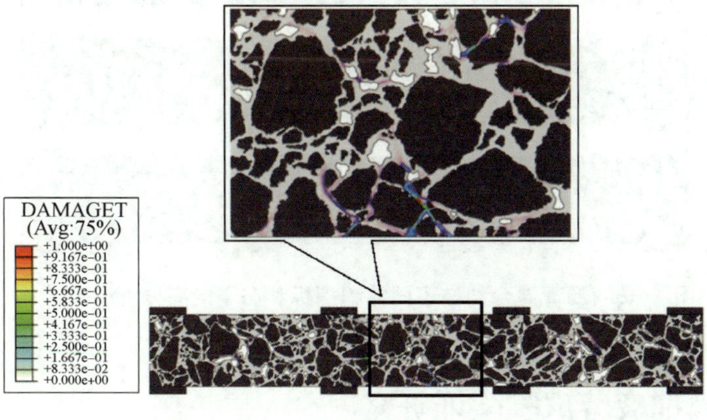

图 4-13　应变控制模式下四点弯曲疲劳试验损伤因子分布

本节开展了基于不同沥青混合料体积指标组成情况下的疲劳性能变化研究工作。图 4-15 为利用数字图像处理技术，研究同一矿料级配情况下(即粗集料骨架间隙率固定)空隙率指标由 4%，10%变化到 20%时的一个示例，得出空隙变化时不同有限元四点弯曲疲劳分析数字试件在应变控制模式下(500 微应变)达到相同劲度模量衰减比(设

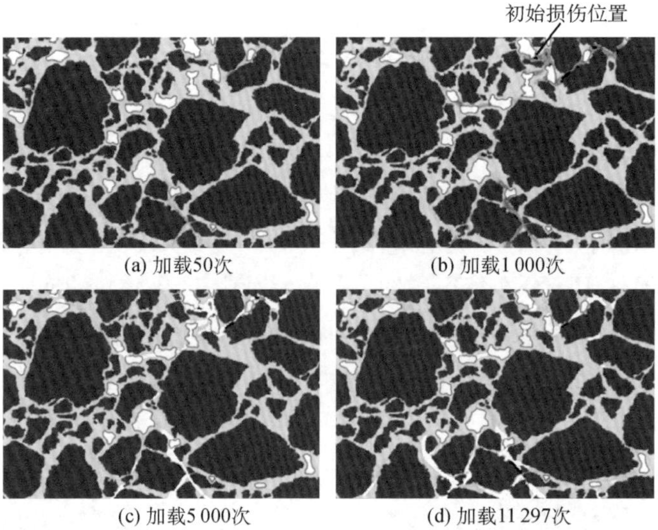

图 4-14　应变控制模式下四点弯曲疲劳试验损伤路径演化过程

定衰减 80%)时刻的加载作用次数分别需要 8 697 次、4 382 次和 1 983 次。由于真实试件的唯一性,上述测试工作对于真实试件来讲是无法开展的,而对于数字试件而言,则可通过数字图像处理技术对各项体积指标实现有选择性地调整,进而利用同一模型进行多种状态下的多次数值分析、评价和验证。

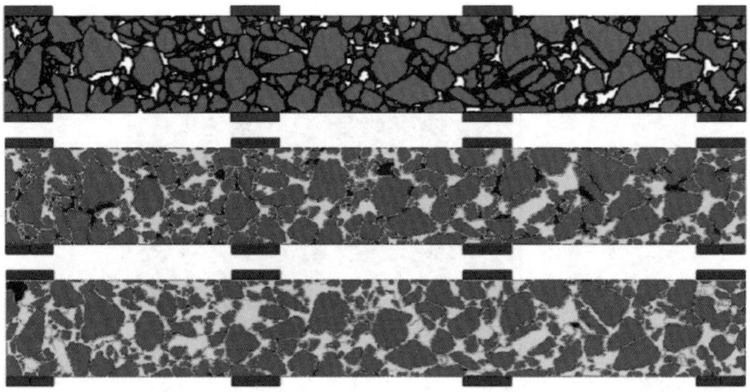

图 4-15　沥青混合料在不同体积指标状态下的有限元分析模型

4.4　四点弯曲疲劳试验验证研究

研究采用英国 Cooper NU-14 沥青混合料四点弯曲疲劳试验系统(图 4-16—图 4-17)对图 4-6 所示的虚拟试件进行了验证性试验,试验过程中共制备了沥青混合料四点弯曲试件 36 个(按常规 AC-F 型、AC-C 型和 SMA 型 3 种级配,高、中、低 3 种空隙率制备,每种状态共进行 4 次平行试验)。试验结果表明,在大应变(>600 微应变)状态下,四点弯曲有限元虚拟数值分析结果与真实试件的疲劳寿命均值基本在同一数量级内，初步分析产生差异的原因，主要来自二维数字模型与真实三维试件之间的维度和尺寸变异。

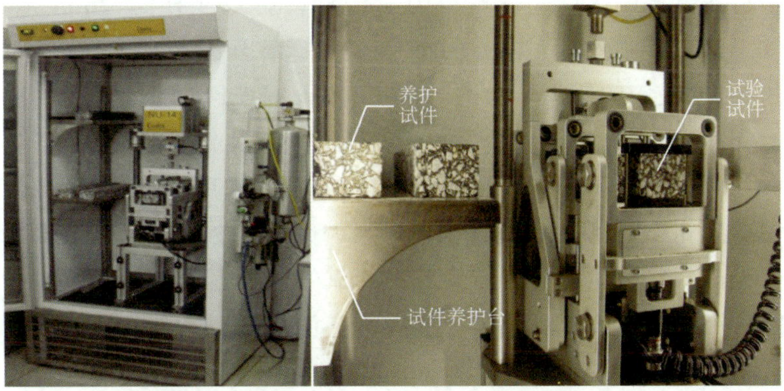

图 4-16　Cooper NU-14 四点弯曲疲劳试验系统

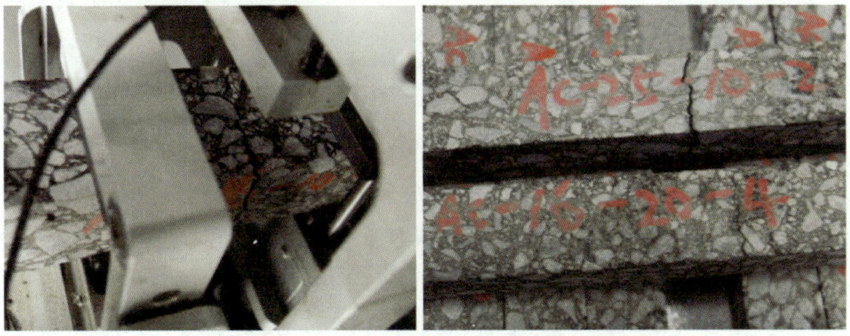

图 4-17　四点弯曲疲劳试验的试件

4.5　小结

本章研究实现了对沥青混合料三相细观结构的有限元数值分析与模拟。通过上述沥青混合料三相细观结构有限元分析研究，得出了与传统均质弹性体理论假定不同的结论：

(1) 初始的疲劳开裂位置通常并不发生在试件的理论最大应力或应变位置(圆柱体试件的中心，小梁试件的中央段底部)。

(2) 在疲劳试验过程中，开裂路径并不是单一的，可在试件的各个位置存在多条开裂路径，这也证实了沥青混合料的疲劳是由众多微裂纹扩展成一条或几条主裂缝到最终开裂破坏的一个过程，劲度模量的下降是混合料内部多条疲劳微裂缝不断扩展的综合体现。

(3) 数字试件具有材料参数与加载模式的可调整性，可进行不同条件下的重复试验。然而，单一测试试件的角度或加载方向的变化都将获得完全不同的疲劳开裂路径和疲劳寿命，这也解释了真实沥青混合料疲劳试验结果离散性大的原因。

同时试验也发现了，目前的研究工作和成果若要达到实际应用效果，则尚存在如下的技术问题与局限性，有待通过今后的进一步研究加以完善和解决。

1. 计算能力的局限性

数值模拟分析过程中采用的计算机为 HP XW 8600 工作站(Intel Xeon E 5430×2/8 GB/146 GB)，具备 T 级的 FLOPS(每秒浮点运算次数)。以二维四点弯曲小梁试件的疲劳分析为例，采用四边形等参单元，单元数为 176 147，计算单次完整的疲劳弯曲需几分钟的时间(与荷载大小、计算收敛速度等因素有关)。相比真实沥青混合料四点弯曲疲劳试验 10 次/s(标准频率通常为 10 Hz)的试验速度，显然采用数值分析方法进行虚拟疲劳试验所花费的周期反而更长，特别对于研究较小应力应变水平下或较长疲劳寿命的沥青混合料细观结构疲劳特性具有明显的局限性。

目前，超级计算技术在科学研究中已获得广泛应用，现已成为材料、生命科学、物理、化学、医药、航空航天等领域解决前沿重大挑战所必需的工具。细观尺度级别的沥青混合料或沥青路面结构疲劳分析模型在 P 级 FLOPS 的超级计算机环境下运行分析，将显著提高计算分析速度，且能容纳更大更复杂的计算模型，可为进一步揭示沥青路面破坏机理提供极为有利的工作平台。

2. 细观试件疲劳与宏观结构破坏的结合问题

研究虽能够对细观疲劳开裂过程实现数值分析，但相应的细观开裂机理尚无法与真实路面结构的宏观破坏表征做到有机结合。一方面，细观结构中集料与空隙的形状及其分布特性通常是影响疲劳裂缝开裂位置、开裂路径和疲劳寿命的决定性因素，而对集料与空隙特性的定量描述尚缺乏较好的方法。另一方面，试件疲劳加载方式与真实路面结构应力应变衰减规律存在差异，目前对真实路面结构疲劳衰减规律的研究也有待进一步验证。而直接建立基于细观结构的沥青路面结构有限元(或离散元)模型将有助于从细观层面揭示路面结构的宏观疲劳规律。

3. 沥青砂胶的参数采集问题

沥青砂胶材料的力学参数是三相细观体系中最为复杂的，近几年来，对沥青砂胶特性的研究明显受到国内外学者的重视。虽已采用频率扫描试验确定了砂胶的模量，采用圆环间接拉伸试验确定了砂胶材料的强度，但由于受到试验条件的局限性，二者之间尚存在试验加载方式和条件上的差异，从而很难获得良好的对应关系。沥青砂胶的参数采集尚需要更有效的试验方法。

参考文献

[1] 张朝宗，郭志平，张朋，等. 工业 CT 技术和原理[M]. 北京：科学出版社，2009.
[2] Kranz R L. Crack-crack and crack-pore interactions in stressed granite[J]. International Journal of Rock Mechanics and Mining Sciences, 1979, 16(1):37-47.
[3] Wu F J, Thomsen L. Microfracturing and deformation of westerly granite under creep condition [J]. International Journal of Rock Mechanics and Mining Sciences, 1975, 12 (3): 167-173.

5 沥青混合料疲劳失效机理

本章首先介绍了沥青混合料疲劳失效机理的研究方法，即现象学法、力学近似法和连续损伤力学方法，并对这三种研究方法进行了详细评价。然后，从沥青混合料疲劳损伤阈值和统计断裂力学角度，结合四点弯曲疲劳试验及弯拉强度试验，对沥青混凝土疲劳加载过程中损伤累积的随机性进行了研究，即从新的角度研究了沥青混凝土疲劳失效机理。

5.1 沥青混合料疲劳失效机理的研究方法

疲劳破坏是沥青路面结构基础理论与设计的本源性问题。沥青路面在重复的交通荷载作用下，由于损伤不断累积，沥青混凝土材料本身会产生微细裂纹，随着时间的延长，这些微细裂纹不断汇集，形成宏观裂纹，最后导致沥青路面发生疲劳开裂。一般来讲，研究沥青混凝土疲劳失效机理的方法主要有[1-3]：现象学法，即传统的疲劳理论方法；力学近似法，即传统的断裂力学法（Paris 法则）；连续损伤力学法。本节分别对这三种研究方法进行评价，并提出了新的方法。

5.1.1 现象学法

现象学法即传统的疲劳理论方法，通常采用疲劳特征曲线来表征材料的疲劳性质。该方法认为，沥青混凝土的疲劳是材料在荷载重复作用下产生不可恢复的强度衰减累积所引起的一种现象。荷载重复作用的次数越多，强度的损伤越剧烈，沥青路面所能承受的应力或应变就越小。

在现象学法中，通常采用疲劳方程来表征材料的疲劳性能。其中，最早的疲劳寿命预测方程，如式(5-1)和式(5-2)是由加利福尼亚大学伯克利分校的 Carl L. Monismith 和诺丁汉大学的 P. S. Pell 提出的。

$$N_f = A\left(\frac{1}{\varepsilon_t}\right)^B \tag{5-1}$$

$$N_f = C\left(\frac{1}{\sigma_t}\right)^D \tag{5-2}$$

式中，N_f 为达到疲劳破坏时的荷载重复作用次数，即疲劳寿命；ε_t 和 σ_t 分别为施加的拉伸应变和拉伸应力；A，B，C，D 为疲劳试验所测定的参数。

随后，Monismith 等人根据进一步的研究工作，提出了可应用于更一般的沥青混合料的疲劳方程：

$$N_f = K\left(\frac{1}{\varepsilon_t}\right)^a \left(\frac{1}{S_{mix}}\right)^b \tag{5-3}$$

式中，S_{mix} 为沥青混合料的初始劲度模量；K，a，b 分别为由疲劳试验确定的参数。此方程认为，当劲度模量下降至初始劲度模量的一半时，沥青混合料发生疲劳失效。

美国公路战略研究计划（Strategic Highway Research Project，SHRP）中提出了更复杂的疲劳寿命预测模型[4]：

$$N_f = S_f \times 2.738 \times 10^5 \times e^{0.077VFB} \times \varepsilon_0^{-3.624} \times S_0^{-2.720} \tag{5-4}$$

式中，S_f 为室内疲劳试验结果与沥青路面实际疲劳试验结果的转换因子；e 为自然对数；VFB 为沥青填隙率；S_0 为损失的劲度模量。

基于现象学法的疲劳寿命预测模型有很多种，本节就不一一列举，但由于沥青混凝土疲劳破坏行为的复杂性，这些预测模型至今未统一，即不同的预测模型有不同的适用范围，而且疲劳方程的形式越来越复杂，涉及的参数也越来越多，这些势必会增加预测结果的不准确性及离散性。另外，传统的疲劳理论方法并未考虑沥青混凝土固有缺陷（微裂纹、空隙）的影响、荷载循环过程中由于材料几何参数改变而导致的应力重分布以及温度变化而导致的微裂纹的愈合效应。

5.1.2 力学近似法

力学近似法是应用传统的断裂力学原理分析疲劳裂纹扩展规律。断裂力学作为一门科学，早在 1921 年由英国科学家 Griffith 提出。该方法基于材料内部的微裂纹或缺陷是固有存在的假设，因此，该方法主要研究裂纹的扩展机理而不考虑裂纹的萌发过程。

应力强度因子 K 和裂纹扩展率$\frac{da}{dN}$是断裂力学中研究材料疲劳裂纹扩展机理的主要参数[5]。通常用$\frac{da}{dN}$与 ΔK 的双对数曲线（图 5-1）来描述材料的疲劳裂纹扩展规律[6]，这也是断裂力学中的经典模型，主要应用于金属材料。从图 5-1 可以看出，材料的疲劳裂纹扩展主要经历三个阶段：阶段Ⅰ，裂纹从断裂门槛值 ΔK_{th} 开始起裂，然后裂纹扩展率$\frac{da}{dN}$逐渐增大；阶段Ⅱ，随着荷载循环次数的增加，裂纹扩展率$\frac{da}{dN}$与 ΔK 的双对数曲线呈明显的线性增长趋势；阶段Ⅲ，裂纹扩展率$\frac{da}{dN}$快速增加，直至应力强度因子 K 达到断裂韧性 K_{Ic} 时，材料发生失稳断裂。

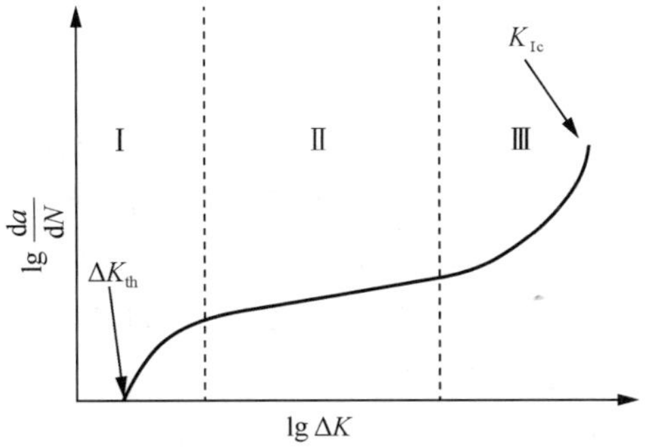

图 5-1 疲劳裂纹扩展经典模型曲线

根据以上疲劳裂纹扩展的三个阶段，一些研究人员针对不同阶段给出了相应的描述方程，如 Paris 和 Erdogan[7]首次提出了材料的疲劳裂纹扩展规律：

$$\frac{\mathrm{d}a}{\mathrm{d}N}=A(\Delta K)^n \tag{5-5}$$

式中，A 和 n 为试验确定的参数。

但是此规律只适用于疲劳裂纹扩展曲线的第Ⅱ阶段，即材料处于线弹性断裂阶段。而沥青混合料实际为黏弹性材料，显然式(5-5)不能直接用于描述沥青混合料的疲劳裂纹扩展规律。另外，传统的断裂力学认为材料的裂纹扩展是连续的，但也有研究表明，沥青混凝土的裂纹扩展是不连续的[8, 9]。

5.1.3 连续损伤力学法

使用连续损伤力学法研究沥青混凝土的疲劳性能最早由 Kim 等人提出[10]，该方法使用弹性-黏弹性对应准则及三个基本定律[式(5-6)、式(5-7)、式(5-8)]，得出了沥青混合料疲劳寿命的预测模型。该方法的优势是在有间歇的荷载循环下，同时考虑了沥青混合料的黏弹性损伤及微损伤的愈合效应。而这正与沥青路面在实际交通荷载下的情况相符。

应变能密度方程：
$$W=W(\varepsilon_{i,j},\ S_{\mathrm{m}}) \tag{5-6}$$

应力-应变关系：
$$\sigma_{i,j}=\frac{\partial W}{\partial \varepsilon_{i,j}} \tag{5-7}$$

损伤演化率：
$$-\frac{\partial W}{\partial S_{\mathrm{m}}}=\frac{\partial W_{\mathrm{s}}}{\partial S_{\mathrm{m}}} \tag{5-8}$$

式中，$\sigma_{i,j}$ 和$\varepsilon_{i,j}$ 分别为应力、应变张量；S_{m} 用来描述材料内部状态的改变，是一个与损伤变化率有关的参数；W_{s} 为耗散能。

但是连续损伤力学的假设前提是材料的损伤累积是连续的，这就不能合理地描述疲劳裂纹的扩展，因为材料一旦有裂纹产生，就不再是连续的[9, 11]。此外，这种方法的疲劳寿命预测模型参数多，形式相当复杂[式(5-9)]，不便于应用。

$$\begin{aligned} N_{\mathrm{f,\,Total}} &= N_{\mathrm{f,\,WloRP}}+\sum_{i=1}^{M}\Delta N_{\mathrm{f},\,i} \\ &= \frac{f(S_{1\mathrm{f}})^{p_1}}{p_1(0.125IC_{11}C_{12})^{\alpha_1}}\mid E^*\mid^{-2\alpha_1}\varepsilon_0^{-2\alpha_1}+ \\ &\quad \sum_{i=1}^{M}\frac{f(S_{3\mathrm{e}})^{p_3}}{p_3[0.125I(C_2+S_{\mathrm{B}}^{\mathrm{R}})C_{31}C_{32}]^{\alpha_3}}\mid E^*\mid^{-2\alpha_3}\varepsilon_0^{-2\alpha_3} \end{aligned} \tag{5-9}$$

5.1.4 新的研究方法

由于沥青混合料是非均匀的温度敏感性材料，高温时表现出明显的黏弹特性，在实际的交通荷载及自然界的温度条件下，沥青路面疲劳裂纹的萌发、扩展及微损伤的愈合效应几乎同时发生，导致其疲劳失效机理相当复杂。因此，使用单一的力学理论方法无法确切了解沥青路面的疲劳失效机理，而需要探索一种真正适合于描述沥青路面疲劳破坏行为的新方法。

众多研究表明，断裂能是描述混凝土类材料断裂行为的关键参数，它的定义是产生单位面积裂缝所需要的能量[12]，其计算公式如下：

$$G_F = \frac{W_0}{A_{lig}} \tag{5-10}$$

式中，G_F 为断裂能；W_0 为总的耗散能（示意图如图 5-2 所示）；A_{lig} 为断裂过程区在主裂纹扩展方向上的投影面积。

对于水泥混凝土材料而言，其断裂能一般通过三点弯曲强度试验获得，但是众多研究发现，断裂能 G_F 呈现明显的尺寸效应[13]，尤其是只考虑材料发生 Ⅰ 型裂纹时，G_F 随着所测试件的尺寸和形状的变化而变化，因此，G_F 不能作为材料的基本属性，只能看作是名义上的断裂能。另外，对于沥青混凝土而言，由于集料颗粒的随机分布，导致其裂纹扩展方向呈现明显的随机性，因此，断裂能原始计算公式(5-10)中的 A_{lig} 很难确定，并且测量断裂能时需要对试件预制切口，这就相当于预先规定了裂纹的起裂位置及断裂过程区，这与沥青混凝土裂纹扩展的随机性不符。

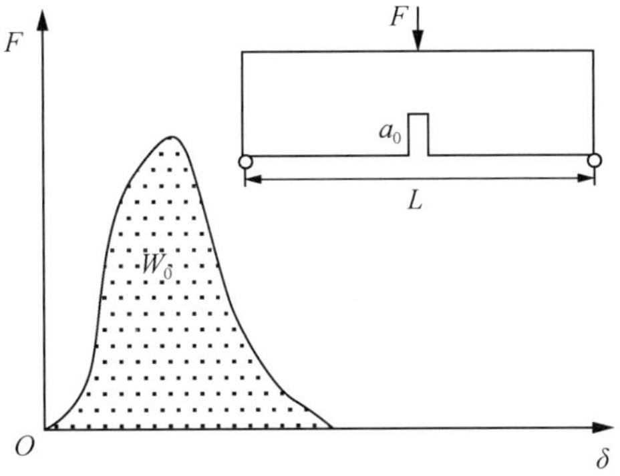

图 5-2　断裂能原始定义示意图

然而，Sedwick[14]在研究中发现，断裂能密度可以用来表征材料抵抗裂纹扩展的性能，即断裂能密度越大，说明材料的抗裂性越强，反之，抗裂性越差，且断裂能密度不随试件尺寸及试验方法的改变而变化，说明断裂能密度没有明显的尺寸效应。佛罗里达大学的Z. Zhang[15] 和 R. Roque[16]在 Sedwick 研究的基础上，结合黏弹性断裂力学，进一步提出了沥青混合料疲劳损伤阈值的概念，认为沥青混合料的疲劳损伤存在两个阈值，即断裂能密度（*FE*，单位 kJ/m^3）和耗散蠕变应变能（*DCSE*，单位 kJ/m^3），其中，*FE* 是混合料在外力作用下宏观裂纹扩展的起始点，*DCSE* 是微观损伤向宏观损伤（裂纹的萌发）转变的起始点。研究表明，*FE* 和 *DCSE* 均不受试件尺寸、加载模式（强度试验中的单调递增加载、疲劳试验中的循环加载）及试验方法的影响，即 *FE* 和 *DCSE* 属于材料的基本属性。

Z. Zhang[17]指出断裂能密度 *FE* 可以通过弯拉强度试验的应力-应变曲线与横轴围成的面积获得，如图 5-3 所示，图中 S_t 为混合料初次开裂时的应力，即拉伸强度，

ε_f 为失效应变。而蠕变耗散能密度 $DCSE$ 则通过断裂能密度 FE 与弹性应变能 EE 的差值获得，具体计算示意图如图 5-4 所示，图中 M_R 为沥青混合料的劈裂回弹模量，ε_0 为过第一个断裂点并以 M_R 为斜率的直线与横轴的交点，EE 为弹性应变能。

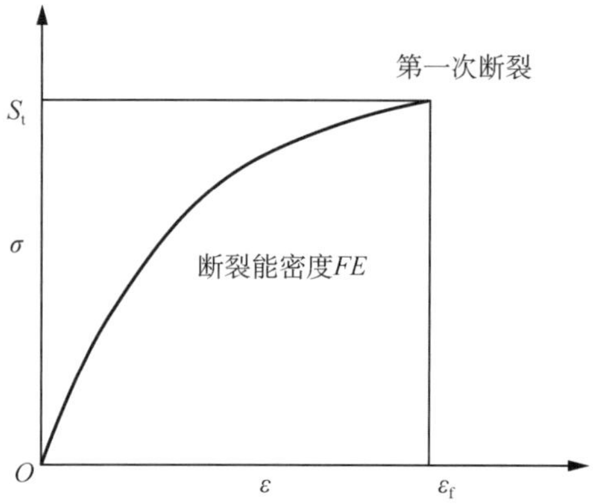

图 5-3　断裂能密度计算示意图

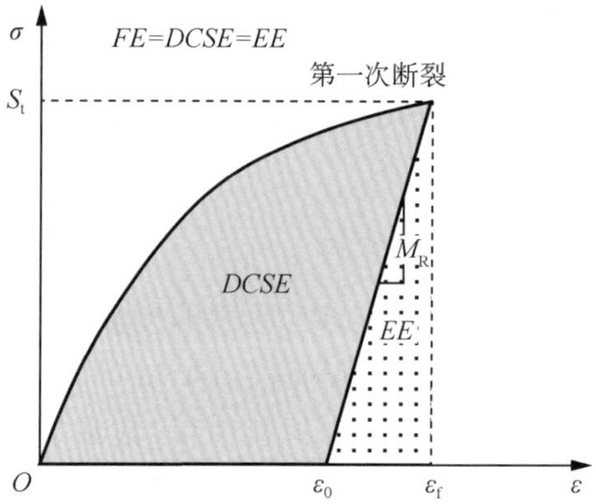

图 5-4　断裂能密度与蠕变耗散能密度计算示意图

从图 5-4 中可以得出：

$$M_R = \frac{S_t}{\varepsilon_f - \varepsilon_0} \tag{5-11}$$

进而可推出：

$$\varepsilon_0 = \frac{M_R\varepsilon_f - S_t}{M_R} \tag{5-12}$$

$$EE = \frac{1}{2}S_t(\varepsilon_f - \varepsilon_0) \tag{5-13}$$

最后可得出：

$$DCSE = FE - EE \tag{5-14}$$

由此可见，通过式(5-11)—式(5-14)及沥青混合料的应力-应变关系即可得出沥青混合料的疲劳损伤阈值。因此，本节基于沥青混合料疲劳损伤阈值的基本思想，结合四点弯曲疲劳试验及弯拉强度试验，对沥青混凝土微损伤的愈合效应进行了试验验证，并计算了沥青混凝土的疲劳损伤阈值，这对进一步研究真正适合于描述沥青混凝土疲劳破坏行为的新方法具有参考价值。

5.2　沥青混凝土微损伤愈合效应的试验验证

5.2.1　试验方案布置

为了验证沥青混凝土在疲劳荷载下微损伤的愈合效应，分别对 AC10 和 AC20 两种粒径的基质沥青混凝土梁试件进行四点弯曲疲劳试验和动态模量试验。其中，四点弯曲疲劳试验按照我国《公路工程沥青及沥青混合料试验规程》(JTG E20—2011)进行，动态模量试验按照英国标准 *Bituminous mixtures — Test methods for hot mix asphalt* (BS EN 12697-26:2012)进行。本试验采用的设备是配有四点弯曲疲劳试验夹具的气动伺服式试验系统，由英国 Cooper 公司研制，试验装置如图 5-5 所示。

图 5-5 四点弯曲疲劳试验装置

本试验共制备 AC10 和 AC20 基质沥青混凝土梁试件各一组，每组两个平行试件，试验材料、配比、沥青含量、设计空隙率及试件的制备过程均与本书第 3 章试验设置相同，但本试验未对试件预制切口。试验温度为 20 ℃，采用频率为 10 Hz 的偏正弦波进行加载。试件制备好后按照以下步骤依次进行试验(以 AC20 为例，AC10 的试验步骤与此相同)：

(1) 测得两个平行试件(试件编号AC20-A，AC20-B)的弯曲劲度模量 S_{A1}，S_{B1} (20 ℃，10 Hz)。

(2) 对试件 A 进行应力控制式四点弯曲疲劳试验(试验温度 20 ℃，加载频率 10 Hz，应力控制水平 750 kPa)，当初始劲度模量下降至 50%时，试验终止，记录荷载循环次数 N_A。

(3) 对试件 B 同样进行应力控制式四点弯曲疲劳试验[试验条件与步骤(2)相同]，当荷载循环次数达到 10% N_A 时，试验终止，并将此荷载循环次数记为 N_B，即 $N_B = 10\% N_A$。

(4) 将试件 A 和 B 放入 40 ℃环境箱静置 12 h(由于基质沥青混合料的作业温度范围为−40～120 ℃，因此，本试验取平均作业温度 40 ℃，12 h 为沥青路面全天工作时间的一半)，然后再放入 20 ℃环境箱冷却 6 h，以保证试件内外温度与疲劳试验温度相等。

(5) 按照步骤(1)，再次测量试件 A 和 B 的弯曲劲度模量 S_{A2}，S_{B2}。

(6) 对试件 A 按照步骤(2)进行疲劳试验，直至试件彻底断裂。

(7) 对试件 B 按照步骤(3)进行疲劳试验，当荷载循环次数达到 N_B 时，试验终止。

对于步骤(1)，由于动态模量试验为非破坏性试验，为了避免测定弯曲劲度模量过程中试件发生疲劳损伤，因此，本试验按照英国标准 BS EN 12697-26:2012，将应变控制水平设置为 50 $\mu\varepsilon$，并严格按照标准要求的试验频率及荷载循环次数进行，如表 5-1 所示。

从表 5-1 中可以看出，此试验分为 8 个阶段，其中第 1 阶段和第 8 阶段的加载频率均为0.1 Hz，目的是检验试件是否发生疲劳损伤。当第 1 阶段 0.1 Hz 下的劲度模量与第 8 阶段 0.1 Hz 下的劲度模量相差超过 3%时，即认为此试件发生疲劳损伤，试验失败。对于第 5 阶段，当荷载频率为 10 Hz 时，取 100 次荷载循环以后的劲度模量均值作为该频率下的弯曲劲度模量。

表 5-1　　弯曲劲度模量测定

应变控制水平	阶段	频率/Hz	荷载循环次数	时间/s
50 με	1	0.1	15	150
	2	0.5	15	30
	3	1	20	20
	4	5	100	20
	5	10	200	20
	6	20	200	10
	7	50	200	4
	8	0.1	15	150

5.2.2 试验结果分析

在以上疲劳试验中，由位移传感器（LVDT）测得各试件的回弹变形量，如图 5-6 所示，此传感器的触点位于试件中央，通过监测触点与支撑点的垂直距离获得试件的回弹变形量，其测量精度为 0.001 mm。AC10 和 AC20 沥青混凝土梁试件回弹变形随荷载循环次数的变化曲线如图 5-7、图 5-8 所示，愈合前后劲度模量及对比分别如表 5-2 及图 5-9 所示。

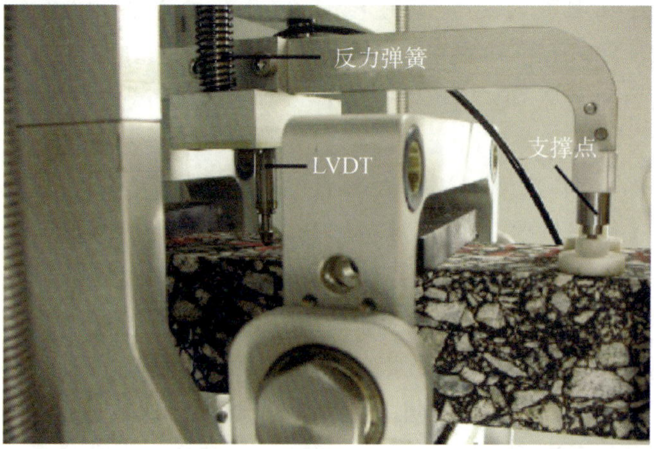

图 5-6　位移传感器放置图

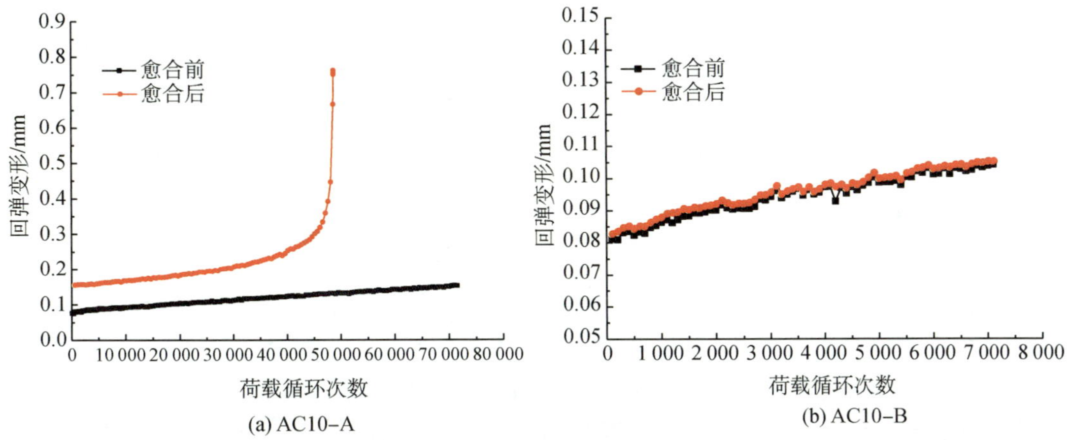

图 5-7 愈合前后回弹变形随荷载循环次数的变化(AC10)

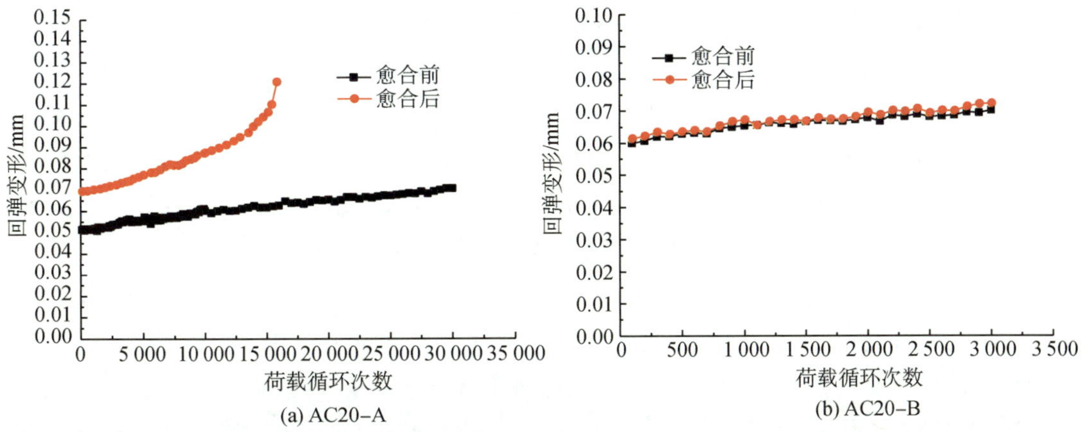

图 5-8 愈合前后回弹变形随荷载循环次数的变化(AC20)

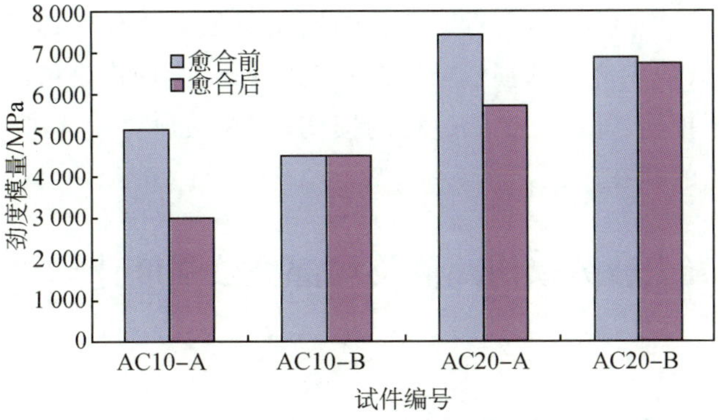

图 5-9 愈合前后劲度模量对比

表 5-2　　愈合前后劲度模量

试件	劲度模量/MPa		愈合前后劲度模量差值百分比
	愈合前	愈合后	
AC10-A	5 146.986	3 005.755	41.60%
AC10-B	4 521.223	4 506.618	0.32%
AC20-A	7 431.453	5 715.983	23.08%
AC20-B	6 877.529	6 733.721	2.09%

从图 5-7(b)和图 5-8(b)中可知,无论是试件 AC10 还是 AC20,经过较短时间的荷载循环后,静置于 40 ℃环境箱 12 h,然后冷却至 20 ℃静置 6 h,再对试件进行相同次数的循环加载,试件在愈合前后的回弹变形随荷载循环次数的变化曲线接近重合。另外,对于这两种沥青混凝土试件的劲度模量(图 5-9 中的 AC10-B 与 AC20-B),愈合前后的值几乎相等,差值均小于 3%(表 5-2),AC10 的愈合效应略优于 AC20 的愈合效应。

当试件经过较长时间的荷载循环后[图 5-7(a)和图 5-8(a)],愈合前后的回弹变形随荷载循环次数的变化曲线差别很大,愈合前疲劳试验终止时刻的回弹变形量分别为 $D_{\mathrm{AC10\text{-}A}}=0.155$ mm, $D_{\mathrm{AC20\text{-}A}}=0.069$ mm,而愈合后疲劳试验初始时刻的回弹变形量分别为 $D'_{\mathrm{AC10\text{-}A}}=0.153$ mm, $D'_{\mathrm{AC20\text{-}A}}=0.071$ mm,即 $D_{\mathrm{AC10\text{-}A}}\approx D'_{\mathrm{AC10\text{-}A}}$, $D_{\mathrm{AC20\text{-}A}}\approx D'_{\mathrm{AC20\text{-}A}}$。而对于劲度模量而言,愈合前的劲度模量明显大于愈合后的劲度模量。

综上可见,沥青混凝土梁试件经过短时间的荷载循环后,内部产生微损伤,经过 40 ℃环境箱静置 12 h 后,由于温度的升高及试件自身的重力作用,沥青胶浆的流动黏性提高,从而使试件产生愈合效应,劲度模量恢复至第一次疲劳试验前。而当试件经过长时间的荷载循环后,初始劲度模量下降至 50%,材料强度明显被削弱,说明材料内部已产生宏观裂纹式的明显损伤,这时再将试件静置于 40 ℃环境箱 12 h,发现试件并未产生愈合效应,劲度模量也未见有明显的恢复,回弹变形继续增大,直至试件产生贯穿性裂纹而彻底断裂。由此可知,沥青混凝土的损伤不是永久存在的,若沥青混凝土内部存在微损伤,即裂纹萌发之前的损伤,则在一定条件下,微损伤是可以愈合的;若沥青混凝土内部存在宏观损伤,即裂纹扩展过程的损伤,则无法愈合。这进一步说明了沥青混凝土疲劳损伤阈值的存在。

5.3 沥青混凝土疲劳损伤阈值及局部失效强度计算

5.3.1 试验方案布置

沥青混凝土会由可愈合的微损伤向不可愈合的宏观损伤转变,最后出现宏观裂纹扩展,这一过程需要进一步计算沥青混凝土的损伤阈值 *DCSE* 和 *FE*,由于 *DCSE* 和 *FE*

不随试件尺寸及加载方式的变化而变化，所以可得出：

$$DCSE_{循环加载} = DCSE_{单调增加载} \tag{5-15}$$

因此，本节基于 DSCM 测量系统对基质沥青混凝土和 SBS 改性沥青混凝土进行了弯拉强度试验及四点弯曲疲劳试验，获得了沥青混凝土的疲劳损伤阈值及局部失效强度。

具体试验方案布置如下。

1. 试验材料及试件制备

本试验采用泰普克 SBS 改性沥青，其性能指标如表 5-3 所示，均满足现行施工技术规范要求。其他原材料及试件制备过程均与前述试验相同，但本试验未对试件预制切口。

表 5-3 SBS 改性沥青性能指标

试验项目		技术要求	试验结果	单项评定
针入度(25 ℃，100 g，5 s，0.1 mm)		40～60	52	合格
针入度指数 PI		≥−0.2	0.05	合格
延度(5 ℃，5 cm/min，cm)		>20	29.7	合格
软化点 $T_{R\&B}$/℃		>60	89.7	合格
闪点/℃		>230	297	合格
溶解度/%		>99	99.9	合格
存储稳定性		≤2.5	0.9	合格
弹性恢复(25 ℃)/%		>75	94.0	合格
运动黏度/(Pa·s)	135 ℃	实测记录	2.67	合格
	165 ℃	实测记录	0.61	
旋转薄膜加热试验(RTFOT)残留物(163 ℃，85 min)	质量变化/%	±1.0	−0.34	合格
	延度(5 ℃，5 cm/min，cm)	≥15	22.1	合格
	针入度比/%	≥65	84.6	合格

计算 $DCSE$ 首先需要已知沥青混凝土的劈裂回弹模量 M_R，A. Loulizi 的研究表明，沥青混合料的劈裂回弹模量 M_R 与 20 ℃、5 Hz 间接拉伸试验测得的动态模量 $|E^*|$ 存在以下关系：

$$|E^*| = 1.4M_R \tag{5-16}$$

因此，根据动态模量值即可计算 M_R，而动态模量值可根据本课题组成员马林博士的研究成果获得。鉴于此，本试验采用的级配类型具体见表 5-4。

表 5-4　　AC20 沥青混合料配比及沥青用量

筛孔/mm	通过下列筛孔的质量百分数												沥青用量	
	26.5	19	16	13.2	9.5	4.75	2.36	1.18	0.6	0.3	0.15	0.08	A-70	SBS 改性沥青
wt%	100	95	85	71	61	41	30	22.5	16	11	8.5	5	4.60%	4.80%

2. 试验设备及参数设置

加载设备为 MTS-810 材料试验机，图像采集设备为 Stingray F-504B CCD 高速摄像机，试验温度为 20 ℃。由于 CCD 摄像机在其最大分辨率 1 224×1 208 下的最高采集频率为 10 Hz，为了更准确地捕捉到沥青混凝土梁试件初次开裂时刻，在弯曲强度试验中，将 MTS 的加载速率设置为 5 mm/min；在疲劳试验中，通过 MTS 对梁试件施加半正弦波荷载，加载 0.1 s，间歇 0.9 s，荷载数据采集频率均为 10 Hz。经过同步触发程序，实现加载与图像采集的同步进行，即每个荷载数据对应一张数字图像，然后通过 DSCM 方法计算出沥青混凝土试件各时刻的应变场。

5.3.2　疲劳损伤阈值计算

在弯拉强度试验中，由 MTS 采集到的荷载数据及公式 $\sigma=\frac{FL}{bh^2}$ 计算出了各时刻试件所承受的最大拉应力，两种沥青混凝土试件的最大拉应力随时间的变化如图 5-10 所示，图中的数字表示所选取的特征点。结合采集到的数字图像，得到了沥青混凝土试件的初次开裂时刻，发现这两种沥青混凝土的初次开裂均发生在峰值荷载之前，说明这两种沥青混凝土的弯拉极限并不出现在荷载峰值位置。此外，改性沥青混凝土的初次开裂时刻与荷载峰值时刻更接近。

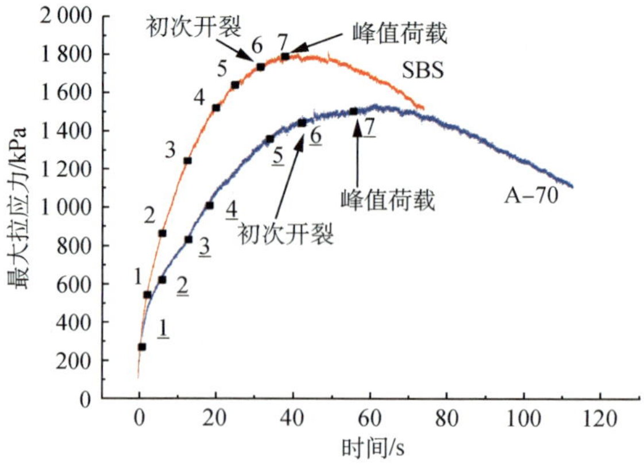

图 5-10　AC20 基质沥青混凝土(A-70)和 SBS 改性沥青混凝土最大拉应力随时间的变化

确定了两种沥青混凝土的初次开裂时刻后，以加载前的图像为参考图像，以初次开裂前各时刻的图像作为变形后的图像，采用 DSCM 方法(图像子区大小：41 pixel×

41 pixel，步长：5 pixel，应变计算窗口 11 pixel×11 pixel），基于 Matlab 软件，对其变形场进行计算。图 5-10 中各特征点对应的水平应变场如图 5-11 和图 5-12 所示，从图中可知，两种沥青混凝土的最大拉应变位于试件底部，但由于粗集料的随机分布及沥青砂浆与集料模量的差异性，导致试件底部存在多处应变集中区，且应变集中区的最大应变值不同，说明沥青混凝土试件底部存在不同程度的损伤累积，而且这种损伤累积具有随机特性。

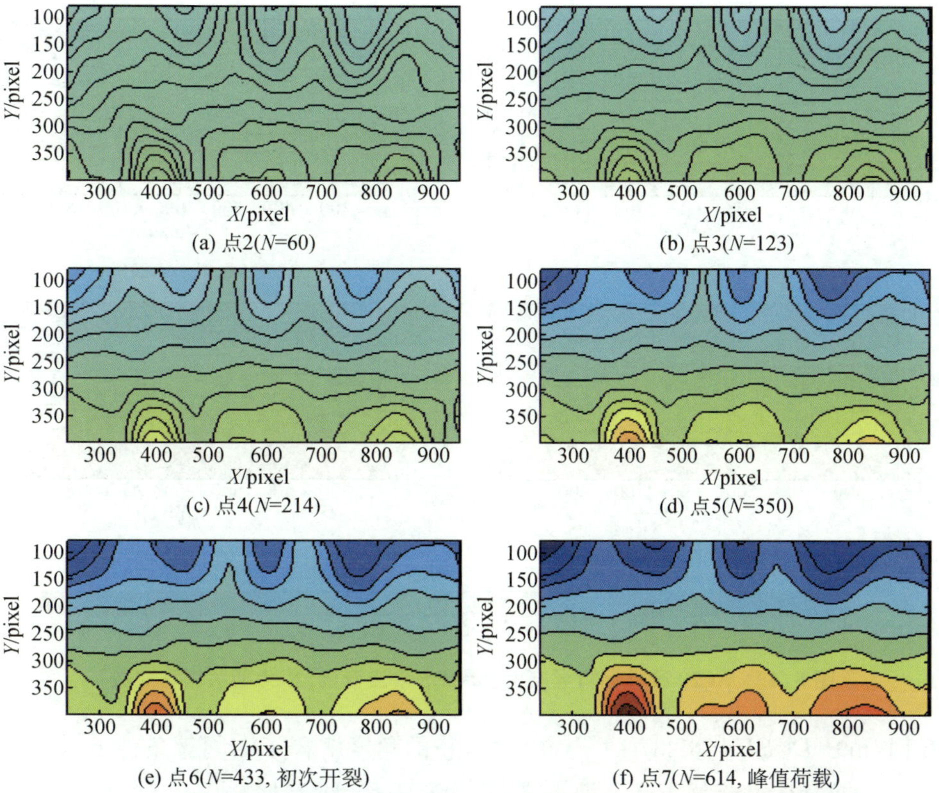

图 5-11　AC20 基质沥青混凝土(A-70)水平应变场(N 为荷载循环次数)

因此，为了获得沥青混凝土的应力-应变关系，取试件中段底部一定区域内(图 5-13)的水平应变平均值作为沥青混凝土的最大拉应变，进而得到了两种沥青混凝土的应力-应变关系，然后将初次断裂前的曲线经二次多项式拟合并取积分，得到了沥青混凝土的其中一个能量阈值 FE，再根据式(5-15)，计算 M_R，最后根据式(5-12)—式(5-14)分别计算出了 ε_0，EE 及 $DCSE$。计算示意图及具体计算结果见图 5-14、图 5-15 及表 5-5。从计算结果可知，改性沥青混凝土的疲劳损伤阈值(FE = 10.46 kJ/m^3，$DCSE$ = 10.056 kJ/m^3)均大于基质沥青混凝土的疲劳损伤阈值(FE =

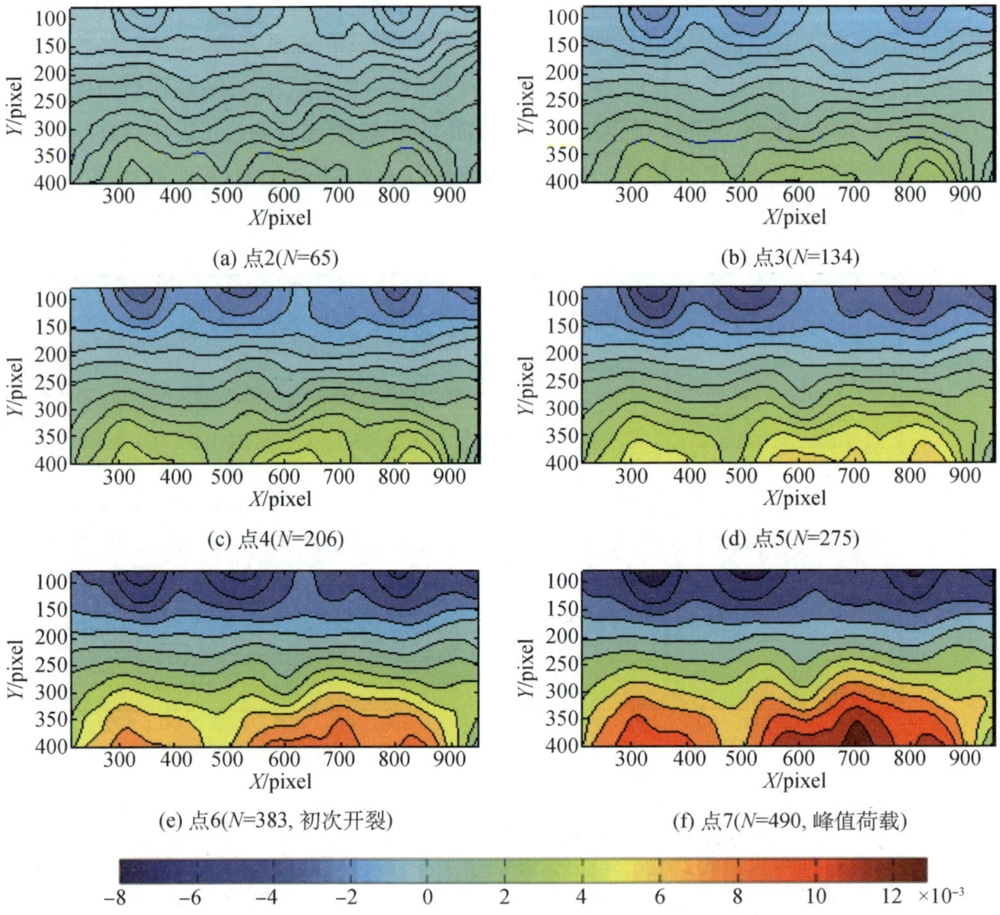

图 5-12　AC20 改性沥青混凝土(SBS)水平应变场(N 为荷载循环次数)

6.482 kJ/m^3，$DCSE$ = 6.237 kJ/m^3)，这从新的角度解释了在同等条件下为何改性沥青混凝土的抗疲劳性能优于基质沥青混凝土的抗疲劳性能。

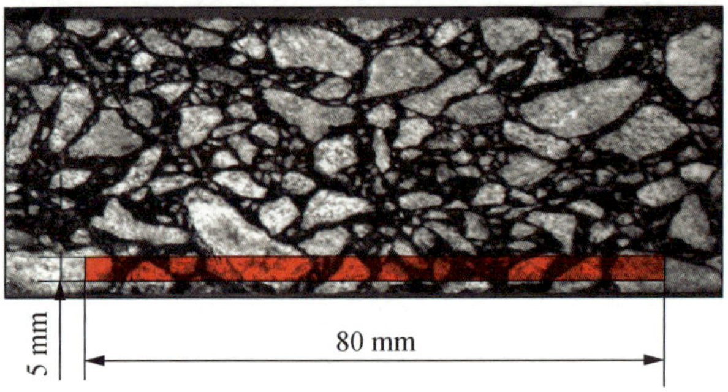

图 5-13　最大拉应变计算区域

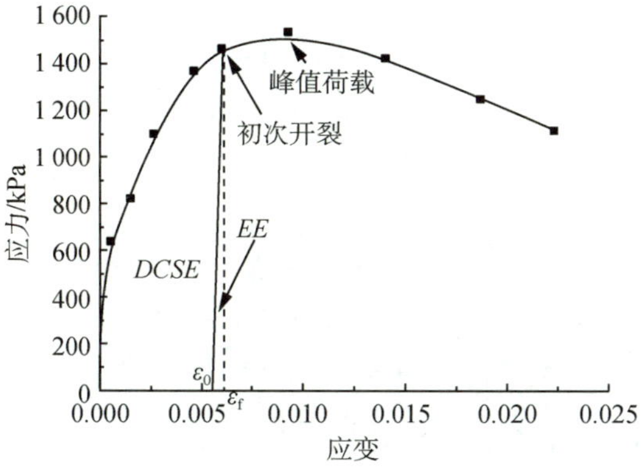

(a) AC20基质沥青混凝土(A-70)

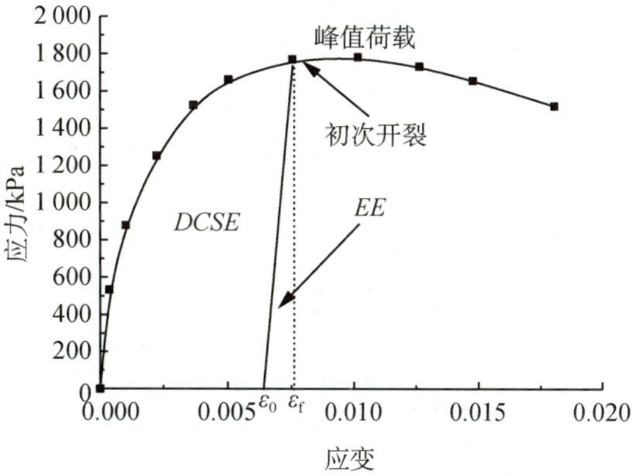

(b) AC20改性沥青混凝土(SBS)

图 5-14 两种沥青混凝土的应力-应变关系

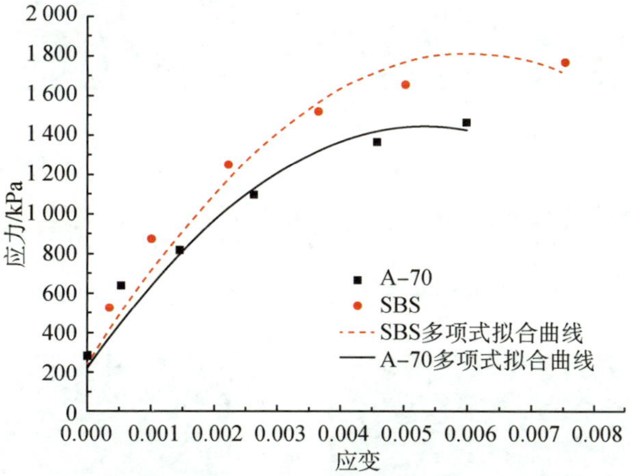

图 5-15 应力-应变曲线多项式拟合

表 5-5 能量阈值计算结果

物理量	AC20(A-70)	AC20(SBS)
拉伸强度 S_t/kPa	1 514	1 813
失效应变 ε_f	0.00599	0.0075
断裂能密度 FE/(kJ・m^{-3})	6.482	10.46
5 Hz 间接拉伸动态模量/MPa	6 559	5 699
回弹模量/MPa	4 685	4 071
ε_0	0.0057	0.0071
弹性应变能 EE /(kJ・m^{-3})	0.2446	0.4037
$DCSE$/(kJ・m^{-3})	6.2374	10.0563

5.3.3 局部失效强度理论推导

在疲劳试验中，通过 DSCM 测量系统分别获得了 AC20 基质沥青混凝土和 SBS 改性沥青混凝土梁试件（未预制切口）的水平应变场，如图 5-16 和图 5-17 所示，试件中段底部水平应变随荷载循环次数的变化如图 5-18 和图 5-19 所示。

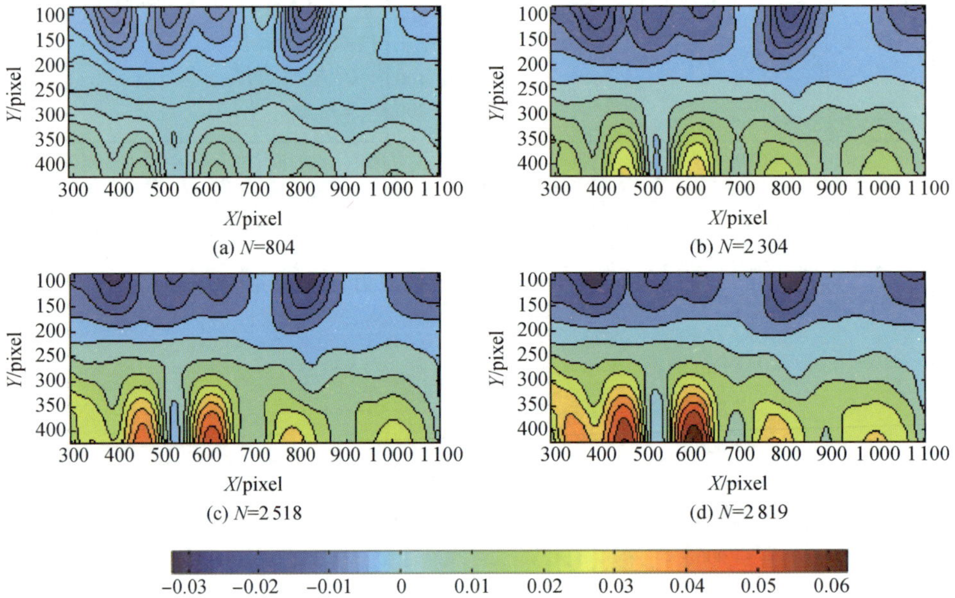

图 5-16　AC20 基质沥青混凝土（A-70）水平应变场（N 为荷载循环次数）

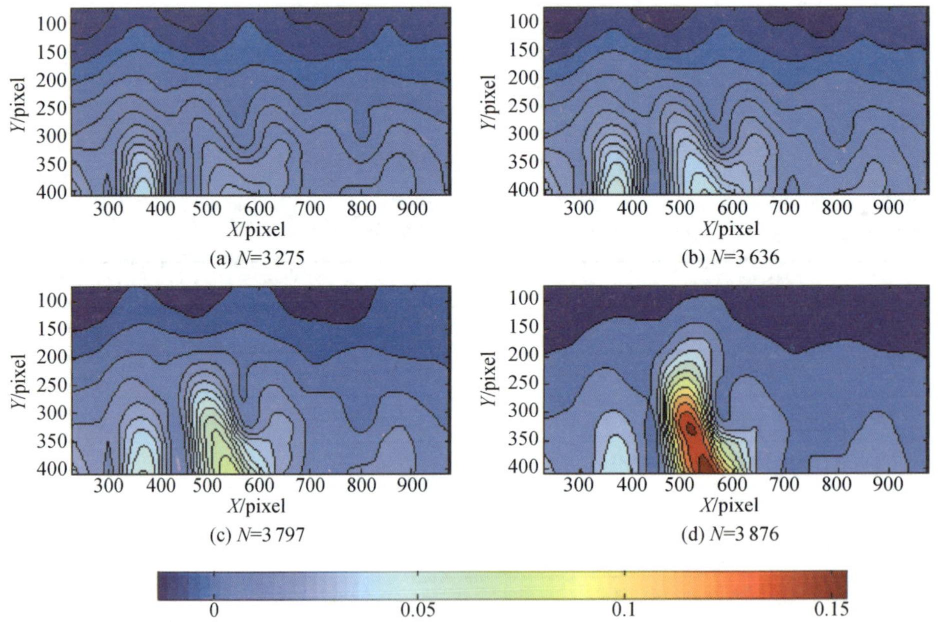

图 5-17　AC20 改性沥青混凝土（SBS）水平应变场（N 为荷载循环次数）

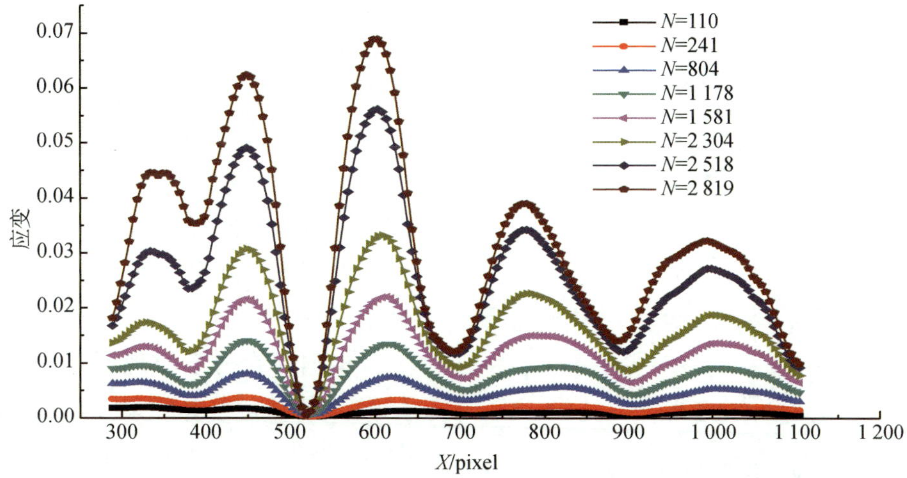

图 5-18　AC20 基质沥青混凝土(A-70)试件中段底部同一高度处水平应变随荷载循环次数的变化

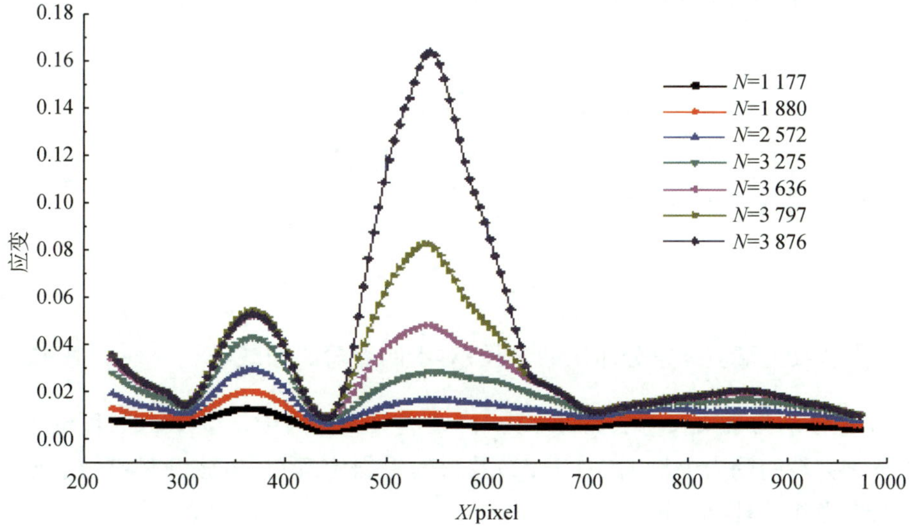

图 5-19　AC20 改性沥青混凝土(SBS)试件中段底部同一高度处水平应变随荷载循环次数的变化

从图 5-16—图 5-19 中可以看出,无论是基质沥青混凝土还是改性沥青混凝土,随着荷载循环次数的增加,试件纯弯段底部出现多个应变集中区,并且应变集中效应越来越明显,损伤累积的位置是随机出现的,而对于弯拉强度试验而言,同样会出现类似的情况(图 5-11、图 5-12),即在试件中段等应力区,不同位置存在不同程度的损伤累积。但是,对比图 5-18 与图 5-19 发现,基质沥青混凝土的应变集中区比改性沥青混凝土分散,基质沥青混凝土存在多处开裂位置。

综上可见,沥青混凝土的损伤累积具有随机性,并且这种随机性与加载方式无关。那么是什么导致了损伤累积的随机性? 根据前人的研究成果可知,沥青混凝土是多相

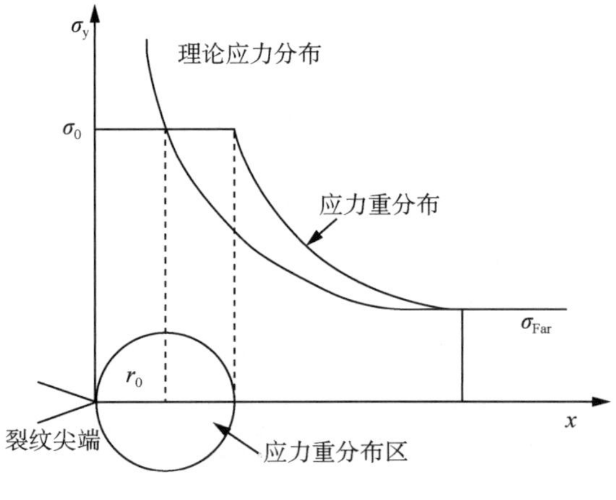

图 5-20　裂纹前端应力重分布区

复合材料，这种多相性导致其存在多个沥青砂浆与集料的界面过渡区，而每个界面过渡区的空隙和微裂缝的数目均不同，由此可推断出沥青混凝土存在局部失效强度，也就是说，在同等荷载下，不同位置所承受的应力不同。因此本节就沥青混凝土局部失效强度的计算给出了理论推导。

根据断裂力学原理可知，裂纹尖端位置会产生应力重分布，即当裂纹产生时，材料的局部受力状态会发生变化(图 5-20)，当局部最大应力超过材料的屈服强度时，材料即会发生局部失效。因此可将屈服强度 σ_0 作为材料的局部失效强度。

根据 Dowling 的研究可知，在平面应力状态下，对于Ⅰ型裂纹，有：

$$2r_0 = \frac{1}{\pi}\left(\frac{K_{\mathrm{I}}}{\sigma_0}\right)^2 \tag{5-17}$$

又

$$K_{\mathrm{I}} = \sigma_{\mathrm{Far}}\sqrt{\pi a} \tag{5-18}$$

将式(5-18)代入式(5-17)中，有

$$2r_0 = \left(\frac{\sigma_{\mathrm{Far}}}{\sigma_0}\right)^2 a \tag{5-19}$$

式中，r_0 为裂纹尖端应力重分布区的半径；对于四点弯曲加载，$\sigma_{\mathrm{Far}} = \frac{PL}{bh^2}$，其中，$P$ 为荷载，L，b，h 分别为小梁长、宽、高；K_{I} 为 Ⅰ 型应力强度因子；a 为裂纹长度的 1/2。

从裂纹尖端的受力分析图(图 5-21)及力的平衡定理可知，张开型裂纹左端的内力与右端的内力相等，因此有：

$$\sigma_0(2r_0) + (\sigma_0 + \sigma_{\mathrm{Far}})\frac{x_0}{2} = \sigma_{\mathrm{Far}}(a + 2r_0 + x_0) \tag{5-20}$$

由式(5-19)和式(5-20)可得出：

$$x_0 = 2a\sigma_{\mathrm{Far}} \times \frac{\sigma_{\mathrm{Far}}\sigma_0 - (\sigma_0^2 + \sigma_{\mathrm{Far}}^2)}{(\sigma_{\mathrm{Far}} - \sigma_0)\sigma_0^2} \tag{5-21}$$

在疲劳试验中，单次荷载循环单位体积试件所消耗的蠕变应变能 $DSCE_i$ 为

$$DSCE_i = \frac{DSCE_{\mathrm{f}}}{N} \tag{5-22}$$

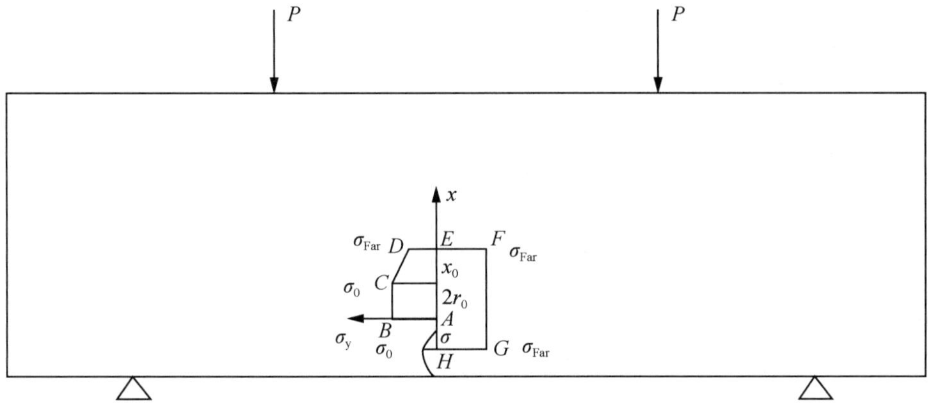

图 5-21 裂纹前端受力分析

设 $DCSE_f = DCSE_{单调增加载} = DCSE_{循环加载}$，$N$ 为荷载循环次数。由黏弹性理论及疲劳试验所施加的荷载，可以得出：

$$DCSE_i = \int_0^{0.1} \sigma_{AVE} \sin(10\pi t) \dot{\varepsilon}_{max} \sin(10\pi t) \mathrm{d}t \tag{5-23}$$

式中，σ_{AVE} 为图 5-21 中 $ABCDEA$ 区域的平均应力；$\dot{\varepsilon}_{max}$ 为拉伸蠕变试验确定的最大应变率。

由黏弹性材料的幂函数模型知：

$$\begin{aligned} \varepsilon(t) &= \sigma_{AVE} D(t) \\ D(t) &= D_0 + D_1 t^{m_e} \end{aligned} \tag{5-24}$$

式中，$D(t)$ 为拉伸蠕变柔量；D_0，D_1，m_e 为通过蠕变试验确定的参数，D_0 为初始时刻的蠕变柔量，D_1 为单位时间的蠕变柔量，m_e 为$(\lg D - \lg t)$ 的斜率。

$$\dot{\varepsilon} = \sigma_{AVE} \frac{\mathrm{d}D(t)}{\mathrm{d}t} = \sigma_{AVE} D_1 m_e t^{m_e - 1} \tag{5-25}$$

假设蠕变试验时间 t_0 已知，所以：

$$\dot{\varepsilon}_{max} = \sigma_{AVE} D_1 m_e t_0^{m_e - 1} \tag{5-26}$$

将式(5-26)代入式(5-23)得：

$$DCSE_i = 0.05 \sigma_{AVE}^2 D_1 m_e t_0^{m_e - 1} \tag{5-27}$$

将式(5-27)代入式(5-22)得：

$$\sigma_{AVE} = \sqrt{\frac{20 DCSE_f}{N D_1 m_e t_0^{m_e - 1}}} \tag{5-28}$$

式(5-28)中所有参数均可通过试验获得,所以 σ_{AVE} 可以通过式(5-28)计算得出。

通过图 5-21 可知,

$$\sigma_{\mathrm{AVE}}(2r_0+x_0)=\sigma_0(2r_0)+(\sigma_0+\sigma_{\mathrm{Far}})\frac{x_0}{2} \tag{5-29}$$

将式(5-21)代入式(5-29)中,可得:

$$\sigma_{\mathrm{AVE}}=a\times\frac{\sigma_0^3+\sigma_{\mathrm{Far}}\sigma_0^2-\sigma_{\mathrm{Far}}^2\sigma_0+\sigma_{\mathrm{Far}}^3}{24\sigma_0^2+12\sigma_{\mathrm{Far}}\sigma_0-24\sigma_{\mathrm{Far}}+12\sigma_{\mathrm{Far}}^2} \tag{5-30}$$

式(5-28)与式(5-30)中除了 σ_0 外,其他参数均可通过试验获得,因此将式(5-28)与式(5-30)联立,即可获得材料的局部失效强度 σ_0。

以上局部失效强度的理论推导过程同时考虑了沥青混合料的黏弹性、裂纹尖端应力重分布及有间歇时间的循环加载。这与沥青路面在真实交通荷载作用下的情况相符,因此具有一定的实际意义。

5.4 沥青混凝土破坏概率分析

最弱链环模型是统计断裂力学的基本模型,是从概率统计的角度解释材料的破坏机理,其基本思想是:假设存在一个由若干环节头尾串联而成的链条,这个链条的基本特点在于个别环节破坏等同于整个链条破坏,为了导致链条整体破坏,只需任何一个最弱环节破坏就够了,反之,为了保证链条整体存活,必须要求所有环节完好存活。根据概率论可知,链条存活事件为各环节存活事件的乘积。假设各环节的破坏或存活为独立事件,于是有:

$$P=P_1\times P_2\times P_3\times\cdots\times P_n=\prod_{i=1}^{n}P_i \tag{5-31}$$

式中,P_1,P_2,…,P_i 为各环节的存活概率。

假设各环节抗拉强度来自同一母体,服从于同一分布 $P_1=P_2=\cdots=P_0(X)$,所以链条存活的概率为

$$P(X)=P_0^n(X) \tag{5-32}$$

链条破坏的概率为

$$F(X)=1-P_0^n(X)=1-[1-F_0(X)]^n \tag{5-33}$$

式中,$P_0(X)$ 与 $F_0(X)$ 分别为各环节在某一应力 X 下的存活概率及破坏概率。

以上便是最弱链环理论的基本思想。

根据 5.3 节的研究可知,沥青混凝土每个固有裂缝前端都存在一个局部失效强度,也可称其为局部抗拉强度。然而,沥青混合料的不均匀性及多相性导致这种固有裂缝随机分布于沥青混合料中,且每个裂缝的尺寸也不尽相同,进而致使各裂缝前端的局部

抗拉强度也不同。因此,可将此局部抗拉强度看成是服从某一概率分布的随机变量。

设沥青混凝土梁试件由 n 个基本单元组成,每个基本单元内存在一个固有裂缝,则每条裂缝前端半径为 r_{0i}($i=1, 2, \cdots, n$)的圆形区域对应的抗拉强度为 σ_{0i}($i=1, 2, \cdots, n$),如图 5-22 所示。

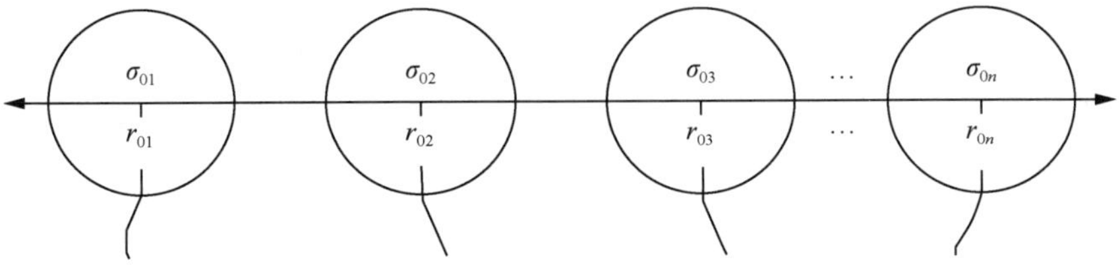

图 5-22 串联环节组成的链条

历来在材料的统计理论上使用 Weibull 分布较多,因此假设 σ_{0i}($i=1, 2, \cdots, n$)服从 Weibull 分布,其分布函数为

$$F_0(\sigma)=1-e^{(-\alpha\times\sigma^{\beta})} \tag{5-34}$$

根据概率统计中分布函数的定义,$F_0(\sigma)$ 可以看成是基本单元的局部拉应力大于 σ 的概率,即基本单元破坏的概率,因此,基本单元的存活概率为

$$P_0(\sigma)=1-F(\sigma)=e^{-\alpha\sigma^{\beta}} \tag{5-35}$$

由最弱链模型式(5-31)可知,整个链条不破坏的概率为

$$P_n(\sigma)=P_0^n(\sigma)=e^{-n\alpha\sigma^{\beta}} \tag{5-36}$$

所以,在某一给定应力 σ 下,整个链条破坏的概率为

$$F_n(\sigma)=1-P_n(\sigma)=1-e^{-n\alpha\sigma^{\beta}} \tag{5-37}$$

式中,α 和 β 分别为 Weibull 分布中的尺度参数和形状参数,n 为样本个数。可通过求解每个固有裂缝前端的局部失效强度,然后由分布拟合获得局部失效强度概率分布函数中的参数 α 和 β,进而可求得整个链条的破坏概率。

描述材料破坏过程的概率模型除了最弱链环以外,还有邢修三提出的疲劳断裂的非平衡统计理论,日本学者西松裕一提出的基于并联模型的随机过程理论,以及三桥博三提出的随机过程统一强度理论。但这些理论主要是研究金属材料或脆性材料的破坏过程,而且数学模型极其复杂,需要进一步的系统研究。

5.5 基于耗散能变化率的沥青混合料疲劳失效判据研究

5.5.1 现有疲劳失效判据分析

本节对同一种沥青混合料的两个平行试件分别进行两种荷载模式下(控制应变:

200 $\mu\varepsilon$，控制应力：750 kPa）的四点弯曲疲劳试验，其耗散能与荷载循环次数的关系如图 5-23 所示，从图中可以看出，在相似初始条件下，应力控制式疲劳寿命明显比应变控制式疲劳寿命短，这是由于在应力控制模式下，试件所承受的应力峰谷值始终保持不变，随着荷载循环次数的增加，试件的应变逐渐增大，最终导致试件断裂破坏。而在应变控制模式下，试件底部所承受的应变峰谷值保持不变，随着荷载循环次数的增加，试件所受到的应力逐渐减小，因此，在应变控制模式下，试验结束后试件不会出现明显的裂纹。有研究表明，对于同种材料、同种初始条件，应变控制模式下的疲劳寿命为应力控制模式下的 2～3 倍。

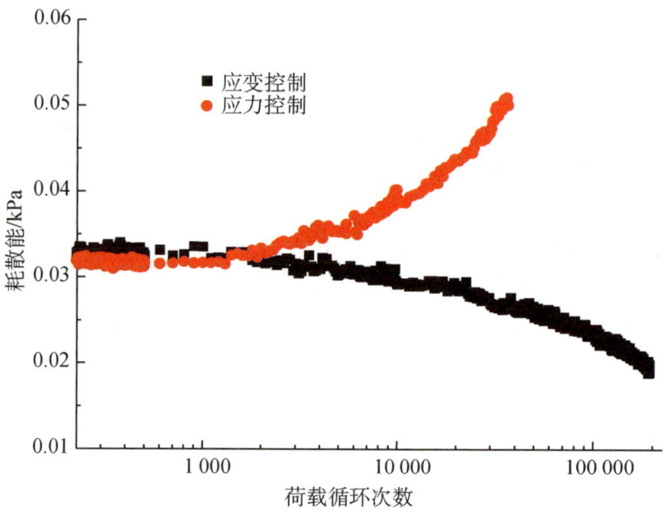

图 5-23　耗散能与荷载循环次数的关系曲线

对于应力控制模式下的疲劳试验，有些学者以试件完全断裂作为沥青混合料的疲劳失效判据[18,19]，有些学者以劲度模量下降至初始劲度模量的 10%作为疲劳失效判据[20]，还有些学者以材料的应变增加到初始应变的两倍作为疲劳失效判据[21]。对于应变控制模式下的疲劳试验，Kim Y. Richard 推荐采用劲度模量下降至初始劲度模量的 50%作为疲劳失效判据，这也是众多学者普遍采用的一种失效判据[22-24]。

可见，目前国内外对沥青混合料的疲劳失效判据并没有达成共识。而疲劳失效判据直接决定了疲劳试验的终止条件，采用不同的疲劳失效判据，疲劳试验终止时材料的疲劳损伤程度不同，这也是导致沥青混合料疲劳寿命分散性大的原因之一。因此，有必要寻找一种可以独立于荷载控制模式或试验条件的疲劳失效判据。也就是说，当材料发生疲劳失效时，无论在哪种荷载控制方式或试验条件下，材料的强度退化程度、损伤累积程度或剩余寿命应该在统一的水平，有着统一的破坏标准。鉴于此，本节针对连续密级配 AC10 和 AC20 沥青混合料，进行不同荷载控制模式及控制水平的四点弯曲疲劳试验，并基于耗散能相对变化率（Ratio of Dissipated Energy Change，RDEC）提出了独立于两种荷载控制模式(应力控制模式和应变控制模式)的新的疲劳失效判据,并对其进行了理论证明。这为将来沥青混合料疲劳失效准则的制定可起到一定的参考作用。

5.5.2 基于耗散能相对变化率的沥青混凝土疲劳失效判据

1. 四点弯曲疲劳试验

(1) 试验仪器的选择

四点弯曲疲劳试验采用英国 Cooper 公司研制的气动伺服试验系统和美国公路发展战略研究计划推出的沥青混合料四点弯曲疲劳试验夹具。数据控制及采集系统同样采用 Cooper 公司研制的 CRT-SA4PT-BB 测试软件,实现数据 σ_i, ε_i, φ_i 的同步获取,根据荷载循环次数 N 的大小,分别每间隔 1 次($N < 500$)、100 次($500 < N < 1\ 000$)、500 次($N > 10\ 000$) 采集一次数据。

(2) 试验材料与级配的选择

本试验所用材料如下:矿料采用河源裕丰石场的辉绿岩矿料,沥青为泰普克 70# 沥青。为了尽量减小试件本身的差异对试验数据的影响,提高试件的均匀性,本试验采用细粒式 AC10 和中粒式 AC20 级配,经过马歇尔试验测得其最佳油石比分别为 5.8%和 4.7%,设计空隙率为 4%,空隙率的误差范围为±1%。

(3) 试件的制备及试验参数的选择

本试验试件的制备过程包括拌和、碾压、切割三个步骤,最后制备成尺寸为 380 mm×50 mm×65 mm 的标准四点弯曲梁试件。由于本试验选用应力控制和应变控制两种荷载控制模式,其中,应力控制水平分别为 750 kPa, 1 000 kPa, 1 500 kPa,应变控制水平分别为 200 $\mu\varepsilon$, 400 $\mu\varepsilon$, 600 $\mu\varepsilon$。每种试验条件使用 2 个平行试件,因此一共制备了 24 个试件。试验温度为 20 ℃,试验加载频率为 10 Hz,加载波形为正弦波。

2. 基于耗散能相对变化率的疲劳失效判据

耗散能间接反映了沥青混合料在荷载循环作用下的损伤演变过程。当材料发生疲劳失效时,使材料发生疲劳损伤破坏的耗散能比例增加,以荷载循环中的任一循环为例,第 i 次循环的总耗散能 DE_i 为

$$DE_i = DE_i^{\eta} + DE_i^{\varepsilon} \tag{5-38}$$

式中,DE_i^{η} 为第 i 次荷载循环中用于黏弹性的耗散能;DE_i^{ε} 为第 i 次荷载循环中用于材料损伤变形的耗散能。由前人的研究成果可知,每次荷载循环中用于黏弹性的耗散能 DE_i^{η} 为定值,而用于材料损伤的耗散能 $DE_i^{\varepsilon} \ll DE_i^{\eta}$,当以某一应力控制水平或应变控制水平(远小于材料的断裂强度)进行疲劳试验时,沥青混合料主要呈现出黏弹性行为。

综上分析,根据 Carpenter[25] 提出的由耗散能相对变化率来描述沥青混合料的疲劳行为,耗散能相对变化率计算公式为

$$RDEC=\frac{|DE_{i+1}-DE_i|}{DE_i} \tag{5-39}$$

式中，DE_i 和DE_{i+1} 分别为第i 次与第$(i+1)$ 次荷载循环的耗散能。但由于沥青混合料疲劳寿命长短不一，有的高达 20 万次以上，所以无法实现逐次采集疲劳试验数据，鉴于此，将式(5-39)修正为可变步长的耗散能相对变化率，如式(5-40)所示：

$$RDEC=\frac{|DE_j-DE_i|}{DE_i(j-i)} \tag{5-40}$$

式中，DE_i 和DE_j 分别为第i 次和第j 次荷载循环的耗散能($j>i$)，j 与i 的间隔次数取决于试验仪器的采样频率。这样既提高了计算效率，又适用于长寿命沥青混合料试件。由式(5-38)、式(5-40)可得：

$$RDEC=\frac{|DE_j-DE_i|}{DE_i(j-i)}=\frac{|(DE_j^{\varepsilon}+DE_j^{\eta})-(DE_i^{\varepsilon}+DE_i^{\eta})|}{(DE_i^{\varepsilon}+DE_i^{\eta})(j-i)} \tag{5-41}$$

设 $DE_i^{\eta}=DE_j^{\eta}=DE^{\eta}$，而 $DE_i^{\varepsilon}\ll DE_i^{\eta}$，所以

$$RDEC=\frac{|DE_j-DE_i|}{DE_i(j-i)}\approx\frac{|DE_j^{\varepsilon}-DE_i^{\varepsilon}|}{DE^{\eta}(j-i)}=\frac{\Delta DE^{\varepsilon}}{DE^{\eta}} \tag{5-42}$$

式中，ΔDE^{ε} 为使材料产生损伤的耗散能梯度。而 DE^{η} 为定值，所以 $RDEC$ 可以用来表征 ΔDE^{ε} 的大小，进而表征沥青混合料疲劳损伤程度的变化。

本节根据 Cooper 试验机采集到的数据及式(5-42)得到了 AC10 和 AC20 沥青混合料在两种荷载控制模式下，不同控制水平的耗散能相对变化率 $RDEC$ 与荷载循环次数 N 的关系，如图 5-24—图 5-27 所示。由图可知，无论是哪种级配的沥青混合料以及哪种荷载控制模式，耗散能相对变化率 $RDEC$ 与荷载循环次数 N 的关系均分为三个阶段。阶段Ⅰ(RDEC1)：在荷载循环作用下，沥青混合料试件抵抗荷载循环的作用，此时 $RDEC$ 值较大，但总体呈逐渐减小趋势，说明在早期的荷载循环过程中，使材料产生损伤的耗散能比例较大；阶段Ⅱ(RDEC2)：随着荷载循环次数的增加，$RDEC$ 保持较低的稳定值(Plateau Value, PV)，说明此时使材料损伤的耗散能梯度处于稳定状态，试件以稳定的速率发生损伤演化；阶段Ⅲ(RDEC3)：随着荷载循环次数的增加，$RDEC$ 突然急速增长，说明试件的损伤急剧增大，试件发生疲劳失效。

此外，从图 5-24—图 5-27 中还发现，若以目前常用的劲度模量减小至初始劲度模量的 50%作为疲劳失效判据，无论哪种荷载模式以及哪种控制水平，材料耗散能变化率均未出现明显的增加，说明此时材料的损伤演化仍处于稳定状态，材料仍存在一定的残余强度可以抵抗荷载循环。另外，对于同一种沥青混合料(以 AC20 为例)，在两种荷载控制模式下，以相同的初始条件(即在第 100 次荷载循环时，两个试件所受的应力、应变

值相等)进行疲劳试验时,*RDEC* 与荷载循环次数 N 的关系如图 5-28 所示,从图中可以看出,两种荷载模式中的劲度模量衰减至初始劲度模量的 50%的点在图中的相对位置是不同的,而且两种荷载模式下阶段Ⅱ中 *RDEC* 的稳定值大小不同,应力控制模式下的稳定值明显大于应变控制模式下的稳定值,这也表明,在同等初始条件下,对于同一种沥青混合料,应力控制模式下的疲劳寿命要短于应变控制模式下的疲劳寿命。

鉴于此,以 *RDEC* 经过稳定阶段后发生突变的点作为沥青混合料的疲劳失效判据,即以 RDEC2~RDEC3 突变点处所对应的荷载循环次数 N_{tf} 作为材料的疲劳寿命。

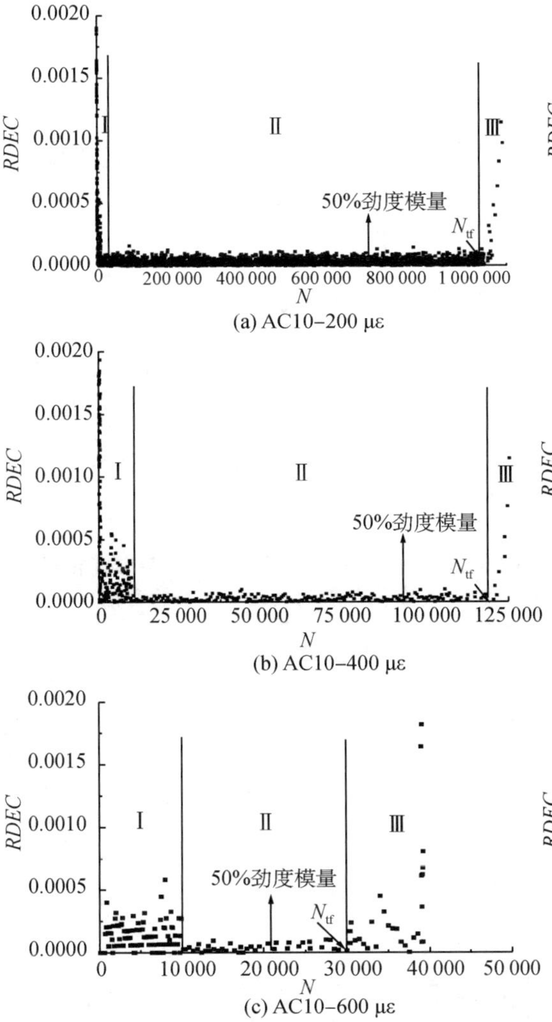

图 5-24 AC10 在不同应变水平下耗散能相对变化率随荷载循环次数的变化

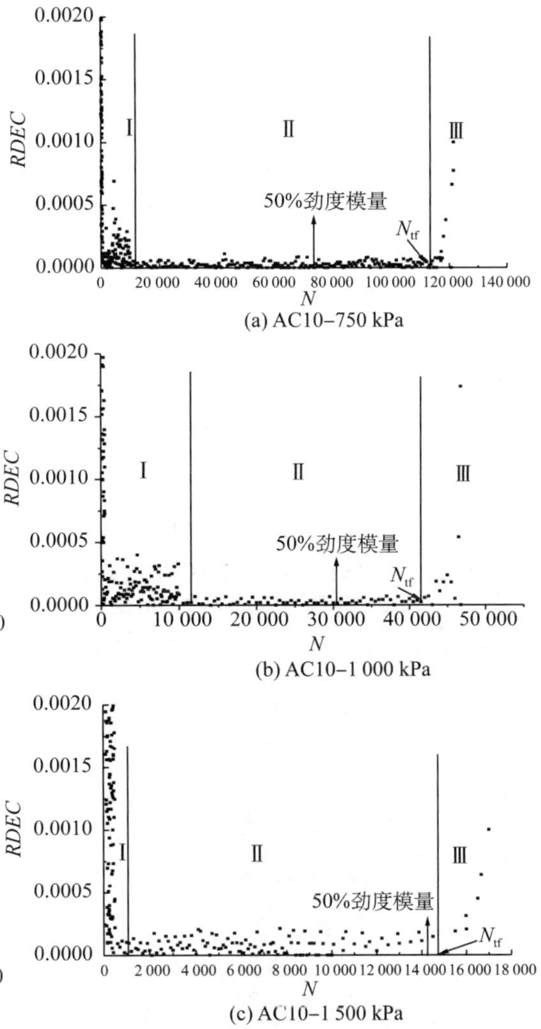

图 5-25 AC10 在不同应力水平下耗散能相对变化率随荷载循环次数的变化

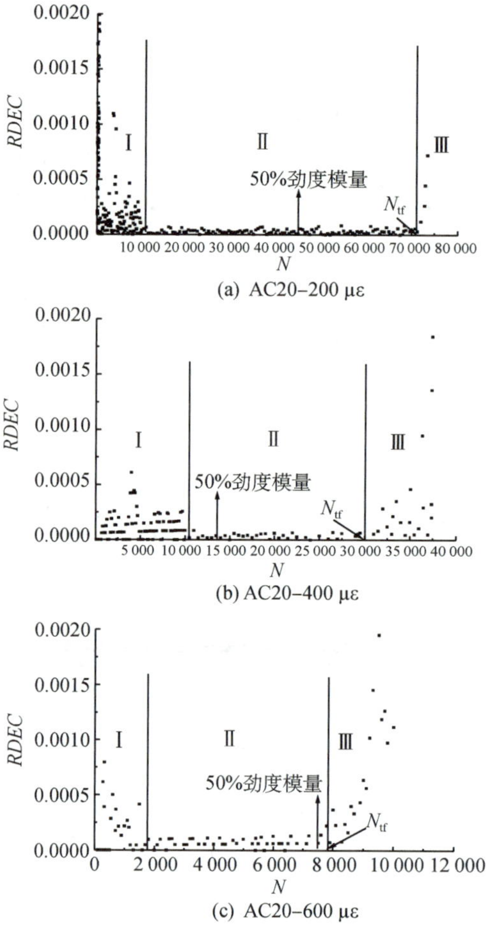

图 5-26 AC20 在不同应变水平下耗散能相对变化率随荷载循环次数的变化

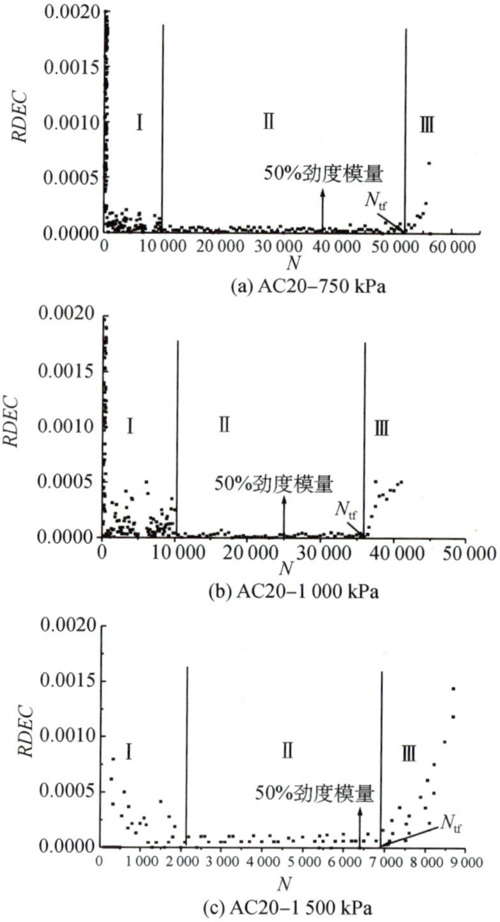

图 5-27 AC20 在不同应力水平下耗散能相对变化率随荷载循环次数的变化

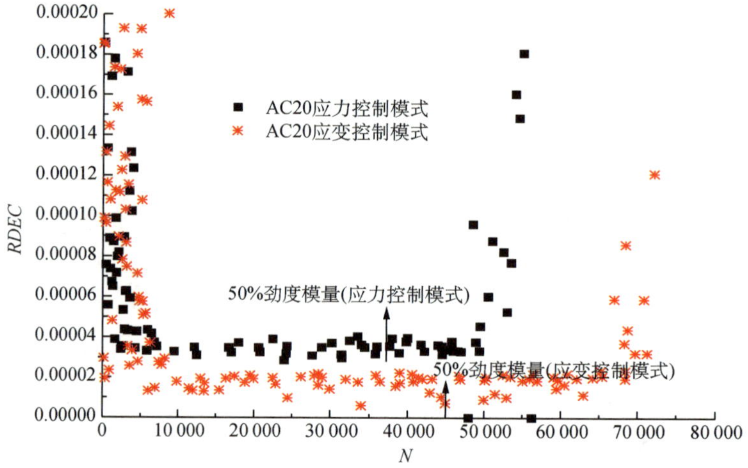

图 5-28 两种荷载控制模式下耗散能相对变化率随荷载循环次数的变化(AC20,同等初始条件)

5.5.3 独立于荷载控制模式的疲劳性能预测模型验证

从 Shen 和 Carpenter 的研究成果可知，*RDEC* 与材料的疲劳寿命有很强的相关性[26]，因此，基于前文提出的疲劳失效判据，采用 Shen 和 Carpenter 提出的疲劳性能预测模型[式(5-43)]，对两种荷载模式下的疲劳试验数据进行拟合分析。

$$PV = cN_f^d \tag{5-43}$$

式中，PV 为阶段Ⅱ中 *RDEC* 稳定值的平均值；c，d 为拟合参数；N_f 为疲劳失效时的荷载循环次数，本节以 N_{tf} 作为疲劳失效时的荷载循环次数(图 5-24—图 5-27)，即以材料的耗散能相对变化率经过稳定阶段后的突变点作为疲劳失效判据。

基于以上疲劳性能预测模型，分别得出两种沥青混合料在应力控制(750 kPa，1 000 kPa，1 500 kPa)和应变控制(200 με，400 με，600 με)模式下的疲劳寿命拟合曲线，如图 5-29 所示，具体数据如表 5-6 所示。

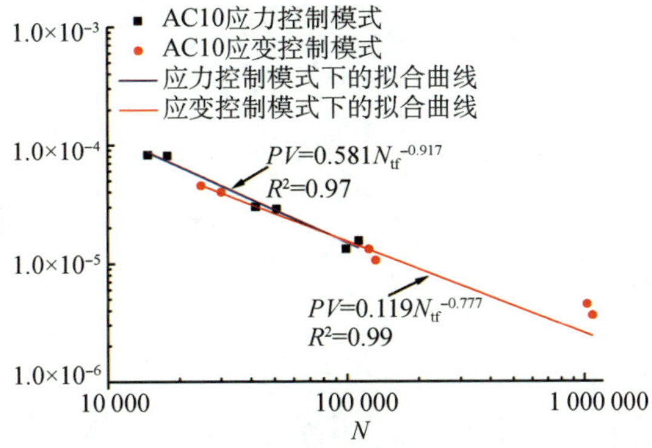

(a) AC10

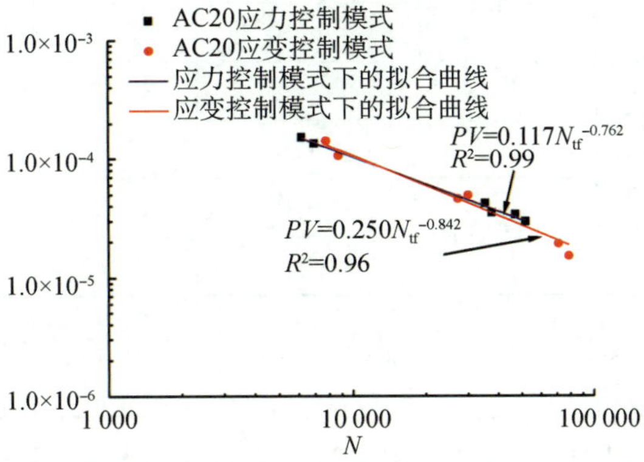

(b) AC20

图 5-29 应力和应变控制模式下 *PV* 与疲劳寿命 N_{tf} 的关系曲线

表 5-6　　四点弯曲疲劳试验数据

材料参数	荷载模式	控制水平	PV	N_{tf}	试件编号	实际空隙率/%
AC10 最佳油石比 5.8% 设计空隙率 4%±1%	应变控制	200 $\mu\varepsilon$	4.52×10^{-6}	1 025 300	1-1	3.56
			3.64×10^{-6}	1 082 330	1-2	3.48
		400 $\mu\varepsilon$	1.32×10^{-5}	123 100	1-3	4.52
			1.06×10^{-5}	131 650	1-4	3.95
		600 $\mu\varepsilon$	4.01×10^{-5}	30 000	2-1	4.52
			4.53×10^{-5}	24 670	2-2	4.26
	应力控制	750 kPa	1.32×10^{-5}	99 134	2-3	4.38
			1.55×10^{-5}	112 000	2-4	4.05
		1 000 kPa	2.99×10^{-5}	42 000	3-1	3.94
			2.88×10^{-5}	51 180	3-2	3.82
		1 500 kPa	8.20×10^{-5}	14 800	3-3	4.26
			8.11×10^{-5}	17 850	3-4	4.12
AC20 最佳油石比 4.7% 设计空隙率 4%±1%	应变控制	200 $\mu\varepsilon$	1.93×10^{-5}	71 200	1-1	4.85
			1.53×10^{-5}	78 600	1-2	4.76
		400 $\mu\varepsilon$	4.95×10^{-5}	30 000	1-3	4.59
			4.62×10^{-5}	27 200	1-4	4.26
		600 $\mu\varepsilon$	1.06×10^{-4}	8 750	2-1	4.98
			1.43×10^{-4}	7 800	2-2	4.76
	应力控制	750 kPa	2.96×10^{-5}	52 000	2-3	4.26
			3.39×10^{-5}	47 100	2-4	4.38
		1 000 kPa	4.20×10^{-5}	35 300	3-1	4.86
			3.52×10^{-5}	37 600	3-2	4.72
		1 500 kPa	1.35×10^{-4}	6 985	3-3	4.48
			1.53×10^{-4}	6 210	3-4	4.64

由图 5-29 知，在双对数坐标下，细粒式（AC10）和中粒式（AC20）两种配合比的沥青混合料，无论以何种荷载模式进行疲劳试验，PV（RDEC2）与疲劳寿命存在很强的相关性，R^2 达到了 0.96 以上，这与 Shen 和 Carpenter 的研究结果相符。另外从图 5-29 中还可以看出，基于耗散能相对变化率的疲劳寿命拟合曲线，无论是应力控制还是应变控制，无论是 AC10 还是 AC20，两条曲线都非常接近，几乎重合。

因此，将两种荷载模式的疲劳试验数据放在一起进行拟合，得到了两种荷载控制模

式下的 PV 与疲劳寿命 N_{tf} 的拟合曲线(图 5-30)。从图中可以看出,无论是应力控制还是应变控制,均可以拟合成同一条曲线,并且 R^2 同样达到了 0.96 以上,说明以耗散能相对变化率发生突变作为疲劳失效判据时,基于耗散能相对变化率的疲劳性能预测模型是独立于荷载控制模式的。

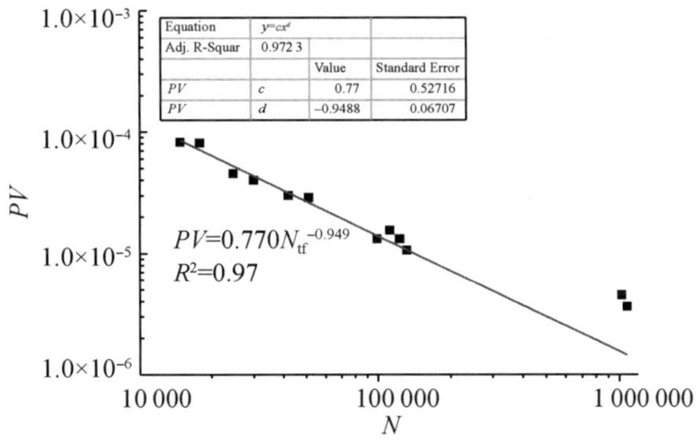

(a) AC10

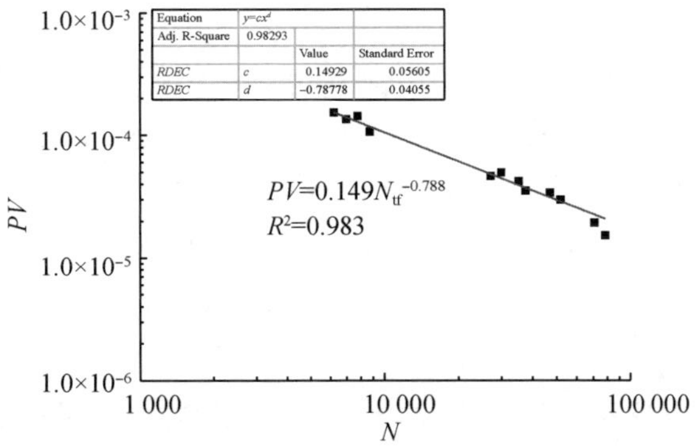

(b) AC20

图 5-30 两种荷载控制模式下 PV 与疲劳寿命 N_{tf} 的关系曲线

5.6 小结

通过对沥青混合料疲劳失效机理和失效判据的研究,得出了以下结论:

(1) 沥青混凝土的损伤不是永久存在的。由于外力作用而产生的微损伤,在一定条件下是可以愈合的,而宏观损伤即裂纹萌发及扩展过程的损伤,是无法愈合的。沥青混凝土微损伤的愈合效应进一步说明了沥青混凝土疲劳损伤阈值的存在。

(2) 通过基于 DSCM 测量系统的弯拉强度试验,捕捉到了 AC20 基质沥青混凝土和改性沥青混凝土的初次开裂时刻,发现这两种沥青混凝土初次开裂均发生在峰值荷载之前。这说明以往习惯将弯拉强度试验中峰值荷载对应的应力值作为沥青混凝土的抗弯拉强度存在不合理性。

(3) 改性沥青混凝土的疲劳损伤阈值均大于基质沥青混凝土的疲劳损伤阈值，这说明对于同一级配的沥青混合料而言，在同种条件下，改性沥青混凝土的抗疲劳性能优于基质沥青混凝土的抗疲劳性能，这从新的角度给出了对这一常见结论的解释。

(4) 通过 MTS 对未预制切口试件进行疲劳加载，发现沥青混凝土试件底部存在多个应变集中区，且应变集中区的最大应变值不同，说明沥青混凝土试件底部存在不同程度的损伤累积，并且这种损伤累积具有随机特性。

(5) 鉴于沥青混凝土在四点弯曲疲劳加载过程中，试件等应力区不同位置存在不同程度的损伤累积，因此推断沥青混凝土存在局部失效强度，并给出了局部失效强度的理论推导过程，此理论推导同时考虑了沥青混合料的黏弹性、裂纹尖端应力重分布及荷载的间歇性。这与沥青路面在真实交通荷载作用下的情况相符，因此具有一定的实际意义。

(6) 采用统计断裂力学中的基本模型——最弱链环模型，对沥青混凝土断裂破坏过程进行了基本的概率分析，推导出了沥青混凝土在某一应力作用下的断裂概率函数。

(7) 以劲度模量衰减至初始劲度模量的 50%作为沥青混合料室内疲劳试验的失效判据存在不合理性，无论对于哪种荷载控制模式、哪种控制水平，此时材料的耗散能变化率都保持较低的稳定水平，说明此时材料的损伤演化仍处于稳定状态，即材料仍存在一定的残余强度抵抗荷载循环，仍有相当长的剩余寿命。

(8) 提出了疲劳失效判据应具备以下条件：当材料发生疲劳失效时，无论在哪种试验条件或荷载控制模式下，材料的强度退化程度、损伤累积程度或剩余寿命都应该在统一的水平，有着统一的破坏标准。

(9) 提出了基于可变步长的耗散能相对变化率 *RDEC* 的突变点作为疲劳失效判据，并对其物理意义进行了理论解释，即 *RDEC* 可以用来表征沥青混合料疲劳损伤程度的演化。当 *RDEC* 经过稳定阶段后再发生突变时，说明材料的损伤程度急剧增大，试件发生疲劳失效。以此作为沥青混合料的疲劳失效判据，其物理意义清晰。

(10) 应用本章提出的疲劳失效判据，有效验证了通过耗散能相对变化率预测疲劳寿命的可行性，并证明了此疲劳性能预测模型独立于荷载控制模式。

参考文献

[1] Kim Y R, Lee H J, Little D N. Fatigue characterization of asphalt concrete using viscoelasticity and continuum damage theory[C]//Journal of the Association of Asphalt Paving Techn: Association of Asphalt Paving Technologists, 1997: 520-569.

[2] Monismith C L. Fatigue characteristics of asphalt paving mixtures and their use in pavent design [C]//Proceedings of the 18th Paving Conference, 1981.

[3] Dowling N. Mechanical behavior of materials: Engineering methods for deformation, fracture &

fatigue[M]. Englewood Cliffs: Prentice Hall, 1993.
[4] Sousa J B, Way G, Harvey J. Performance-based mix design and field quality control for asphalt-aggregate overlays[J]. Transportation research board record, 1996: 46-62.
[5] 李灏.断裂力学[M].山东:山东科学技术出版社,1980.
[6] 王瑞杰,尚德广,刘泓滨.两级加载下两焊点拉剪点焊接头的损伤[J].焊接学报,2010,31(12):51-43.
[7] Paris P C, Erdogan F. A critical analysis of crack propagation laws[J]. Journal of Basic Engineer, 1963, 85(3): 405-435.
[8] Lee Y J, Little D N. Fatigue characterization of asphalt concrete using viscoelasticity and continuum damage theory[J]. Journal of the Association of Asphalt Paving Techn, 1997, 66(8): 520-569.
[9] Jacobs M J, Hopman P C, Molenaar A A. Application of fracture mechanics principles to analyze cracking in asphalt concrete[J]. Journal of the Association of Asphalt Paving Techn, 1996, 65(5): 1-39.
[10] Kim Y R, Little D N, Benson F C. Chemical and mechanical evaluation on healing mechanism of asphalt concrete[J]. Journal of the Association of Asphalt Paving Techn, 1990, 59(3): 240-275.
[11] Lee Y J, Little D N. Fatigue characterization of asphalt concrete using viscoelasticity and continuum damage theory[J]. Journal of the Association of Asphalt Paving Techn, 1997, 66(8): 520-569.
[12] 徐世烺,赵艳华,吴智敏,等.楔入劈拉法研究混凝土断裂能[J].水力发电学报,2003,4(4):10-22.
[13] 徐世烺.混凝土断裂机理[D].大连:大连理工大学,1988.
[14] Sedwick S C. Effect of asphalt mixture properties and characteristics on surface initiated longitudinal wheel path cracking[D]. Florida: University of Florida, 1998.
[15] Zhang Z W. Identification of suitable crack growth law for asphalt mixture using the superpave indirect tensile test[D]. Florida: University of Florida, 2000.
[16] Roque R, Birgisson B, Sangpetngam B, et al. Hot mix asphalt fracture mechanics: A fundamental crack growth law for asphalt mixtures[J]. Journal of the Association of Asphalt Paving Techn, 2002, 71(2): 816-827.
[17] Zhang Z W, Reynaldo R, Bjorn B, et al. Identification and verification of a suitable crack growth law[J]. Journal of the Association of Asphalt Paving Techn, 2002,72(4): 819-823.
[18] Kim Y R, Little D N, Lytton R L. Fatigue and healing characterization of asphalt mixtures[J]. Journal of Materials in Civil Engineering, 2003, 15(1): 75-83.
[19] Copper K E, Pell P S. The effect of testing and mix variables on the fatigue performance of bituminous materials[R]. 1974: 1-69.
[20] Rowe G M. Performance of asphalt mixtures in the trapezoidal fatigue test[C]//Asphalt Paving Technology,1993.
[21] Read J M, Collop A C. Practical fatigue characterization of bituminous paving mixture[J]. Journal of the Association of Asphalt Paving Techn,1997, 66(7): 74-108.

[22] Pronk A C, Hopman P C. Energy dissipation: The leading factor of fatigue[C]//Highway Research: Sharing the Benefits, the United, 1991: 255-267.

[23] Tayebali A A, Rowe G M, Sousa J B. Fatigue response of asphalt-aggregate mixtures[J]. Journal of the Association of Asphalt Paving Techn, 1992, 61(8): 333-360.

[24] Tayebali A A, Deacon J A, Coplantz J S, et al. Modeling fatigue response of asphalt-aggregate mixtures[J]. Journal of the Association of Asphalt Paving Techn, 1993, 62(8): 385-421.

[25] Shen S, Carpenter S H. Application of dissipated energy concept in fatigue endurance limit testing [J]. Journal of Transportation Research Record: Transportation Research Board, 2005, 19(29): 165-173.

[26] Shen S H, Carpenter S H. Application of the dissipated energy concept in fatigue endurance limit testing[C]//Bituminous Paving Mixtures, 2005: 165-173.

6 随机荷载下沥青混合料的累积损伤规律

本章主要通过不同加载方式(单级荷载、多级荷载和荷载变化状态)下的四点弯曲小梁疲劳试验,研究了沥青混合料各性能指标参数的变化规律,开展了基于劲度模量衰减的与加载历史及次序相关的沥青混合料非线性疲劳损伤研究。

6.1 单级荷载下的沥青混合料疲劳损伤

结合单级荷载作用下的四点弯曲疲劳试验,对沥青混合料疲劳损伤进行了研究,以揭示沥青混合料疲劳损伤的发展历程,得到与疲劳损伤相关的各参数的演变规律,在此基础上建立了以应变、弯拉劲度模量为变量的疲劳寿命预测模型和疲劳损伤模型,为下一阶段多级等幅荷载下的沥青混合料非线性疲劳损伤研究奠定了基础。

疲劳试验过程中对每个疲劳试件施加单级荷载,即采用一个应变水平循环加载直至试件破坏或失效,为保证试验数据的可靠性及满足统计分析需要,针对每个应变水平进行 6 次平行试验,则 4 个应变水平共进行 24 次四点弯曲疲劳试验。所有试件试验停止标准为试件劲度模量衰减至其初始劲度模量的 10%(通常采用 50%,为了获得更详细的数据便于后续研究,采用 10%作为停止标准)。获取的试验数据包括:初始劲度模量、劲度模量的衰减百分率、荷载循环作用次数即疲劳寿命、滞后角和累积耗散能。

6.1.1 单级循环荷载下各疲劳参数的演变规律

1. 弯拉劲度模量随荷载循环作用次数的变化规律

对沥青混合料试件在各个应变水平(分别为 200 $\mu\varepsilon$, 400 $\mu\varepsilon$, 600 $\mu\varepsilon$, 800 $\mu\varepsilon$)下的弯拉劲度模量进行统计分析,可明显发现 4 个应变水平荷载循环作用下的弯拉劲度模量的变化都可以分成三个阶段。第一阶段,弯拉劲度模量急剧下降;第二阶段是试验维持时间最长的阶段,弯拉劲度模量衰减缓慢,基本上呈线性;第三阶段,弯拉劲度模量再次急剧下降,直至试件失效或破坏。第一阶段弯拉劲度模量的急剧衰减与试件试验时产生的热量及内部结构材料在荷载作用下的重组有关;第二阶段是试件疲劳损伤的主要阶段,是微裂缝产生及发展的阶段,材料在荷载循环作用下发生疲劳损伤;第三阶段是因为试件已经出现裂缝,试件失效导致其弯拉劲度模量急剧下降。弯拉劲度模量在各个应变水平下的衰减规律如图 6-1 所示。从曲线的变化趋势来看,应变水平越大,曲线的斜率越大,无论是在哪一个阶段,施加的荷载越大,试件的弯拉劲度模量衰减值越大,导致剩余弯拉劲度模量越小,这与试验过程中试件损伤行为一致。

2. 残留劲度模量比随荷载循环作用次数的变化规律

假设以循环加载 100 次对应的劲度模量为初始弯拉劲度模量 S_0,则残留劲度模量比 =(循环荷载对应的弯拉劲度模量 S/ 初始弯拉劲度模量 S_0) × 100%。如图 6-2 所示,试验结果表明,4 个应变水平荷载循环作用下的残留弯拉劲度模量比的变化与上述弯拉劲度模量的衰减变化基本相同,同样也分为三个阶段。第一阶段与第三阶段衰减

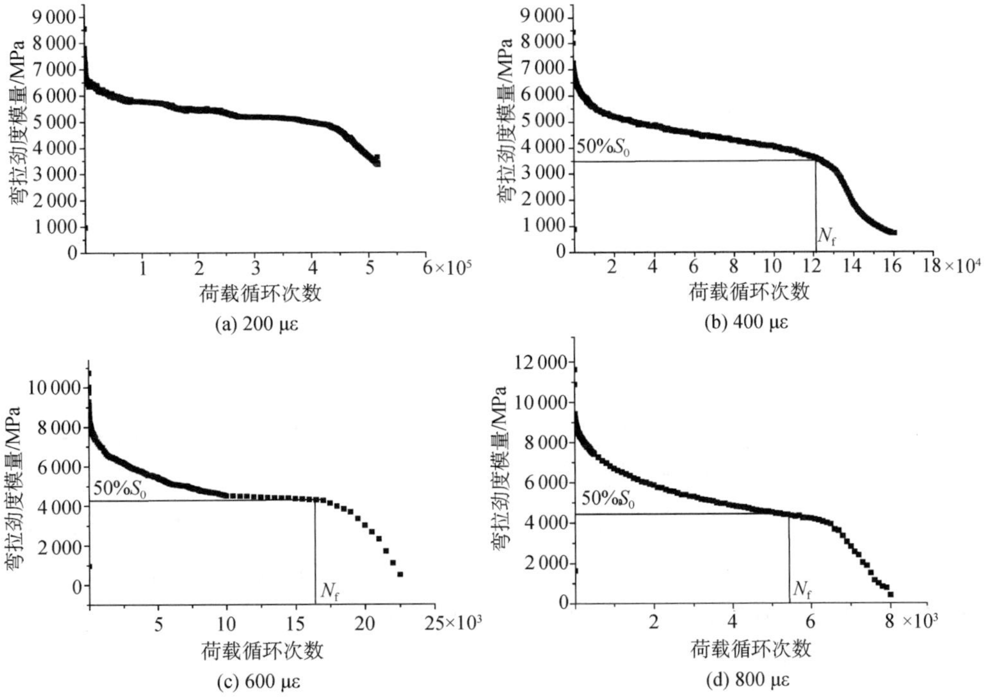

图 6-1 各应变水平下弯拉劲度模量的衰减规律

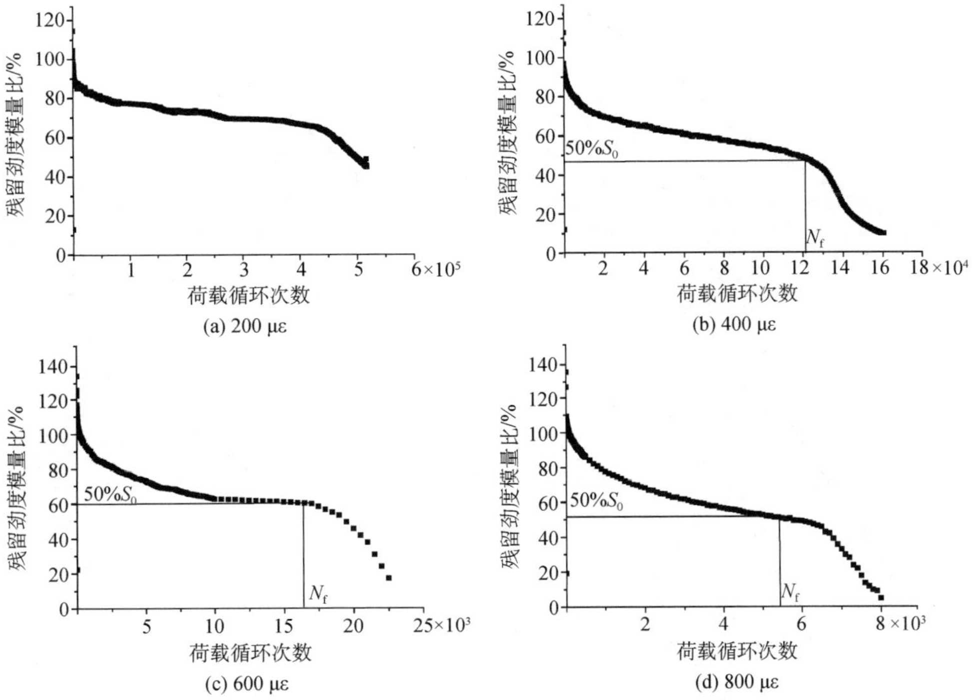

图 6-2 各应变水平下残留劲度模量比的变化

率急剧增大，第二阶段的衰减率比较缓慢。

3. 累积耗散能随荷载循环次数的变化规律

耗散能的变化规律间接反映了沥青混合料在荷载循环作用下的疲劳损伤演变过程。随着荷载循环作用次数的增加，试件累计消耗的能量即累积耗散能也以一定的速率逐渐增加。从各应变水平下试件耗散能的总体趋势来看，开始以一定的速率增加，曲线的斜率基本一致，表明消耗的能量基本以恒量增加；当荷载循环作用到一定次数时，增加速率变慢，曲线变缓，斜率减小，甚至停滞，说明消耗的能量减小或者为零。试件在 200 με 荷载作用下直至试验停止，没有出现斜率减小或者变缓的情况，即试件还可继续提供该荷载作用下所消耗的能量，并且单个荷载所消耗的能量相同。200 με 水平下的曲线斜率比其他几个应变水平下的要小，这表明其能量耗散率比其他的要小。其他 3 个应变水平作用下的累积耗散能都出现了变缓或停滞的现象，耗散能曲线出现了拐点、斜率减小甚至出现水平，这表明试件已经彻底失效，无法提供或难以保证抵抗荷载所需的能量。在 600 με 和 800 με 水平荷载作用下，试验停止前累积耗散能已经停止增加，说明试件在试验停止前已经破坏或开裂。施加的应变水平越大，其耗散能变化也越大，因此导致记录的能量值跨度大，曲线出现了断点的现象。各应变水平荷载作用下的累积耗散能的具体变化情况如图 6-3 所示。

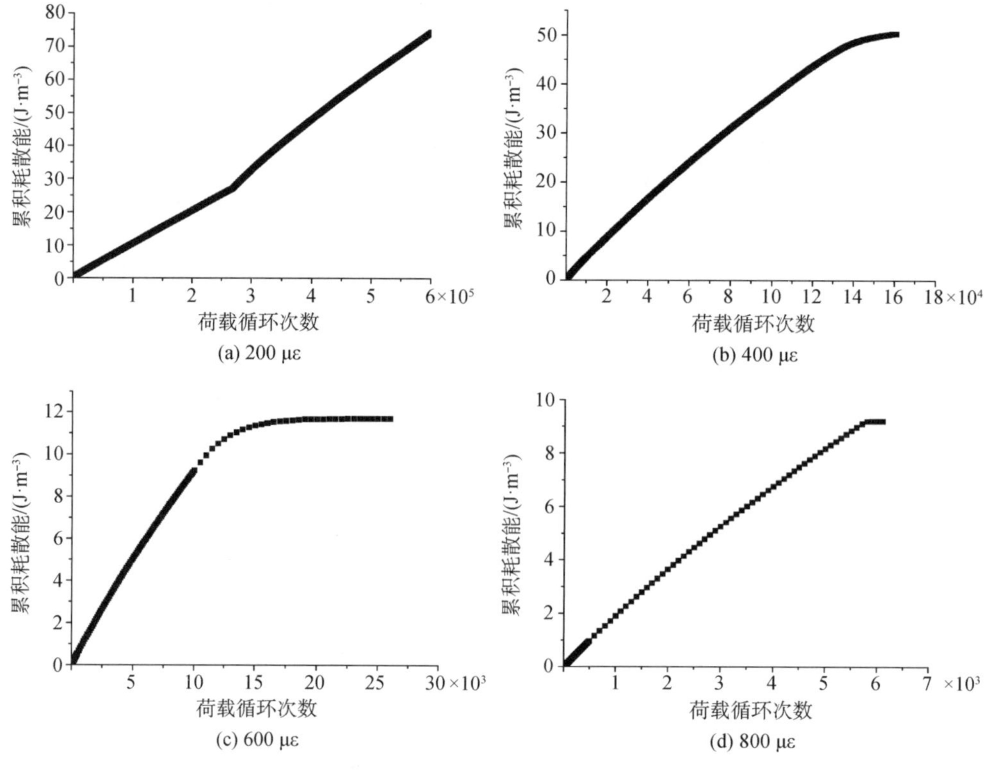

图 6-3 各应变水平下累积耗散能的变化

4. 耗散能变化率随荷载循环次数的变化规律

耗散能变化率可以描述沥青混合料的疲劳行为，其突变点可作为疲劳试验试件的失效判据。因沥青混合料疲劳试验试件的寿命相差非常大，其数值通常可达 100 万次以上，所以逐次采集疲劳试验的数据难以实现，本次使用的实验仪器也不能满足该要求。因此，本节采用前述可变步长的耗散能相对变化率的研究方法，计算耗散能的时间取决于实验仪器的数据采集频率，计算耗散能变化率采用如下公式：

$$RD = \frac{|DE_j - DE_i|}{(j-i)W_0} \tag{6-1}$$

式中，DE_i 和 DE_j 分别为第 i 次和第 j 次荷载循环的耗散能($j > i$)，j 与 i 的间隔次数取决于实验仪器的采样频率。很明显，从 4 个应变水平荷载循环作用下的耗散能变化率来看，其变化过程也可分为三个阶段，第一阶段与第三阶段其数值急剧下降，而第二阶段下降很缓慢，在一定的数值上维持相当长的一段时间，尤其是在 200 $\mu\varepsilon$，400 $\mu\varepsilon$，600 $\mu\varepsilon$ 三个应变水平下很明显。阶段 1(RD1)：在荷载循环作用下，沥青混合料试件抵抗荷载循环的作用，此时 RD 值较大，但整体呈逐渐减小的趋势，说明在早期的荷载循环中，使材料产生损伤的耗散能比例较大；阶段 2(RD2)：随着荷载循环次数的增加，RD 保持较低的稳定值(PV)，说明此时使材料产生损伤的耗散能梯度处于稳定状态，试件以稳定的速率发生损伤演化；阶段 3(RD3)：随着荷载循环次数的增加，RD 突然急速增长，说明试件的损伤急剧增大，试件发生疲劳失效。在 800 $\mu\varepsilon$ 水平荷载作用下，耗散能变化率基本呈线性减小，说明在该水平荷载作用下其抵抗荷载的能力线性下降，沥青混合料试件直至破坏呈现为弹性材料。与此同时，荷载水平越大，其抵抗荷载循环作用所需的能量也越大。耗散能相对变化率 (RD) 随荷载循环次数的变化如图 6-4 所示。

5. 滞后角随荷载循环次数的变化规律

滞后角可以反映沥青混合料的黏弹性情况，滞后角越大，沥青混合料越倾向于黏性，反之则越倾向于弹性。从能量损耗的角度来看，滞后角越大，则单次耗散能也越大。随着荷载循环作用次数的增加，滞后角先急剧增加，后趋向于水平。这表明在加载过程中沥青混合料试件的黏弹性发生了变化，随着加载的增加，黏性越来越大，这是因为荷载对试件做功，导致沥青混合料内部产生热量，温度有一定的升高，沥青胶浆黏性增加。另外，沥青混合料在高水平应变作用下达到破坏的时间短，荷载循环次数少，滞后角呈线性增加。各应变水平下滞后角随荷载循环次数的变化如图 6-5 所示。

6.1.2 初始弯拉劲度模量及失效判据分析与确定

一般来说，小梁四点弯曲疲劳试验有两种加载控制模式：应力控制与应变控制。对于应力控制加载模式而言，失效判据很容易确定，即试件开裂或应变达到其初始应变的

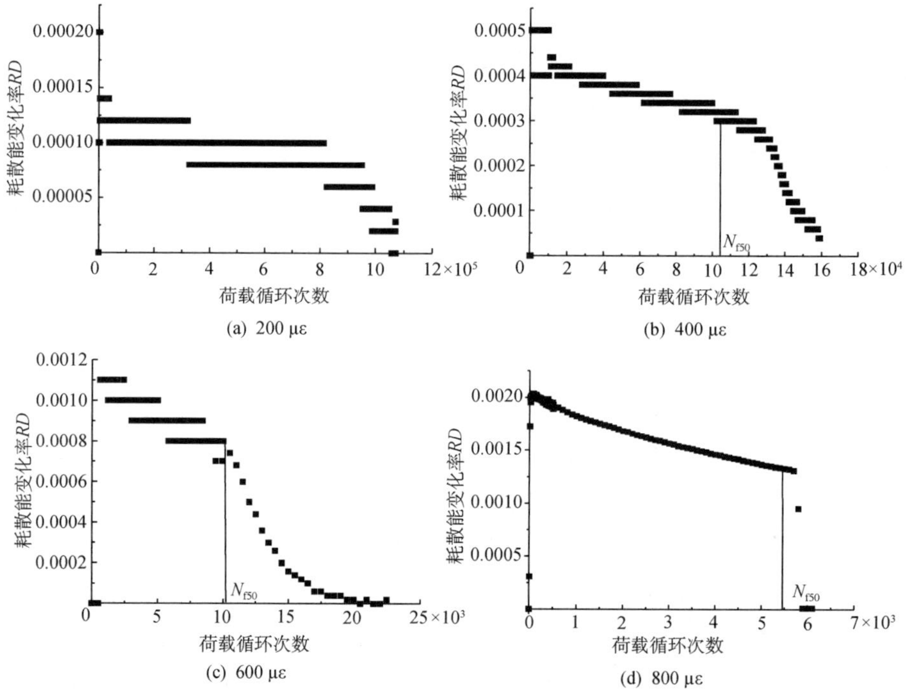

图 6-4　各应变水平下耗散能变化率的变化

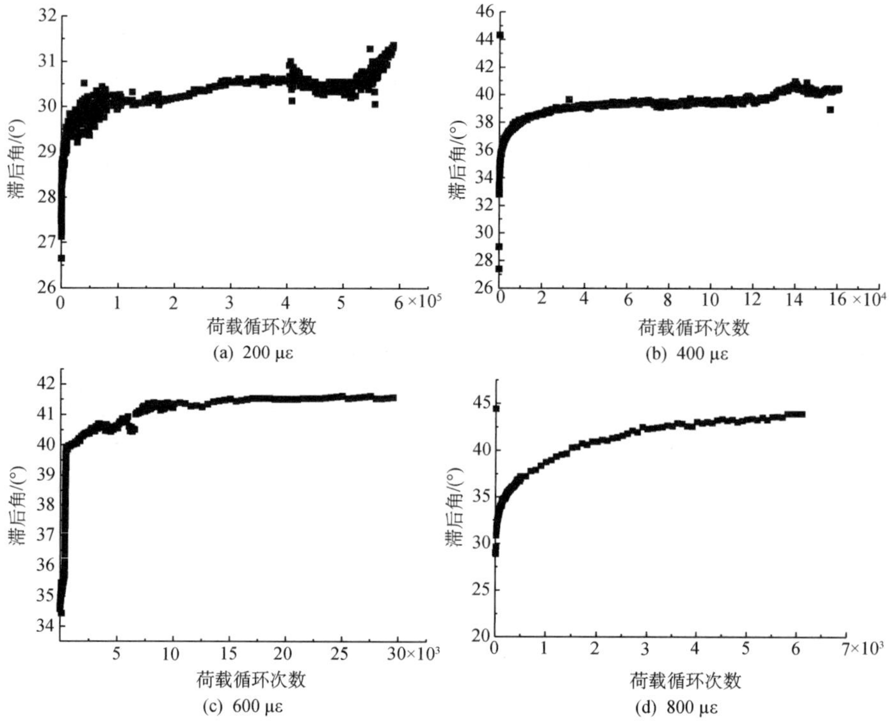

图 6-5　各应变水平下滞后角的变化

两倍。而在应变控制加载模式下，沥青混合料试件不一定破坏或开裂，尤其是在很小的应变水平下，失效判据的确定具有一定的难度和随意性。目前的失效判据与沥青混合料的初始劲度模量有关，通常采用50%的初始劲度模量作为失效判据。本节通过对获取的试验数据进行统计分析，同时采用应变控制加载模式下经典的疲劳模型对疲劳寿命数据进行拟合，以此确定试验所用混合料试件的初始劲度模量以及失效判据。

1. 初始弯拉劲度模量的确定

初始弯拉劲度模量与判定沥青混合料试件的疲劳寿命密切相关，因此怎样确定初始弯拉劲度模量是研究沥青混合料疲劳寿命的前提。根据 AASHTO TP8 规范以及国外的一些研究文献，以荷载作用 50 次对应的弯拉劲度模量作为初始弯拉劲度模量，而也有一部分学者将 100 次荷载循环作为初始条件，即把荷载作用 100 次对应的弯拉劲度模量作为初始弯拉劲度模量。从文献的研究来看，初始弯拉劲度模量的确定除了与荷载作用次数有关外，还与沥青混合料本身以及温度等有关。本节通过在恒定的温度以及一定的加载频率下对采用的沥青混合料初始弯拉劲度模量进行研究。参考以往研究成果，对沥青混合料荷载作用 50 次与 100 次的弯拉劲度模量的试验数据进行统计并分析其变化趋势，确定初始弯拉劲度模量的荷载作用次数。

表 6-1　各应变水平在不同初始条件下的弯拉劲度模量

应变水平	加载次数	弯拉劲度模量/MPa					均值	变异系数/%
试件编号		1-3	2-3	2-4	6-3	5-4		
200 $\mu\varepsilon$	50 次	7 958	8 249	8 905	7 567	8 015	8 139	6.1
	100 次	7 900	8 222	8 879	7 173	7 796	8 034	7.8
	差值	58	27	26	394	219	105	110.9
试件编号		1-1	1-2	2-1	3-2	4-2		
400 $\mu\varepsilon$	50 次	6 083	7 120	7 562	7 120	7 420	7 061	8.2
	100 次	6 013	7 076	7 477	7 076	7 314	6 991	8.2
	差值	70	44	85	44	106	70	38.4
试件编号		3-1	5-1	5-3	6-1	7-1		
600 $\mu\varepsilon$	50 次	7 903	7 288	8 239	8 024	8 669	8 025	4.7
	100 次	7 759	7 425	8 010	7 755	8 223	7 834	4.1
	差值	144	−137	229	269	446	191	112.3
试件编号		3-4	6-2	10-1	15-3	16-1		
800 $\mu\varepsilon$	50 次	6 876	6 663	7 228	7 220	7 277	7 053	3.8
	100 次	6 744	6 430	6 940	6 911	6 888	6 783	3.1
	差值	132	233	288	309	389	270	35.3

从表 6-1 中的数据来看，无论是哪一个应变水平的荷载循环，作用 50 次和 100 次所对应的弯拉劲度模量存在一定的区别，从整体数据可知其弯拉劲度模量是减小的，并且随着应变水平的增大，二者的差值变大。从所选取试件获得的弯拉劲度模量的变异性来看，最大的变异系数小于 10%，因此具有较好的代表性。但是加载次数为 50 次与 100 次的弯拉劲度模量差值的变异性变化较大，说明即使采用同一微应变水平，其弯拉劲度模量的衰减速率也相差较大，因此选用不同荷载循环次数所对应的弯拉劲度模量作为初始劲度模量对疲劳寿命具有较大的影响。

下面将对从开始加载至 50 次和 100 次的弯拉劲度模量的变化过程及变化趋势进行详细分析，对初始弯拉劲度模量确定所需加载的次数进行初步确定。各应变水平下荷载循环 50 次和 100 次的弯拉劲度模量的变化规律如图 6-6 和图 6-7 所示。

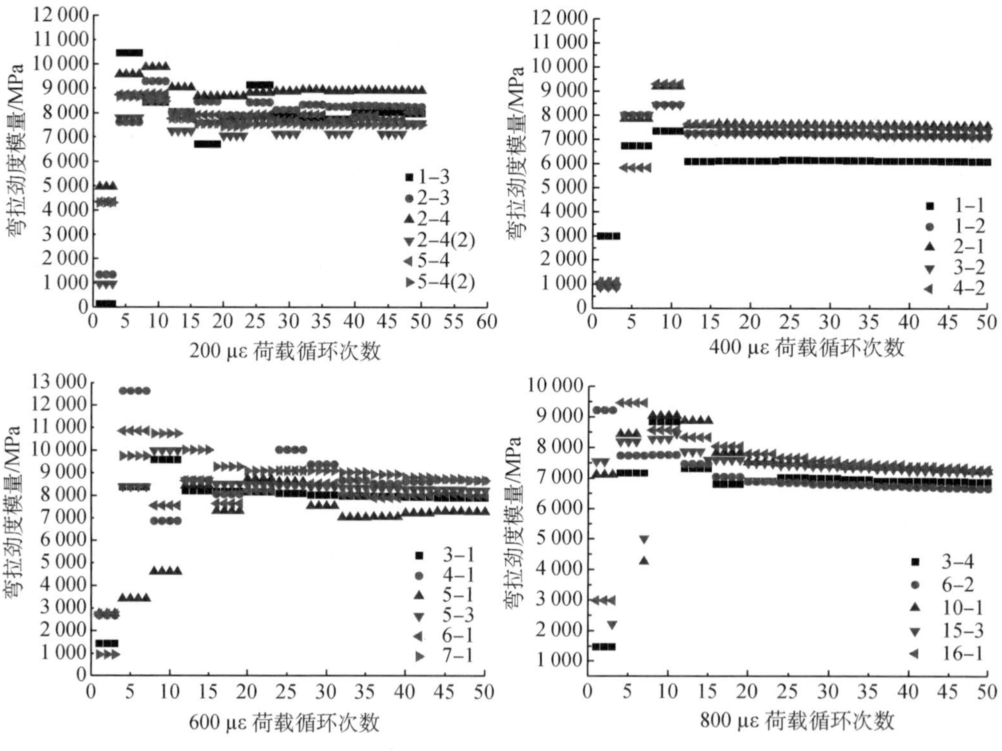

图 6-6　各应变水平下荷载循环 50 次弯拉劲度模量的变化

在荷载循环的反复作用下，沥青混合料材料力学性质逐步劣化，内部发生疲劳损伤，外在表现为材料的模量减小。然而，试验过程中可观察到，在一定应变范围内，沥青混合料的模量没有减小反而增大，这是因为其发生了硬化现象。硬化现象表现为在一定加载次数范围内，随着荷载循环次数的增加，沥青混合料的模量是增加而不是减小的。如图 6-6 所示，从加载次数为零到加载次数约为 50 次的区间内，沥青混合料的复合模量呈现迅速上升的态势。从 4 个应变水平荷载循环作用下弯拉劲度模量的变化情

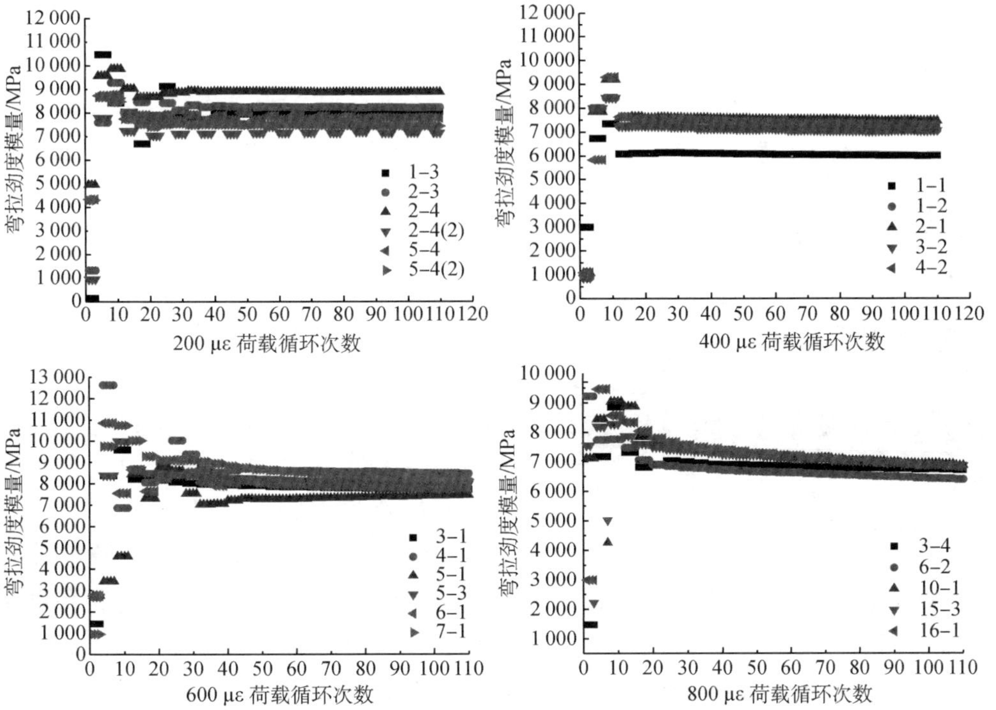

图 6-7　各应变水平下荷载循环 100 次弯拉劲度模量的变化

况来看，200 με 作用时弯拉劲度模量上升时间比 800 με 的长，即随着应变水平的增大，其所需的时间越短。但所有应变水平作用下的劲度模量都是急剧上升的，时间很短，加载次数都小于 50 次，然后弯拉劲度模量趋于稳定，并随着荷载的循环作用持续下降。由此可认为沥青混合料都产生了短期的硬化现象，但是在确定沥青混合料的初始弯拉劲度模量时可以忽略，只需其弯拉劲度模量达到稳定即可。对于高水平应变而言，荷载作用 50 次时劲度模量已经稳定，而低水平应变有待进一步分析。

从图 6-7 中可以看出，4 个应变水平下荷载循环 100 次时，其弯拉劲度模量前后基本稳定。200 με，400 με 在荷载循环 100 次内的劲度模量曲线稳定后，其变化趋向于水平，但 600 με，800 με 作用下的弯拉劲度模量此时已经开始下降。4 个应变水平在荷载循环 50 次时对应的弯拉劲度模量已经稳定，并且其后劲度模量持续下降，因此可以初步确定荷载循环次数 $N=50$ 时对应的弯拉劲度模量作为初始劲度模量。下节将采用前述经典的疲劳模型对疲劳寿命数据进行拟合，通过其相关性进一步确定初始劲度模量所对应的荷载循环次数。

2. 失效判据的确定

目前，应用于沥青混合料疲劳试验的疲劳失效判据较多，学界对此尚未达成共识。对于应变控制的弯曲疲劳试验，一般采用弯拉劲度模量下降至材料初始弯拉劲度模量的一定比例作为弯曲疲劳试验的失效判据。AASHTO TP8 规范采用荷载作用 50 个周期时对应的劲度模量作为初始劲度模量，并将 50%初始劲度模量作为疲劳试验的失效判据，这一失效判据被广泛使用。而从前述疲劳参数的演变规律中可明显看出，当弯拉劲度模量达到 50%初始弯拉劲度模量时，此时沥青混合料试件还处于第二阶段（图 6-1、图 6-2），并没有达到破坏的临界点，仍可承受荷载，因此，以此作为失效判据具有较大的随意性。采用前述可变步长相对耗散能变化率的突变点以及耗散能变化率的拐点作为失效判据更进一步证明采用 50%初始弯拉劲度模量作为失效判据不完全正确，其值绝大部分在 35%～50%初始弯拉劲度模量之间。当试件以 10%初始弯拉劲度模量终止试验时，沥青混合料试件发生了较大程度的开裂（图 6-8），由此可见在终止试验之前试件已经失效。

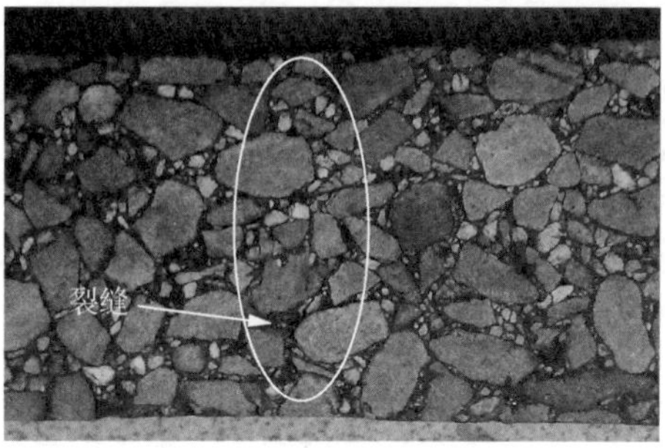

图 6-8　疲劳开裂破坏的试件

为获得使用的沥青混合料的最佳失效判据，通过传统的疲劳模型以及耗散能模型对不同失效判据进行拟合，对比分析各种条件下拟合得到的相关系数 R^2，其中 R^2 最大者为最优。考虑采用三种疲劳失效判据进行对比：一是 50%初始弯拉劲度模量（判据一），二是残留劲度模量变化曲线的拐点（判据二），三是耗散能变化率的突变点（判据三）。从上述组合中确定一个最优组合作为疲劳试验的失效判据，使其能够更加准确地预测疲劳寿命（表 6-2）。

表 6-2　沥青混合料试件在不同失效判据下的疲劳寿命

初始劲度模量所需的荷载次数	失效判据	应变水平/$\mu\varepsilon$	疲劳寿命 N_f/次					
			1	2	3	4	5	6
50	判据一	200	2 156 500	390 500	425 500	503 100	439 600	
		400	236 000	185 000	118 500	122 300	90 500	153 600
		600	24 500	15 000	8 300	11 000	11 500	9 150
		800	5 850	4 350	5 200	5 900	5 536	
	判据二	200	709 000	928 000	801 000	640 000	769 800	
		400	360 000	198 500	169 500	123 000	84 500	132 000
		600	61 000	35 000	16 500	23 000	24 000	12 500
		800	10 000	12500	8 000	11 500	10 700	
	判据三	200	731 000	986 000	843 000	672 000	813 000	
		400	383 500	206 000	175 000	186 000	156 000	129 000
		600	25 000	25 500	10 800	18 500	23 500	20 300
		800	10 400	10 850	11 500	9 100	10 500	

（续表）

初始劲度模量所需的荷载次数	失效判据	应变水平/με	疲劳寿命 N_f /次					
			1	2	3	4	5	6
100	判据一	200	2 112 500	435 000	443 500	514 800	876 500	
		400	242 500	186 500	121 500	122 500	91 000	
		600	26 500	16 500	8 800	10 500	13 000	9 800
		800	6 100	4 900	5 775	6 200	5 800	
	判据二	200	709 000	928 000	801 000	640 000	769 800	
		400	360 000	198 500	169 500	123 000	84 500	132 000
		600	61 000	35 000	16 500	23 000	24 000	12 500
		800	10 000	12 500	8 000	11 500	10 700	
	判据三	200	731 000	986 000	843 000	672 000	813 000	
		400	383 500	206 000	175 000	186 000	156 000	129 000
		600	25 000	25 500	10 800	18 500	23 500	20 300
		800	10 400	10 850	11 500	9 100	10 500	

采用传统疲劳模型[式(6-2)和式(6-3)]以及耗散能模型[式(6-4)和式(6-5)]对表 6-2 中的沥青混合料疲劳寿命数据进行拟合，由此可获得不同失效判据下各疲劳性能预测模型拟合的相关系数，具体列于表 6-3。

$$N_f = a\left(\frac{1}{\varepsilon_t}\right)^b \tag{6-2}$$

式中，N_f 为疲劳破坏时的荷载循环次数，即疲劳寿命；ε_t 为材料受到的拉应变；a，b 为实验室回归参数。

$$N_f = K\left(\frac{1}{\varepsilon_t}\right)^a\left(\frac{1}{S_0}\right)^b \tag{6-3}$$

式中，S_0 为沥青混合料的初始劲度模量；K，a，b 为由疲劳试验确定的参数。

$$N_f = 2.365 \times e^{0.069VFB} \times \varepsilon_0^{-3.624} \times W_0^{-1.882} \tag{6-4}$$

式中，e 为自然底数；VFB 为沥青饱和度；ε_0 为损失的劲度模量；W_0 为荷载作用 50 个周期时应力与应变之间的相位角。

$$PV = cN_f^d \tag{6-5}$$

式中，PV 为阶段Ⅱ中 $RDEC$ 稳定值的平均值；c，d 为拟合参数；N_f 为疲劳失效时的荷载循环次数。

表 6-3　不同失效判据疲劳寿命预测模型拟合相关系数

疲劳模型	初始弯拉劲度模量对应的加载次数	失效判据	相关系数 R^2
式(6-2)	50	判据一	0.8956
	50	判据二	0.9132
	100	判据一	0.8989
	100	判据二	0.9132
式(6-3)	50	判据一	0.9412
	50	判据二	0.9414
	100	判据一	0.9337
	100	判据二	0.9378
式(6-4)	50	判据三	0.8819
	100	判据三	0.8587
式(6-5)	50	判据三	0.9259
	100	判据三	0.9259

从表 6-3 中各疲劳预测模型的相关系数来看，研究确定小梁疲劳试验的初始弯拉劲度模量所对应的荷载循环次数以及疲劳失效判据是必要的，其直接影响到疲劳寿命以及预测模型的准确性。从各疲劳寿命预测模型的拟合数据的相关系数来看，可得到以下结论：

(1) 采用荷载循环 50 次时的弯拉劲度模量作为初始弯拉劲度模量比采用荷载循环 100 次时的弯拉劲度模量作为初始弯拉劲度模量更合适，尽管存在采用后者时的相关系数比采用前者时的相关系数大的情况，但是绝大部分采用前者时的相关系数大，并且基本上都大于 90%。

(2) 失效判据三与初始弯拉劲度模量的确定无关，采用式(6-2)时，利用失效判据二进行拟合时，与初始弯拉劲度模量无关。

(3) 式(6-4)与式(6-5)虽相关性良好，但比前两个疲劳寿命预测模型差，式(6-3)与失效判据二的组合是上述研究组合中的最优组合，其拟合的相关系数 R^2 最大，即失效判据二更适合作为疲劳试验失效时的判据。

结合以上分析，四点弯曲疲劳试验采用荷载循环 50 次时对应的弯拉劲度模量作为初始弯拉劲度模量，以失效判据二即残留劲度模量变化曲线的拐点作为试件失效的判据。

6.1.3 疲劳寿命预测模型及分析

若疲劳试验数据离散性较大，应进行弃差处理。弃差的标准为：当一组平行试验测定值中某个数据与平均值之差大于修正标准差的 k 倍时，舍弃该值，并以其余测定值的平均值或统计值作为试验结果，同时保证每组试验的有效试件不少于 3 个。当试件数目 n 分别为 3，4，5，6 时，对应的 k 值依次为 1.15，1.46，1.67，1.82。当初始弯拉劲度模量值、实际疲劳寿命次数、滞后角和累积耗散能数据等四项指标中任何一项数据的离散程度达到弃差标准，该试件所有疲劳试验数据即予以舍弃。经过弃差处理后，有 2 次试验的数据被舍弃，有效数据为 20 次，试验结果的平均值列于表 6-4。

表 6-4　单级荷载下沥青混合料的疲劳试验结果汇总

试验编号	有效次数/次	应变水平/$\mu\varepsilon$	初始模量/MPa	疲劳寿命/次	滞后角/(°)	累积耗散能/MPa
1	5	200	8 169	769 560	31.33	53.57
2	6	400	7 061	177 917	33.48	45.6
3	6	600	7 825	28 667	34.08	9.95
4	5	800	6 997	10 540	35.70	8.72

从表 6-3 中的数据分析来看，传统模型[式(6-3)]拟合的相关系数最好，因此，本节沥青混合料疲劳性能研究采用该预测模型。为了进一步分析并验证这一结果，采用 SPSS13.0 软件，对式(6-3)取对数得到式(6-6)，然后进行线性回归，回归方程为式(6-7)，统计分析结果列于表 6-5。

$$\lg N_f = k_1 \lg \varepsilon_t + k_2 \lg S_0 + C \tag{6-6}$$

$$\lg N_f = -3.45 \lg \varepsilon_t - 3.85 \lg S_0 + 28.962 \tag{6-7}$$

表 6-5　疲劳寿命回归模型 95%保证率控制值回归结果

一般统计量表	R 复相关系数	R^2 复相关系数平方		调整复相关系数		预测值标准差
	0.992(a)	0.9845		0.9535		0.1789
因素分析结果	项次	系数	t	Sig.	95%保证率	
					下限	上限
	常数项 C	28.962	1.722	0.033	−184.717	242.641
	应变水平 $\lg \varepsilon_t$	−3.450	−6.612	0.095	−10.078	3.179
	初始劲度模量 $\lg S_0$	−3.850	−0.940	0.051	−55.940	48.233
方差分析结果	方差来源	平方和	自由度	均方差	F	Sig.
	回归	2.031	2	1.016	31.751	0.0125
	残差	0.032	1	0.032		
	总和	2.062	3			

从回归结果可知，疲劳寿命 N_f、应变水平 ε_t 和初始劲度模量 S_0 三者取对数后的线性关系非常好，相关系数达到 0.95 以上，与表 6-3 中拟合的数据基本一致。同时也反映了采用应变控制加载模式的疲劳寿命试验时，沥青混合料的初始弯拉劲度模量越大，其疲劳寿命越小；施加的应变水平越大，其疲劳寿命越短。将式(6-7)变换为常用的传统沥青混合料疲劳寿命预测方程，如式(6-8)所示。

$$N_f = 9.16 \times 10^{28} \times \left(\frac{1}{\varepsilon_t}\right)^{3.45} \times \left(\frac{1}{S_0}\right)^{3.85} \tag{6-8}$$

6.1.4 单级荷载下的疲劳损伤分析

沥青混合料疲劳损伤是指在力、温度、荷载等因素的共同作用下，其微观结构发生变化，引起微裂缝或微缺陷扩展汇合，导致其宏观力学性能劣化，最终形成宏观开裂或破坏，通常表现为物理性能的下降(如弯拉劲度模量的衰减)，微观裂缝的形成与发展。

最早的损伤定义由力学家 Rabotnov[1] 研究金属蠕变本构方程时提出，主要采用损伤因子 D 进行描述：

$$D = 1 - \frac{A}{A_0} \tag{6-9}$$

式中，A 为有效承载面积，即扣除了由于微缺陷而不能承载的部分面积后得到的面积；A_0 为初始面积，即无损状态下的面积。对于完全无损状态，$D=0$；对于完全丧失承载能力的状态，$D=1$。

式(6-9)的物理意义明确，但在试验过程中难以准确测定有效承载面积及其演变。由于损伤演变往往伴随材料某些物理力学性能的退化，因此通常采用可以宏观反映材料内部结构由于损伤而发生变化的独立物理量来表征，其物理意义明确，并易于测量。目前普遍采用由应用广泛的本构关系的有效应力等价原理推导的刚度(模量)来表征疲劳损伤变量：

$$D = 1 - \frac{E}{E_0} \tag{6-10}$$

为了便于研究，将刚度(模量) E 替换为弯拉劲度模量 S，E_0 替换为 S_0，则

$$D = 1 - \frac{S}{S_0} \tag{6-11}$$

式中，S 为损伤状态下的弯拉劲度模量；S_0 为无损(初始)状态下的弯拉劲度模量。

进一步对各试件的疲劳试验过程中的数据进行分析，得到了沥青混合料在单级荷载作用下的损伤过程，试验时设定 10%初始模量为破坏标准。由图 6-1 可知，不同应变水平下的疲劳寿命相差较大，导致各应变水平下的 E 曲线图形相差甚远，不便于进行应

变之间疲劳损伤过程的分析对比。为此，将图 6-1 中的坐标无量纲化，即将 S_i 除以 S_0，将 N_i 除以 N_f 后，得到了残留模量比 $\alpha=S_i/S_0$ 与荷载循环数比 $\beta=N_i/N_f$ 的关系曲线(图 6-9)，反映了劲度模量衰减与疲劳寿命之间的整体规律，消除了因疲劳寿命相差大而带来的差异，便于进行不同应变下的疲劳过程的对比分析。

从图 6-9 中可以看出，应变控制加载下沥青混合料疲劳试件的破坏过程可分为三个阶段。起始阶段沥青混合料模量迅速减小，随后进入一个相对稳定的衰减期，形成微小裂纹，最后进入裂纹扩展汇合期，模量迅速减小，试件发生开裂破坏。随应变水平的不同，稳定衰减期的衰减速率不同，应变水平越大，其衰减速率也越大。

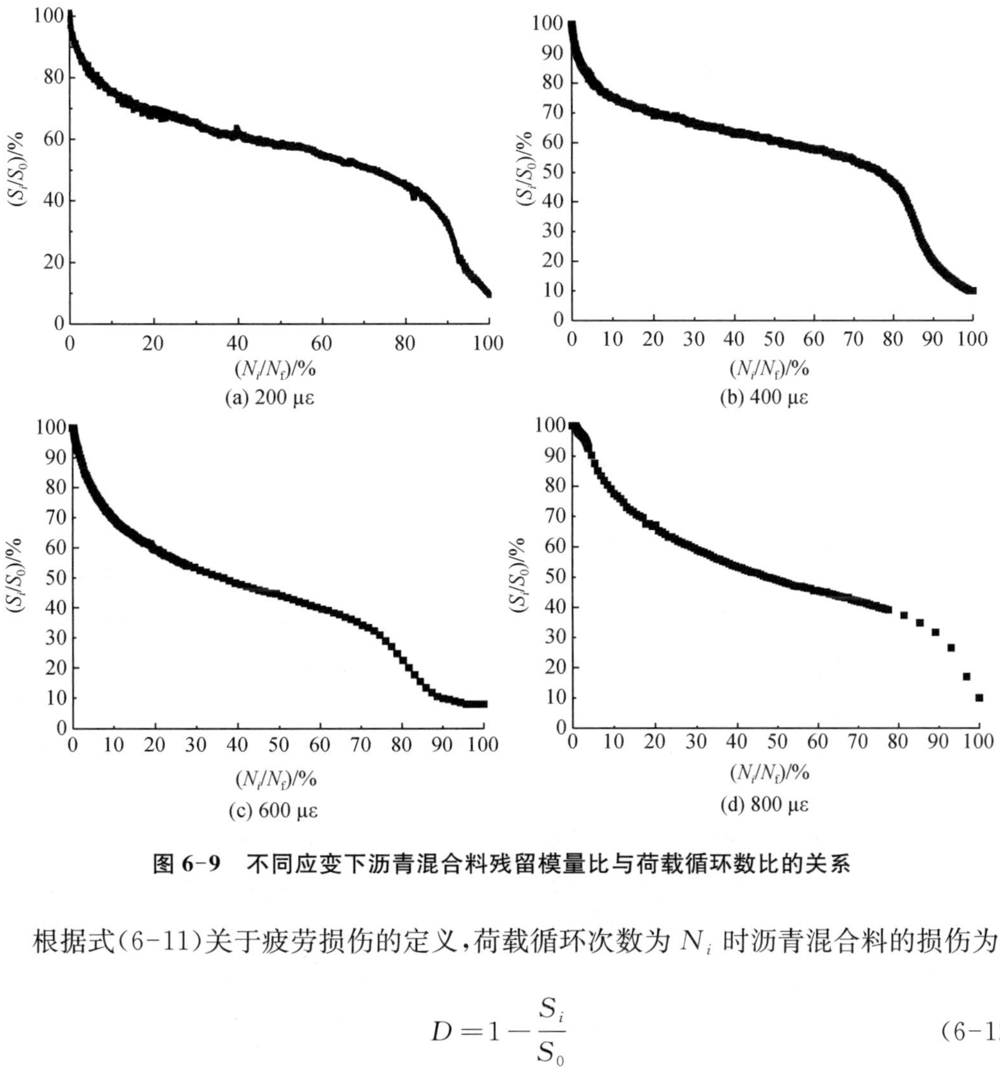

图 6-9　不同应变下沥青混合料残留模量比与荷载循环数比的关系

根据式(6-11)关于疲劳损伤的定义，荷载循环次数为 N_i 时沥青混合料的损伤为

$$D=1-\frac{S_i}{S_0} \tag{6-12}$$

由此可获得各单级应变水平下沥青混合料的疲劳损伤演变过程，如图 6-10 所示。从图 6-10 中可以看出，沥青混合料的损伤演变过程同样可以分为三个阶段。起始

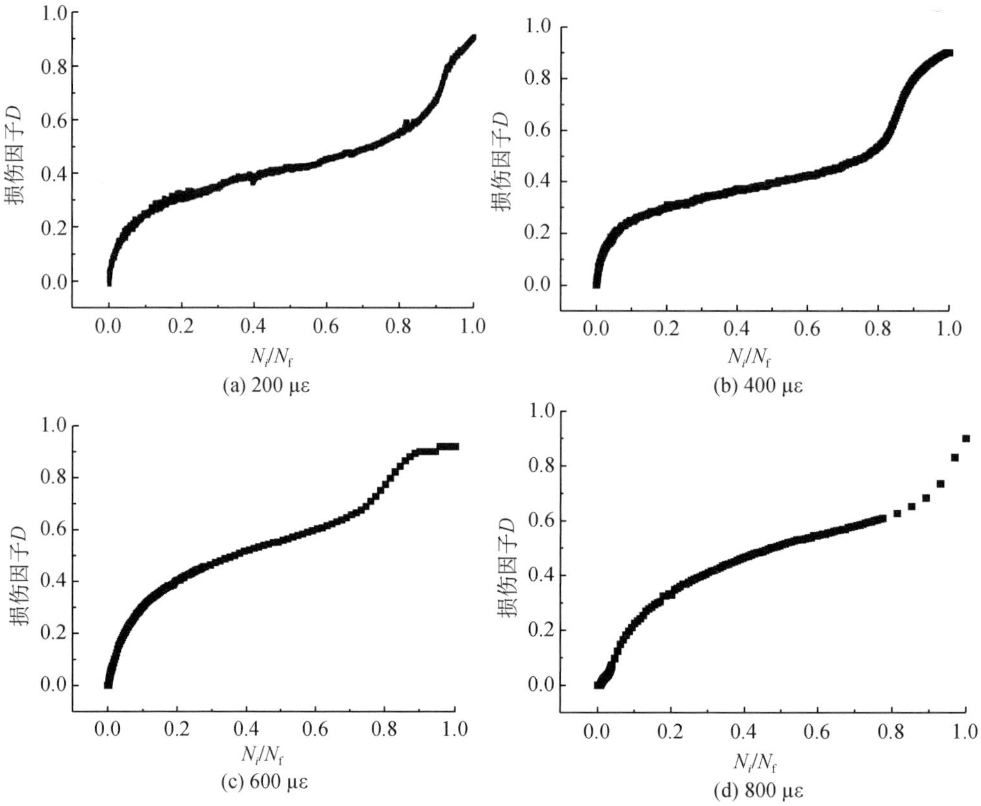

图 6-10 各单级应变下沥青混合料的疲劳损伤演变过程

阶段损伤因子迅速增大，在荷载循环比为 0.2 时，其损伤因子到达了 0.3～0.4，并且应变水平越大，该阶段的损伤因子越大，损伤演变越剧烈；而后损伤因子增长缓慢，荷载循环比达到 0.8 时，其损伤因子才到 0.6～0.7，也就是说，该阶段作用了 60%的荷载循环数只产生了 30%左右的损伤，但应变水平越大，其损伤因子的增长速度也越快，损伤演变也越快；后期损伤因子急剧增大，20%左右的荷载循环数导致了 30%～40%的损伤，并且曲线很不规则，说明该阶段应力的变化比较复杂，裂缝增长迅速，损伤发展剧烈且无规律。

根据疲劳试验失效判据定义，在第二阶段与第三阶段的临界点处试件已经失效，因此，试件的有效寿命为第一、第二阶段，第三阶段已经不在沥青混合料的疲劳寿命之内，故本节只对第一、第二阶段的损伤演变过程进行研究。取第二阶段后残留劲度模量变化曲线的拐点作为研究沥青混合料损伤演变的终点，定义此时对应的劲度模量为 S_f，荷载循环数比 N_i/N_f 为寿命比，假设寿命比的幂函数为疲劳损伤演变的过程：

$$D=1-\frac{S_i}{S_0}=\left(\frac{N_i}{N_f}\right)^m \tag{6-13}$$

$$\frac{S_i}{S_0}=1-\left(\frac{N_i}{N_f}\right)^m \tag{6-14}$$

先对该方程的初始条件(边界条件)进行验证。当 $S_i=S_0$ 时,$N_i=0$,等式两边相等;当 $S_i=S_f\neq 0$ 时,$N_i=N_f$,则$(N_i/N_f)^m=1$,等式两边显然不等。这是因为在疲劳试验时,并不是定义当 $S_i=0$ 时试件才失效,实际上是当 $S_i=S_f$ 时就认为试件已经失效。因此,式(6-13)并不能反映真正的损伤过程,故将其改为式(6-15):

$$\frac{S_i-S_f}{S_0-S_f}=1-\left(\frac{N_i}{N_f}\right)^m \tag{6-15}$$

则

$$\frac{S_i}{S_0}=1-\left(1-\frac{S_f}{S_0}\right)\left(\frac{N_i}{N_f}\right)^m \tag{6-16}$$

对此方程再次进行验证,看该方程是否满足疲劳试验的初始边界条件及其大致变化规律。

$$\begin{cases} S_i=S_0\text{,等式两边都等于 }1 \\ S_i=S_f\text{,等式两边都等于}\dfrac{S_f}{S_0} \\ \dfrac{\mathrm{d}S}{\mathrm{d}N}=-(S_0-S_f)\dfrac{m}{N_f}\left(\dfrac{N_i}{N_f}\right)^{m-1}<0 \end{cases} \tag{6-17}$$

经验证,式(6-16)满足疲劳试验的边界条件以及随加载次数的增大而减小的规律,将残留模量比 $\alpha=S_i/S_0$ 与荷载循环数比 $\beta=N_i/N_f$ 代入式(6-16),得

$$\alpha=1-\left(1-\frac{S_f}{S_0}\right)\beta^m \tag{6-18}$$

采用式(6-18)对不同应变水平下残留模量比的曲线进行拟合,得到不同应变水平下的拟合结果,拟合曲线如图 6-11 所示,拟合回归参数 m 汇总于表 6-6。从图 6-11 与表 6-6 可知,模型与试验数据拟合程度高,相关系数 R^2 较大,回归参数 m 随应变水平的增大而增大,其拟合曲线如图 6-12 所示。

表 6-6　　疲劳损伤模型回归参数 m 汇总

应变水平	序号	N_f/次	m	m 平均值	m 标准差	m 变异系数	R^2
200 με	1	709 000	−0.0661	−0.0608	0.008	0.1317	0.7338
	2	928 000	−0.0523				0.8879
	3	801 000	−0.0557				0.878
	4	640 000	−0.0689				0.891

（续表）

应变水平	序号	N_f/次	m	m 平均值	m 标准差	m 变异系数	R^2
400 με	1	360 000	−0.0919	−0.0769	0.0171	0.2224	0.914
	2	198 500	−0.0804				0.857
	3	169 500	−0.0905				0.858
	4	123 000	−0.0719				0.883
	5	132 000	−0.05				0.788
600 με	1	61 000	−0.1177	−0.1149	0.0046	0.0400	0.8321
	2	35 000	−0.1159				0.7715
	3	16 500	−0.1146				0.6849
	4	23 000	−0.1191				0.7163
	5	24 000	−0.1073				0.7726
800 με	1	10 000	−0.1268	−0.1391	0.0111	0.0799	0.774
	2	12 500	−0.1508				0.6897
	3	8 000	−0.1457				0.837
	4	11 500	−0.1329				0.819

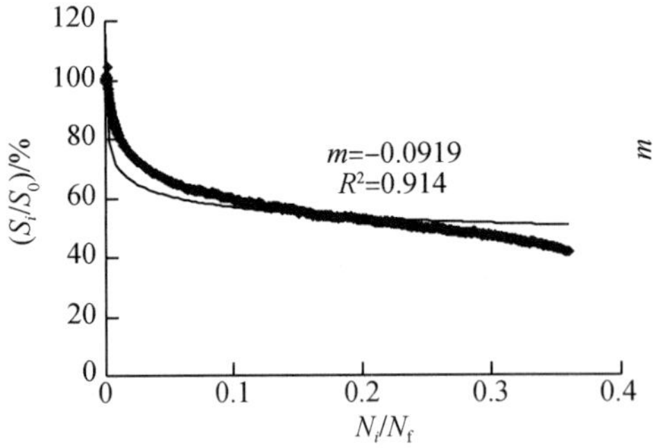

图 6-11　模型(6-18)拟合曲线

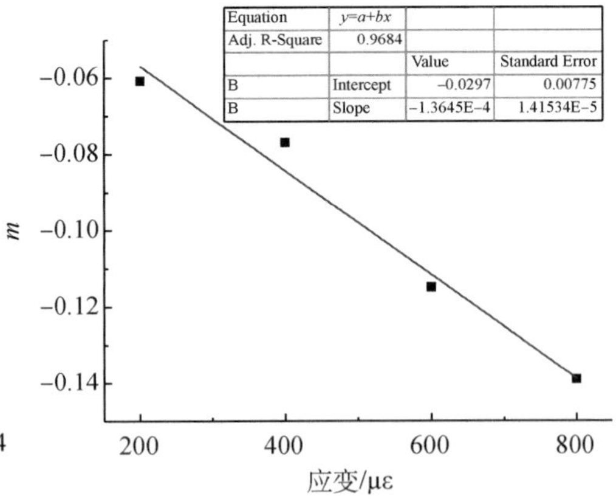

图 6-12　m 值与应变的关系

拟合的回归方程如式(6-19)所示：

$$m = -0.0001\varepsilon - 0.03,\ R^2 = 0.979 \tag{6-19}$$

将式(6-19)代入式(6-15)和式(6-13)可得在应变控制加载模式下沥青混合料疲劳损伤演变模型，如式(6-20)所示。

$$D=1-\alpha=\left(1-\frac{S_{\mathrm{f}}}{S_0}\right)\left(\frac{N_i}{N_{\mathrm{f}}}\right)^{-0.0001\varepsilon-0.03} \tag{6-20}$$

式(6-20)反映了沥青混合料疲劳损伤演变规律，由此可以看出，沥青混合料的疲劳损伤演变呈幂函数衰减规律，而非线性衰减。即使是单级荷载，加载初期比加载中后期导致的疲劳损伤要大，损伤与历史加载及加载次序有关，同时应变水平越大，损伤演变程度越大。

6.2 多级荷载组合下的沥青混合料疲劳损伤

6.2.1 疲劳荷载及加载方案设计

车辆荷载是造成沥青路面疲劳破坏的最主要因素，不同车辆、不同间隔时间会产生不同类型的荷载，相应的路面结构也会有不同的应力应变响应，从而导致不同的疲劳损伤效果。为了便于研究，通常按荷载特征分为等幅荷载、变幅荷载及随机荷载，如图6-13所示。

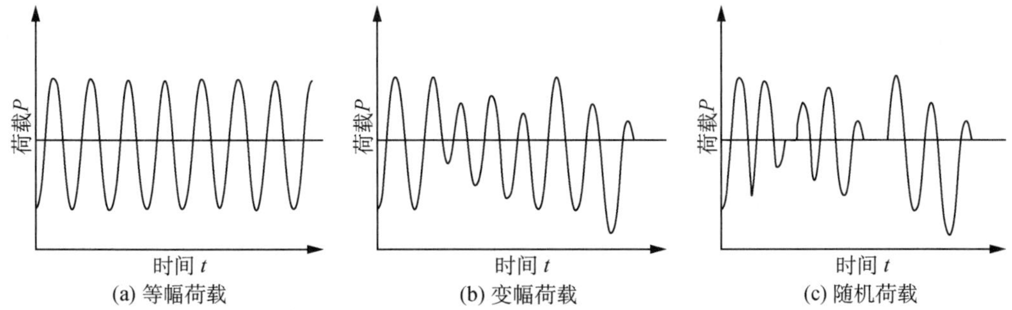

图 6-13 荷载类型

等幅荷载是最简单的一种荷载，其幅值、频率均不随时间发生变化，如图6-13(a)所示；变幅荷载是指幅值随时间变化而频率不变的一种荷载，如图6-13(b)所示；随机荷载则是最复杂的一种荷载，其幅值和频率都随时间随机变化，如图6-13(c)所示。迄今为止，学者对沥青路面的疲劳性能及损伤行为研究大部分基于等幅荷载作用的情况，而等幅荷载在实际中只有少数情况下存在，大多数情况下的荷载幅值并非常值，而是如图6-13(c)所示的随机荷载。各国道路研究者对这种情况通常是通过编制荷载谱，然后转化为等幅荷载来对沥青路面疲劳损伤行为进行研究。为了进一步分析沥青混合料在实际荷载作用下的疲劳损伤行为，本节设计加载方案为多级等幅加载，各个循环荷载块内的应变水平为常值，可作为单级荷载与随机荷载的过渡，在一定程度上也可模拟随机荷载进行疲劳损伤分析。

对多级等幅荷载的四点弯曲疲劳试验进行设计，使其加载过程按照从简至繁的原则，便于逐步分析。根据研究荷载大小变换对沥青混合料疲劳寿命及损伤演变的影响，综合考虑试验设备、时间等因素，主要设计了三种试验加载方式：

（1）两级荷载简单加载试验。在同一试件上先后进行两个应变水平的加载，即先对试件采用一个应变水平加载一定的荷载循环次数后，采用另一个不同的应变，再加载一定的荷载循环次数，直到试件失效或破坏。

（2）两级荷载循环加载试验。对同一试件采用两个应变水平分阶段进行循环加载，即在试验之前先规定两个应变水平在一个阶段内分别需要加载的次数，试验时先在试件上作用第一个应变水平所需加载的次数后，再作用第二个应变水平所需加载的次数，然后再作用第一个应变水平所需加载的次数，依次循环，直至试件破坏。

（3）多级荷载加载试验。对同一试件分阶段施加三个不同水平的应变，即先对试件施加第一应变水平一定的荷载次数后，再对其施加第二应变水平一定的荷载次数，最后施加第三应变水平所需的荷载次数，直至试件失效或破坏。

为了研究加载历史和加载次序对疲劳寿命及损伤行为的影响，针对上述三种不同加载方式的应变水平进行了对换，然后进行试验。本节多级荷载疲劳试验在三种加载方式下的荷载-时间历程示意分别如图 6-14、图 6-15 和图 6-16 所示。

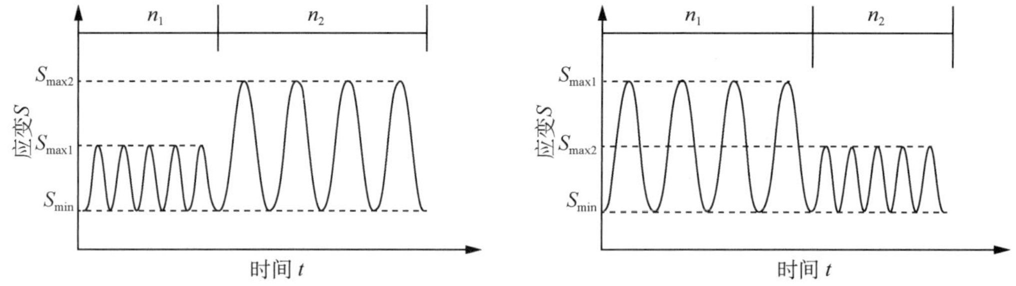

(a) 先小后大加载模式　(b) 先大后小加载模式

图 6-14　两级荷载-时间历程示意图

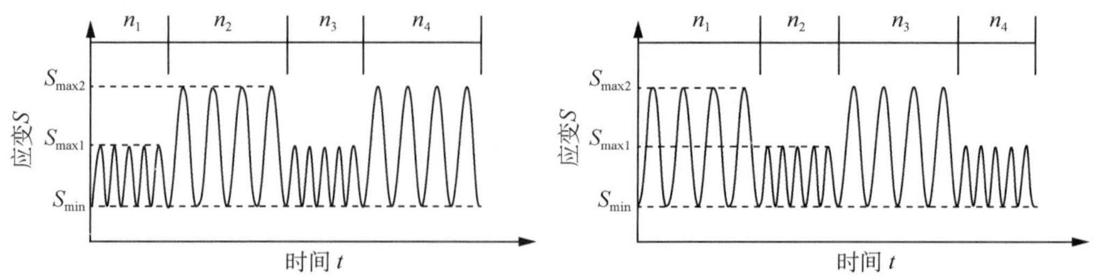

(a) 先小后大加载模式　(b) 先大后小加载模式

图 6-15　两级循环荷载-时间历程示意图

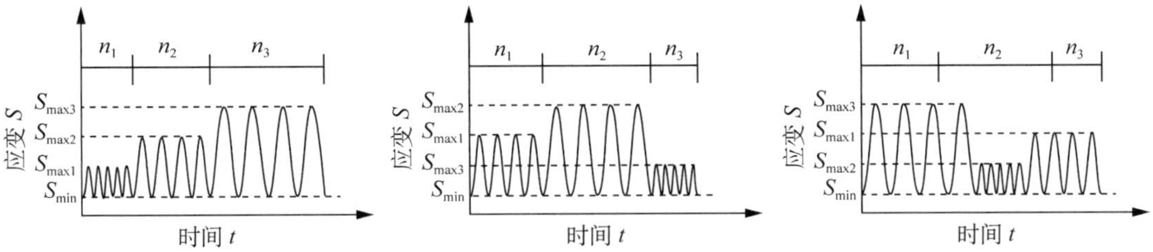

(a) 先小再中后大加载模式 (b) 先中再大后小加载模式 (c) 先大再小后中加载模式

图 6-16 三级荷载-时间历程示意图

6.2.2 试验规定及安排

为了减轻试验的工作量，便于统一研究和对比分析，本节对上述多级加载试验的试验材料、参数等作出以下规定：

(1) 试验采用的试件与单级荷载下的疲劳试验所采用的试件完全相同，即采用相同的沥青混合料，同样的制作方法，其不同应变水平对应的疲劳寿命也分别相同。

(2) 除了加载方式外，其余所有的试验参数包括温度、加载控制模式、频率、波形等都与单级荷载下的疲劳试验相同。试验的准备工作也参照单级荷载疲劳试验进行。

(3) 两级荷载简单加载试验第一阶段加载次数为该应变水平下单级加载疲劳寿命的 1/2；两级循环加载试验每阶段的加载次数为对应应变水平下疲劳寿命的 1/4；多级荷载加载试验前两阶段的加载次数为对应应变水平下疲劳寿命的 1/3。具体试验加载安排情况见表 6-7(部分根据试验的实际情况略有调整)。

表 6-7　　四点弯曲疲劳试验加载安排

加载方式	序号	第一阶段 (n_1)		第二阶段 (n_2)		第三阶段 (n_3)		第四阶段 (n_4)		…
		应变水平/με	次数	应变水平/με	次数	应变水平/με	次数	应变水平/με	次数	…
两级荷载简单加载	a_1	200	$1/2N_f$	400	至破坏	—	—	—	—	—
	a_2	400	$1/2N_f$	200	至破坏	—	—	—	—	—
	a_3	400	$1/2N_f$	600	至破坏	—	—	—	—	—
	a_4	600	$1/2N_f$	400	至破坏	—	—	—	—	—
	a_5	600	$1/2N_f$	800	至破坏	—	—	—	—	—
	a_6	800	$1/2N_f$	600	至破坏	—	—	—	—	—
	a_7	800	$1/2N_f$	400	至破坏	—	—	—	—	—
	a_8	400	$1/2N_f$	800	至破坏	—	—	—	—	—

（续表）

加载方式	序号	第一阶段（n_1）		第二阶段（n_2）		第三阶段（n_3）		第四阶段（n_4）		…
		应变水平/με	次数	应变水平/με	次数	应变水平/με	次数	应变水平/με	次数	…
两级荷载循环加载	b_1	200	$1/4N_f$	400	$1/4N_f$	200	$1/4N_f$	400	$1/4N_f$	至破坏
	b_2	400	$1/4N_f$	200	$1/4N_f$	400	$1/4N_f$	200	$1/4N_f$	至破坏
	b_3	400	$1/4N_f$	600	$1/4N_f$	400	$1/4N_f$	600	$1/4N_f$	至破坏
	b_4	600	$1/4N_f$	400	$1/4N_f$	600	$1/4N_f$	400	$1/4N_f$	至破坏
	b_5	400	$1/4N_f$	800	$1/4N_f$	400	$1/4N_f$	800	$1/4N_f$	至破坏
三级荷载加载	c_1	400	$1/3N_f$	600	$1/3N_f$	800	至破坏	—	—	—
	c_2	400	$1/3N_f$	800	$1/3N_f$	600	至破坏	—	—	—
	c_3	600	$1/3N_f$	400	$1/3N_f$	800	至破坏	—	—	—
	c_4	800	$1/3N_f$	600	$1/3N_f$	400	至破坏	—	—	—
	c_5	800	$1/3N_f$	600	$1/3N_f$	200	至破坏	—	—	—
	c_6	200	$1/3N_f$	600	$1/3N_f$	800	至破坏	—	—	—

6.2.3 两级荷载简单加载疲劳损伤分析

采用两级荷载简单加载方式进行四点弯曲疲劳试验，获得了疲劳试验下的各种参数，从而可定性和定量分析在该加载方式下沥青混合料的疲劳损伤演变过程。因试验数据分析图较多，以 400 με—600 με 和 600 με—400 με 加载下各参数变化曲线为例，其余应变水平的加载分析与之相同。

1. 各疲劳参数演变规律分析

（1）应力、应变变化规律

两级荷载简单加载采用了先低水平应变后高水平应变以及先高水平应变后低水平应变两种模式，具体如图 6-14 所示。随加载模式的不同，与之相应的应力、应变也会发生变化，应力、应变随荷载循环次数的变化规律如图 6-17 所示。

从图 6-17 中可以看出，两级应变控制简单荷载下的各荷载块内，应变水平皆为常数，即在前后两个加载阶段内，各阶段的应变不变，但应力在不断变化，其变化趋势表现为：在第一级荷载下，开始时应力剧烈减小，到一定值后进入稳定期，缓慢减小，曲线趋向于水平直线；第二级荷载加载后的应力变化具有明显的三阶段规律，开始时减小的速率很快，然后曲线斜率减小，减小的速率变缓，进入稳定期，达到一定加载次数后，再次剧烈减小，承载力不足，此时试件失效或破坏。将低应变水平变换至高应变水平时，应力突然变大，从 790 kPa 变至 1 750 kPa[图 6-17(a)]，增大约 1 000 kPa，然后再次急剧

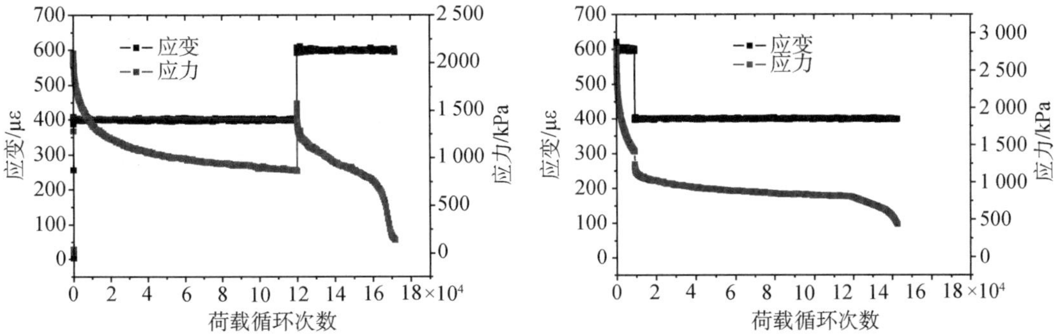

(a) 低—高加载模式 (b) 高—低加载模式

图 6-17 两级荷载简单加载下的应力、应变变化规律

减小；而将高应变水平变为低应变水平时，应力从 1 300 kPa 变至 1 000 kPa[图 6-17(b)]，减小 300 kPa，然后再缓慢减小。此时两级加载的两个模式下的应变水平差皆为 200 με，而应力变化的幅值却相差约 700 kPa，由此可知，在应力作用下试件的损伤突变程度不一样。另外，从图上可以明显看出，即使是相同的 400 με 荷载水平作用，作为第一级荷载和作为第二级荷载产生的应力大小和应力变化规律相差较大。作为第一级荷载时，应力从 1 750 kPa 变化至 800 kPa，而作为第二级荷载时，应力从 1 000 kPa 变化至 490 kPa，二者的应力值相差较大。此外，应力的变化速率前者明显要大于后者，这都会导致试件在同样的荷载循环次数下产生不一样的损伤，疲劳损伤呈非线性演变。

(2) 劲度模量随荷载循环次数的变化规律

试件在两级荷载的作用下，劲度模量在各自荷载块内衰减的速率不同，劲度模量随加载次数会出现如图 6-18(a)和图 6-19(a)所示的变化规律。为了便于分析，将坐标无量纲化，即将 S_i 除以 S_0，将 N_i 除以 N_f 后，得到了残留模量百分比 $\alpha = S_i/S_0 \times 100\%$ 与荷载循环数比 $\beta = N_i/N_f$ 的关系曲线，如图 6-18(b)和图 6-19(b)所示。

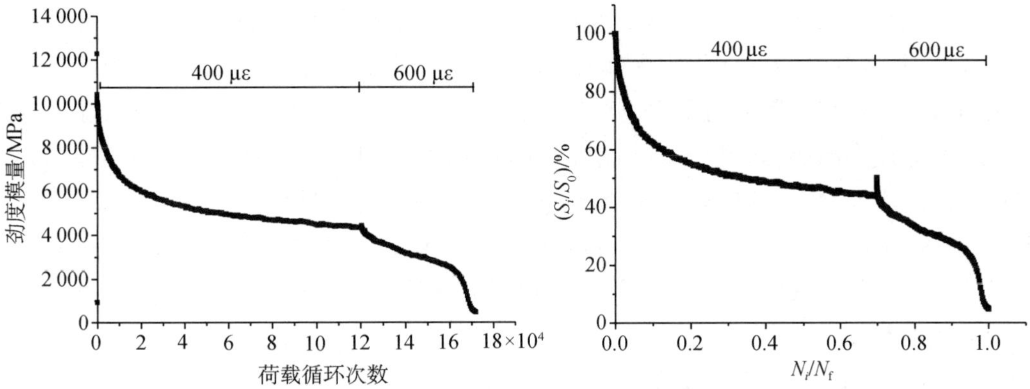

(a) 劲度模量随荷载循环次数的变化规律 (b) 残留劲度模量比与荷载循环数比的关系

图 6-18 两级荷载低—高加载模式下劲度模量变化规律

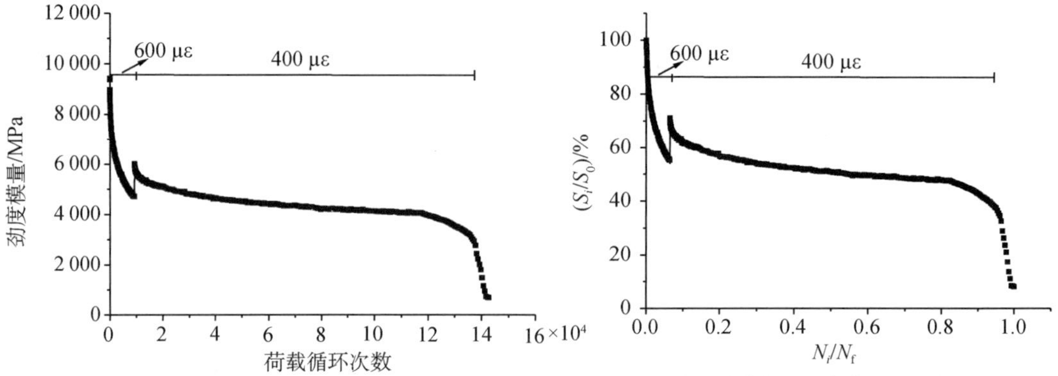

(a) 劲度模量随荷载循环次数的变化规律　　(b) 残留劲度模量比与荷载循环数比的关系

图 6-19　两级荷载高—低加载模式下劲度模量变化规律

图 6-18 和图 6-19 反映了在两级荷载加载下的模量衰减与疲劳寿命之间的整体规律，在第一级应变水平荷载作用下，试件的疲劳损伤进入了第二阶段，进行完全卸载，再在此有损试件上作用第二级应变水平荷载，其再加载的疲劳损伤发展同样具有明显的三阶段规律。从图 6-18 两级加载先小后大的典型劲度模量变化曲线可知，在第二级加载作用下，其弯拉劲度模量在第一阶段急剧减小；第二阶段缓慢减小，基本上呈线性稳定发展；第三阶段再次急剧减小。在第二级加载作用下，弯拉劲度模量减小的第一阶段不再是损伤(微裂纹)的萌生阶段，而是消耗试件完全卸载而部分恢复的抵抗疲劳破坏能力的阶段，此时的劲度模量有一定的恢复，但在荷载的作用下急剧减小，此时的曲线垂直下降，直至第一级荷载作用末或达到更低的劲度模量时才进入稳定的衰减阶段。

综上可知，不论是完好试件还是有损试件，其劲度模量的衰减都会经过三个阶段，第二阶段劲度模量的稳定衰减时期对应了试件微裂纹稳定扩展的阶段，而第三阶段代表裂纹出现、扩展、失稳直至失效破坏。

(3) 累积耗散能的变化规律

从两级简单加载的累积耗散能变化规律来看，无论是低—高加载模式还是高—低加载模式，累积耗散能的变化速率都分为两个阶段，其变化的拐点位于第一级荷载末第二级荷载始。累积耗散能的变化速率与加载的应变水平密切相关，应变水平越高，累积耗散能变化速率越快，如图 6-20 所示。同时，从图中可以看出，在不同的加载模式下，采用相同的应变水平，其耗散能的变化速率是不同的，有损试件在同样的应变水平下，其累积耗散能的变化速率要小于完好试件。由此可知，试件在疲劳荷载作用下，其累积耗散能的变化与加载历史有关，这间接反映了沥青混合料疲劳损伤的发展过程与荷载作用的次序有关。

2. 不同加载模式下损伤的变化规律

将 S_i 除以 S_0，N_i 除以 N_f 后，得到了残留模量比 $\alpha'=S_i/S_0$ 与荷载循环数比 $\beta=$

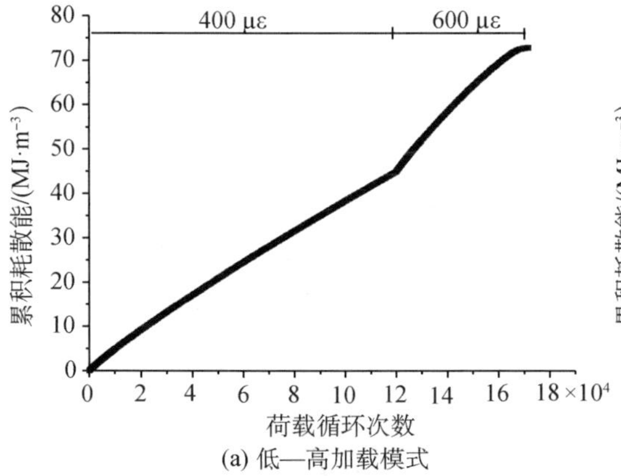

(a) 低—高加载模式

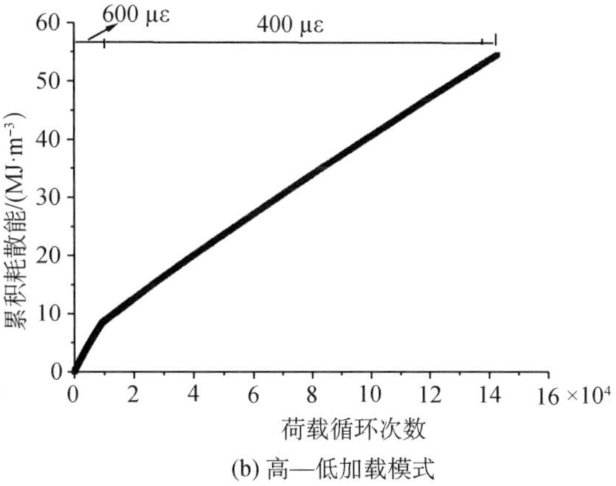

(b) 高—低加载模式

图 6-20　两级简单加载下的累积耗散能变化曲线

N_i/N_f，损伤因子 $D=1-\alpha'=1-S_i/S_0$，由此可获得损伤与荷载循环数比之间的关系，如图 6-21 所示。第一级荷载作用下的疲劳损伤演变过程与单级荷载作用下的疲劳损伤相同，损伤因子的变化规律相同；而第二级荷载作用下的疲劳损伤比同应变水平下第一级荷载作用下相同荷载循环次数所产生的疲劳损伤要小，从图 6-21 中可明显看出，在同样大小的应变水平作用下，第二级荷载作用产生的损伤因子变化曲线的斜率比第一级荷载作用所产生的损伤因子变化曲线的斜率要小，曲线较缓。

究其原因，疲劳试件虽然应变水平不变，但其应力发生了较大改变，力学响应的改变导致损伤演变过程发生了上述变化。从图 6-17 可知，虽然不同加载过程中应变水平相同，但是第一级应变水平下对应的应力明显比第二级应变水平加载下导致的应力要大，在较大应力的作用下，其产生的疲劳损伤量也大。相同应变水平加载时，第一级荷载需要的耗散能比第二级荷载要多，进一步验证了图 6-20 所示规律，这也是导致第一级荷载产生的损伤速率比第二级荷载快的原因。

另外，从图 6-21 中还可以看出，在荷载变化时，试件的损伤值发生突变，大幅度减小，随着第二级荷载的循环，损伤值再急剧上升到一定值后进入平稳阶段。导致这种现象的原因：①在荷载变化时，因沥青混合料的黏弹性性质，试件有了一定程度的恢复，损伤减小；②在施加第二级荷载的初期，试件内的应力应变响应并没有稳定，同时试件仍残留了上一级荷载加载时的应力应变，使得表现的损伤值

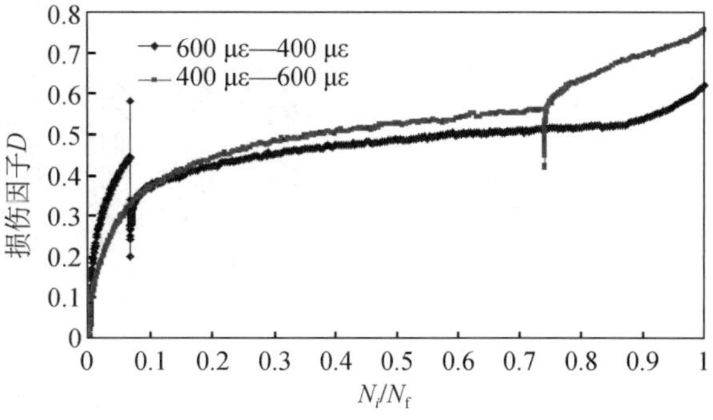

图 6-21　两级简单加载下的疲劳损伤变化曲线

减小；③第二级荷载作用可能导致沥青混合料的内部结构发生变化，如裂缝的扩展路径、缺陷部位的移动等，都会导致上述损伤值的变化。

3. 基于累积损伤理论的疲劳损伤分析

根据试件疲劳试验的实际加载情况，运用 Miner 线性累积损伤理论、Manson 双线性累积损伤理论、Corten-Dolan 非线性疲劳累积损伤理论以及损伤曲线方法，对沥青混合料在两级荷载作用下的疲劳损伤进行比较分析。采用上述 3 种累积损伤模型分别对实际荷载作用下各试件的损伤进行计算，可获得各模型预测的累积损伤，其统计结果见表 6-8。

表 6-8　两级简单加载疲劳试验结果及各模型累积损伤统计

加载次序	应变水平 /με	Miner 累积损伤模型 $\sum n_i/N_i$	Manson 累积损伤模型 $\sum D_i$	Corten-Dolan 累积损伤模型	
				$\sum D_i$	塑性功指数 d
低—高加载模式	200—400	1.74	1.50	1.00	−1.24
	400—600	1.76	1.60	1.00	−2.45
	600—800	1.50	1.47	1.00	−2.35
	400—800	2.14	1.59	1.00	−2.8
高—低加载模式	400—200	2.98	1.75	1.00	2.42
	600—400	1.07	1.34	1.00	0.25
	800—600	1.24	1.44	1.00	1.35
	800—400	1.42	1.48	1.00	0.89

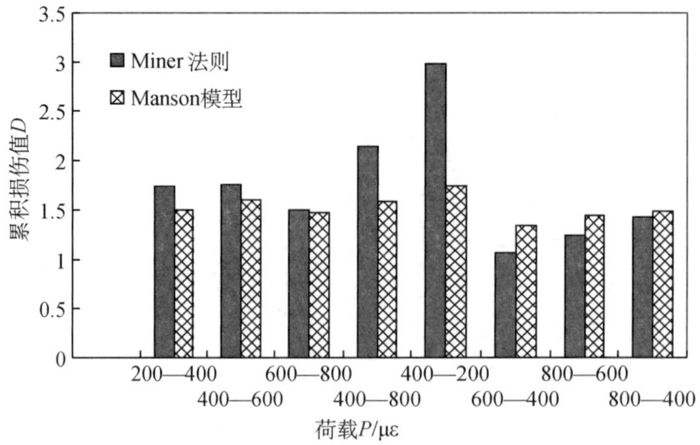

图 6-22　两级简单加载下的累积损伤值

从表 6-8 和图 6-22 可知：在两级简单荷载作用下试件失效时，不管是哪一种应变控制加载模式下的损伤，按照 Miner 法则计算的累积损伤值 D 并不等于 1，基本上都大于1，即$n_1/N_1+n_2/N_2>1$，这与常应力控制下的结果不一致，常应力控制时，从高载换至低载时，$n_1/N_1+n_2/N_2<1$，而从低载换至高载时，$n_1/N_1+n_2/N_2>1$[2]。D 值的大小与加载次序有关，荷载从低到高的加载模式下的累积损伤值要大于从高到低的加载模式下的累积损伤值，从高到低的加载模式下的累积损伤值与实际相差较小。另外，D 值的大小还与所加荷载大小的差值有关，差值越大，D 值越大。由此可见，在应变控制加载下，每次加载后材料的实际损伤率小于 $1/N_i$，这是因为荷载加载历史引起的模量衰减、荷载交互作用对材料的强度退化、疲劳损伤演变规律都有影响，导致其累积损伤呈非线性。根据双线性 Manson 模型计算的累积损伤值皆位于 1.50 附近，数值基本上比较稳定，相对于 Miner 法则而言更接近于实际情况，并且 Manson 模型计算的累积损伤精确度更高。但是，由于双线性 Mason 模型描述的是启裂前和启裂后两个阶段的累积损伤，而试验时第一级荷载循环停止后，试件不一定达到启裂，因此，据此计算的累积损伤结果与实际的累积损伤还存在较大的差别。

按照 Corten-Dolan 累积损伤模型的假设，试件的累积损伤值是一定的，即 $D=1$。而 d 值为变量，范围为 $-2.8\sim2.42$。d 值的变化没有明显规律，低—高加载模式下的 d 值为负值，而高—低加载模式下的 d 值为正值，这反映了加载次序对沥青混合料试件疲劳损伤进程的影响，前级低荷载作用后对高荷载下的疲劳损伤进程影响较小，前级高荷载作用后对低荷载下的疲劳损伤进程影响较大，同时荷载水平越高，两级荷载大小相差越大，其影响也越大。

4. 基于累积损伤模型的疲劳寿命预测

按照前述试验加载方式的规定，先对试件施加第一级荷载，循环作用一定次数（n_1 次）后，再施加第二级荷载，直至试件失效或破坏，此时第二级荷载循环的次数记为 n_2 次，则可得两级荷载作用下的实际疲劳寿命为（n_1+n_2）次。根据累积损伤理论，选取一定的损伤模型对每种荷载循环进行损伤计算，由此进行疲劳寿命预测，并对各模型的预测结果进行比较分析。选取的累积损伤理论有：Miner 线性累积损伤理论，Manson 双线性累积损伤理论，Corten-Dolan 非线性累积损伤理论，具体计算模型如下。

（1）Miner 法则

假设每次运行的损伤为

$$D=\sum_{i=1}^{l}\frac{n_{\varepsilon i}}{N_i} \tag{6-21}$$

则试件的疲劳寿命可表示为

$$N_{fg}=\frac{\sum_{i=1}^{l}n_{\varepsilon i}}{\sum_{i=1}^{l}\frac{n_{\varepsilon i}}{N_i}} \tag{6-22}$$

式中，$n_{\varepsilon i}$ 和 N_i 分别为第 i 级应变水平下的循环次数和疲劳寿命；N_{fg} 为总的疲劳寿命；l 为应变水平的级数。

（2）Manson 双线性模型

根据 Manson 双线性累积损伤理论，由式(6-23)可得式(6-24)：

$$\frac{n_2}{N_2}=1-\left(\frac{n_1}{N_1}\right)^{(N_1/N_2)^{0.4}} \tag{6-23}$$

$$n_2=\left[1-\left(\frac{n_1}{N_1}\right)^{(N_1/N_2)^{0.4}}\right]\times N_2,\ N_{fm}=n_1+n_2 \tag{6-24}$$

式中，n_i 和 N_i 分别为第 i 级应变水平下的循环次数和疲劳寿命；N_{fm} 为总的疲劳寿命。

（3）Corten-Dolan 非线性模型

根据 Corten-Dolan 非线性累积损伤理论：

$$\sum_{i=1}^{l}\frac{n_i}{N_m}\left(\frac{\sigma_i}{\sigma_m}\right)^d=1,\ N_{fc}=\frac{N_m}{\sum_{i=1}^{l}a_i\left(\frac{\sigma_i}{\sigma_m}\right)^d} \tag{6-25}$$

式中，N_{fc} 为多级应力下的总疲劳寿命；σ_m 为所有施加应力幅值中的最大应力值；N_m 为 σ_m 应力水平下的疲劳寿命；l 为应力水平级数；a_i 为第 i 级应力的循环次数占总循环次数的比例；σ_i 为第 i 级应力水平的应力值；d 为塑性功指数，表征变幅荷载下材料的敏感性，由试验确定。

将 $S=\frac{\sigma}{\varepsilon}$ 代入式(6-25)得式(6-26)：

$$N_{fc}=\frac{N_m}{\sum_{i=1}^{l}a_i\left(\frac{S_i\varepsilon_i}{S_m\varepsilon_m}\right)^d} \tag{6-26}$$

式中，ε_i 和 S_i 分别为第 i 级应变水平和第 i 级应力水平下的劲度模量；ε_m，S_m 和 N_m 分别为所有施加应变幅值中的最大应变值、对应的劲度模量及疲劳寿命；N_{fc} 为总的疲劳寿命。

根据试验实际加载情况、试验结果以及上述模型，可得到实际试验疲劳寿命 N_t 和各模型预测的疲劳寿命 N_p，将荷载作用下的试验寿命 N_t 与预测寿命 N_p 进行对比，N_t/N_p 越接近 1，则说明使用的预测模型估算的准确度越高。两级简单加载下的疲劳试验结果及预测寿命统计结果列于表 6-9，各模型预测寿命与试验寿命的关系如图 6-23—图 6-25 所示。

表 6-9　　两级简单加载疲劳试验结果及寿命预测

加载次序	应变水平/με	试验 N_t/次	Miner 法则		Manson 双线性模型		Corten-Dolan 非线性模型			
			N_p/次	N_t/N_p	N_p/次	N_t/N_p	N_{p1}/次	N_t/N_{p1}	N_{p2}/次	N_t/N_{p2}
低—高加载模式	200—400	582 200	450 511	1.29	485 743	1.20	389 727	1.49	389 727	0.94
	400—600	133 000	111 084	1.20	120 058	1.11	98 619	1.35	98 619	0.84
	600—800	24 450	19 213	1.27	19 542	1.25	18 472	1.32	18 472	0.94
	400—800	104 250	92 249	1.13	97 271	1.07	81 300	1.28	81 300	0.69
高—低加载模式	400—200	1 977 250	450 295	4.39	138 686	14.26	562 000	3.52	562 000	2.83
	600—400	129 250	151 750	1.30	21 866	5.91	165 000	0.78	165 000	0.93
	800—600	26 325	19 538	1.35	8 028	3.28	16 122	1.63	16 122	1.01
	800—400	170 113	95 006	1.79	8 229	20.67	125 606	1.35	125 606	1.05

注：Corten-Dolan 非线性模型中预测寿命 N_{p1} 是根据表 6-8 中累积损伤所取的 d 值，预测寿命 N_{p2} 是根据 $d=0.25$ 给出的预测结果。

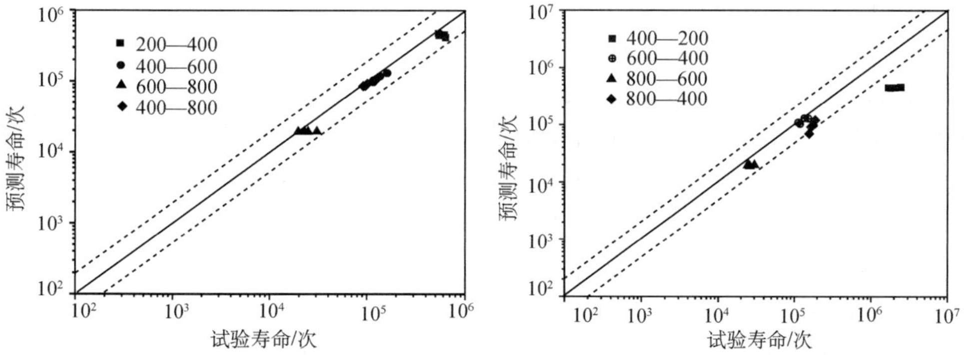

(a) 低—高加载模式　　(b) 高—低加载模式

图 6-23　Miner 法则疲劳寿命

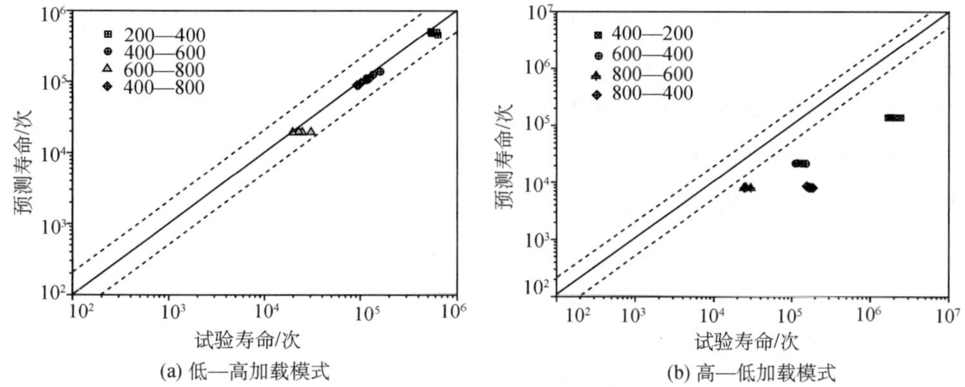

(a) 低—高加载模式　　(b) 高—低加载模式

图 6-24　Manson 双线性模型疲劳寿命

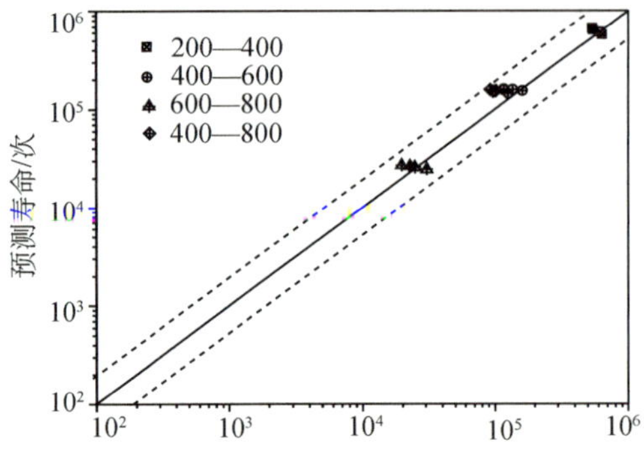

(a) 低—高加载模式

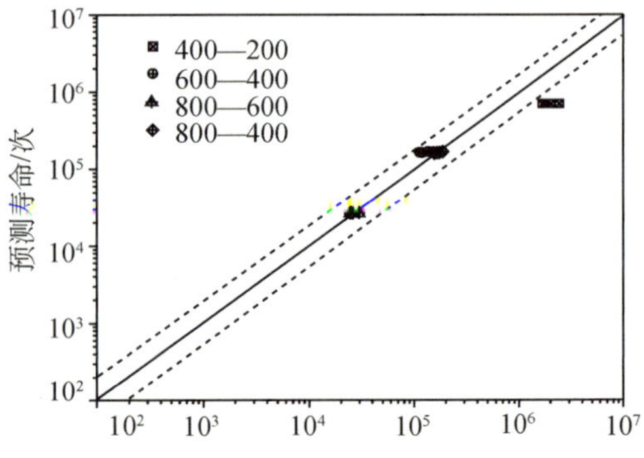

(b) 高—低加载模式

图 6-25 Corten-Dolan 非线性模型疲劳寿命

根据 Miner 法则，在第一级荷载循环次数作用后，根据式(6-22)计算出第二级荷载作用下的剩余寿命，由此可得预测的总寿命。从表 6-9 可知，计算的预测寿命皆小于试验实际作用的荷载次数，N_t/N_p 的值大部分在 1.10～1.80 范围内，因此，据此预测应变控制下的疲劳寿命，结果趋向于保守。

Manson 双线性模型的预测根据式(6-24)进行计算，结果如表 6-9 与图 6-24 所示。从图中可以看出，试验采用低—高加载模式的预测结果比较理想，但是高—低加载模式的预测结果与试验实际荷载循环次数相差非常大，前者差值远小于后者。从图表显示的情况来看，低—高加载模式的预测结果略偏保守，而高—低加载模式采用此模型预测的结果不准确，尤其是加载应变采用 400 $\mu\varepsilon$—200 $\mu\varepsilon$ 和 800 $\mu\varepsilon$—400 $\mu\varepsilon$ 时，N_t/N_p 的值达到了 14.3 和 20.7。

Corten-Dolan 非线性模型预测疲劳寿命时采用了两种方式：一是采用累积损伤预测时得到的 d 值进行预测，此时 d 为变量，取值见表 6-8；二是采用式(6-26)和数据处理软件 Origin 进行拟合模拟，得到 d 值为 0.25。两种方式的预测结果见表 6-9，结果表明，前者的预测结果过于保守，N_t/N_p 的值远大于 1，而后者预测的疲劳寿命与试验实际荷载循环次数相差不大，N_t/N_p 的值大部分在 1 左右，与前者比较而言更精确。

从三种累积损伤模型的预测结果来看，Corten-Dolan 非线性模型预测疲劳寿命的精确度最高；Manson 双线性模型预测低—高加载模式下的疲劳寿命较准确，但不能准确预测高—低加载模式下的疲劳寿命；Miner 法则的计算方式及参数简单，但预测结果过于保守。三种模型都不能准确预测 400 $\mu\varepsilon$—200 $\mu\varepsilon$ 加载情况下的疲劳寿命，且对于两级荷载差值较大的情况，其疲劳寿命预测结果偏差也大。

无论从哪一种累积损伤模型的预测结果来看，对两种加载模式下的疲劳寿命而言，低—高加载模式下的 N_t/N_p 要小于高—低加载模式下的 N_t/N_p 值，即说明在施加两级相同应变水平的情况下，低—高加载模式下沥青试件的疲劳寿命短，比高—低加载模式下的试件更容易破坏，是二者中疲劳累积损伤发展快、不利于使用寿命的加载方式。

6.2.4 两级荷载循环加载疲劳损伤分析

1. 各疲劳参数演变规律分析

(1) 应力、应变变化规律

根据两级荷载循环加载的试验结果，对试件在荷载作用下的应力变化进行分析可以发现：同一应变水平，在不同的加载阶段，产生的应力水平也不同，其变化规律也不同，不同阶段应变水平作用下的应力响应随荷载循环次数的具体变化规律如图 6-26 所示。

从图 6-26 可以看出，两级应变控制荷载循环下的各荷载块内，应变水平皆为常数(即等幅荷载)，但随着荷载循环次数的增加，试件损伤不断累积，强度不断下降，使试件产生相同应变水平的应力也在不断减小。具体有如下表现：在试件破坏前的各级荷载，无论是在哪一级荷载作用下，应力都会出现两个阶段，即应力急剧减小阶段和稳定下降阶段，最后一级加载出现三个阶段，其变化趋势与单应变水平作用下的情况类似，即第一阶段急剧下降，第二阶段为平稳阶段，第三阶段再次急剧下降，此时试件临近失效或破坏，试件承载力急剧减小。在所有应变控制下循环加载的试件中，其应力变化都遵循了这一规律。同一应变水平控制下，第一荷载块与第三荷载块所产生的应力相差较大，前者差值约为 2 000 kPa，后者差值约为 1 200 kPa；但是第二荷载块与第四荷载块所产生的应力相差不大，后者的起始应力基本与前者的终点应力相等，这是由于这二者之间出现了过载(第三荷载块)，试件裂纹变化、过载残留应力消耗以及裂纹尖端钝化等原因使应力出现了迟滞效应。

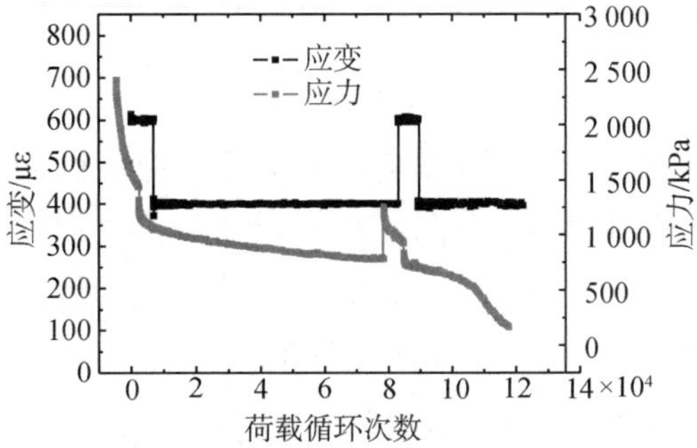

图 6-26 两级荷载循环加载下的应力、应变变化

(2) 劲度模量变化规律

试件在两级荷载循环作用下，劲度模量随加载次数以及不同应变水平控制的加载呈现出图 6-27 所示的衰减规律。由于不同应变水平下的荷载循环次数相差较大，因此出现了图 6-27(a)中矩形框所示的短截曲线，为了便于分析，对该曲线进行放大处理，如图 6-27(b)所示。

图 6-27 反映了试件在两级荷载循环加载下的劲度模量变化规律，其曲线的变化趋势与应力曲线的变化规律有一定的相似。从图 6-18(a)中可以看出，在进行荷载转变时，劲度模量都发生了突变，都在前一级荷载加载完后劲度模量有一定的恢复，而从应变水平高的荷载转变为应变水平低的荷载时，劲度模量的恢复值要大，这是因为在加载

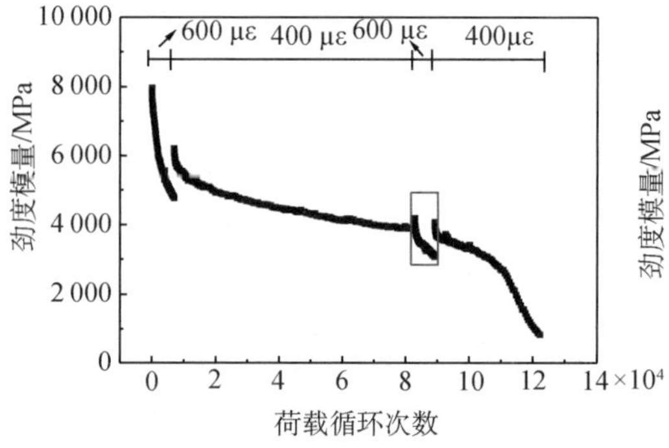

(a) 劲度模量随荷载循环次数的变化规律

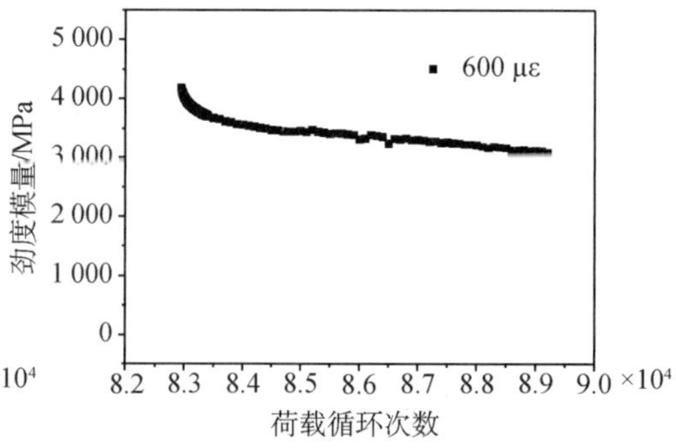

(b) 矩形框标记放大图

图 6-27　两级荷载循环加载下劲度模量变化规律

这一级低水平应变时，还存在上一级高水平应变作用时的残余应力，导致所测的劲度模量增大，另外在消耗试件中残余应力的同时，劲度模量也存在一定的回升，再加上此时试件微裂缝的路径改变、裂缝尖端的钝化等也会造成所测劲度模量增大。试件在疲劳荷载的作用下，无论哪一级的衰变规律都出现了剧烈下降阶段和稳定衰减阶段，即使加载次数少的荷载也不例外，如图 6-18(b)所示。衰减幅度与该级荷载的应变水平有关，600 $\mu\varepsilon$ 下的衰减幅度明显大于 400 $\mu\varepsilon$ 下的衰减幅度；衰减幅度同时也与该级荷载所处的次序有关，如在相同的 600 $\mu\varepsilon$ 控制水平下，次序越前，其导致试件劲度模量衰减的幅度就越大，反之，则越小。

(3) 累积耗散能变化规律

从两级荷载循环加载的累积耗散能随荷载循环次数的变化规律(图 6-28)来看：累积耗散能随加载次数的增大一直在增加，直至试件破坏为止；累积耗散能的增长速率与加载的应变水平相关。从图 6-28 中可知，K_1，K_3 为 600 $\mu\varepsilon$ 控制水平下累积耗散能的增长速率，K_2，K_4 为 400 $\mu\varepsilon$ 控制水平下累积耗散能的增长速率，从曲线斜率可以明显看出 $K_1 > K_3 > K_2 > K_4$，即累积耗散能在 600 $\mu\varepsilon$ 控制水平下的增长速率要大于 400 $\mu\varepsilon$ 控制水平下的增长速率。累积耗散能的增长速率同时也与加载的次序和加载的历史有关，K_1 和 K_3 代表了同一应变水平 600 $\mu\varepsilon$ 控制下累积耗散能的增长速率，只是位于加载过程中不同的次序，而 $K_1 > K_3$，说明前加载的 600 $\mu\varepsilon$ 水平下的累积耗散能的增长速率比后加载的 600 $\mu\varepsilon$ 水平下的要大，$K_2 > K_4$ 也同样证明了这一点。

综上所述，在疲劳试验过程中，沥青混合料的累积耗散能随荷载循环次数增加而增大，相近阶段应变控制水平越大则累积耗散能增加得越大，同时增加的速率与其所处的次序密切相关，这也间接反映了沥青混合料的疲劳损伤演变过程与上述因素息息相关。

2. 两级荷载循环加载下疲劳损伤的变化规律

参照前述方法，可获得疲劳损伤变化与荷载循环次数比之间的关系，如图 6-29 所示。从图中可以发现：在不同应变水平荷载的作用下，试件的损伤并不是一直增加的，

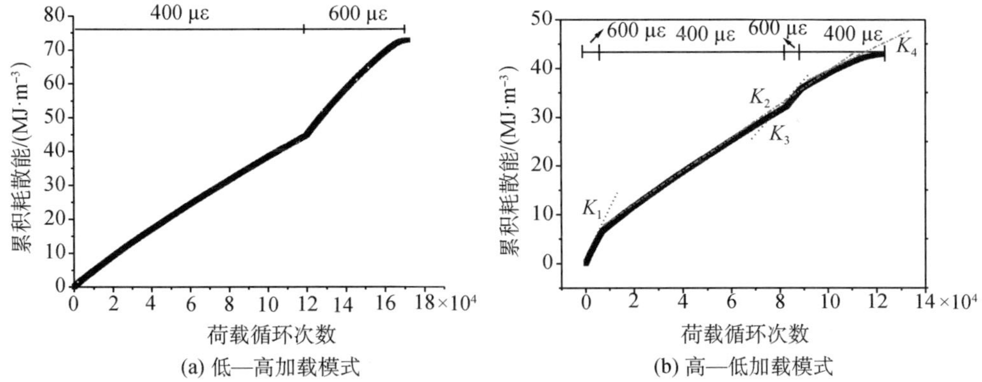

图 6-28　两级荷载循环加载下累积耗散能变化曲线

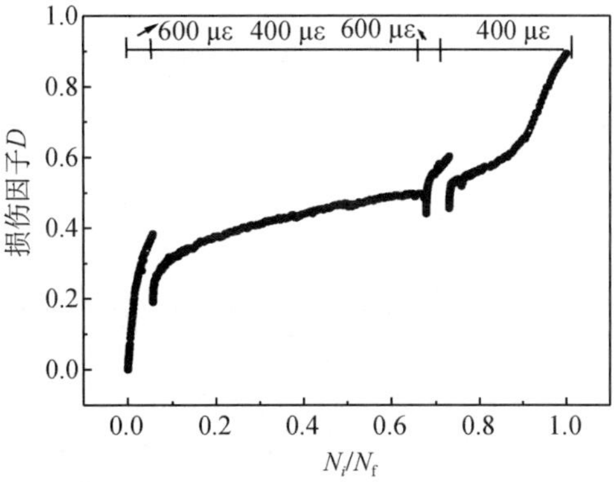

图 6-29　两级荷载循环加载下的疲劳损伤变化曲线

在荷载变化时，损伤有一定程度的下降，特别是从高应变水平的荷载转变为低应变水平的荷载时，这一现象特别明显，图中从第一级荷载 600 με 转变为 400 με 时，其损伤因子从 0.4 减小至 0.15 左右，而且并没有随第二级荷载 400 με 的加载立即增大至 0.4，而是到 0.3 后缓慢稳定增加，这说明试件的损伤在第二级加载初期产生了一定的愈合或内部结构发生了一定的变化导致损伤的减小；而从低应变水平转变为高应变水平时，损伤虽有所恢复，但是在荷载的继续作用下会立即达到前级荷载的损伤值，甚至更高，并继续增加。

即使是在同一试件上作用同一应变水平的荷载，当其位于不同的加载次序时，损伤的变化速率也是不同的。越前的荷载在同样的循环加载次数下所造成的损伤越大，从图中可清晰地看出，同样是在 600 με 控制下循环相同次数的荷载，其损伤因子的变化幅度分别为 0.4 和 0.25，前者明显大于后者。究其原因，虽然应变控制水平不变，但随着劲度模量的衰减，其应力发生了较大的变化，相应的耗散能、滞后角等与损伤相关的因素也发生了变化，这导致了损伤演变呈多段非线性发展。从最后一级荷载来看，在加载后期，损伤因子迅速增大，与前面同水平应变下的损伤发展趋势截然不同，这是因为试件损伤累积已经达到或超过了临界点，导致试件迅速破坏。

3. 基于累积损伤理论的疲劳损伤分析及寿命预测

运用 Miner 线性累积损伤理论对沥青混合料在两级荷载循环作用下的疲劳损伤进行分析。采用累积损伤模型分别对试验荷载作用下各试件的损伤进行计算，可获得各模型预测的累积损伤，其统计结果见表 6-10。

表 6-10　　两级荷载循环下的疲劳试验结果及寿命预测

加载次序	应变水平/με	实际寿命/次	Miner 法则		Corten-Dolan 模型预测寿命/次
			累积损伤 $\sum D_i$	预测寿命/次	
低—高加载模式	200—400—200—400	524 940	1.22	491 359	393 360
	400—600—400—600	104 050	1.03	103 327	79 315
	400—800—400—800	97 750	1.24	95 208	71 871
高—低加载模式	600—400—600—400	108 370	1.02	105 809	59 627
	400—200—400—200	683 800	1.26	491 949	420 886

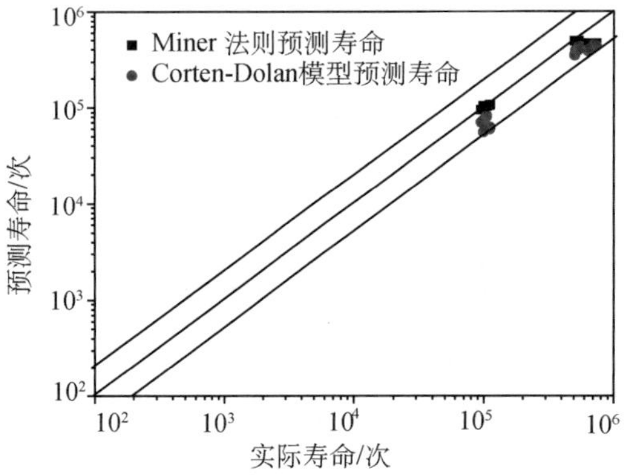

图 6-30　两级荷载循环下的实际寿命与预测寿命

从表 6-10 和图 6-30 可知：在两级荷载循环作用下试件失效时，不管是哪一种应变控制加载模式下的损伤，按照 Miner 法则计算的累积损伤值 D 也不等于 1，基本上都大于 1，即 $n_1/N_1+n_2/N_2>1$，这与常应力控制下的结果不一致。另外，加载次序对 D 值大小的影响并没有两级简单荷载作用下那么明显，200—400—200—400 循环加载与 400—200—400—200 循环加载的最终累积损伤值 D 分别为 1.22 和 1.26，相差不大，而 400—600—400—600 循环加载与 600—400—600—400 循环加载的累积损伤值相差更小，差值为 0.01。但是循环荷载的大小对累积损伤值 D 的影响非常大，从表 6-10 中可知，200—400—200—400 循环加载、400—600—400—600 循环加载及 400—800—400—800 循环加载的累积损伤值 D 分别为1.22，1.03，1.24，相差较大。

此外，使用 Miner 法则及 Corten-Dolan 非线性模型预测的疲劳寿命皆小于试验所获得的实际疲劳寿命，因此，根据前两种模型预测应变控制下两级荷载循环作用下的疲劳寿命，结果都趋于保守。相对来说，Miner 法则预测的疲劳寿命更接近实际疲劳寿命值，而 Corten-Dolan 非线性模型预测的疲劳寿命与试验所获得的实际寿命相差较大，其差值甚至达到了实际值的 30%以上。由此可知，Miner 法则以及 Corten-Dolan 非线性模型都不能准确预测两级荷载循环作用下沥青混合料的疲劳寿命。

6.2.5　三级荷载加载疲劳损伤分析

1. 各疲劳参数演变规律分析

根据三级荷载加载下的疲劳试验结果，可获得各个疲劳相关参数的变化规律，具体情况如图 6-31—图 6-33 所示。

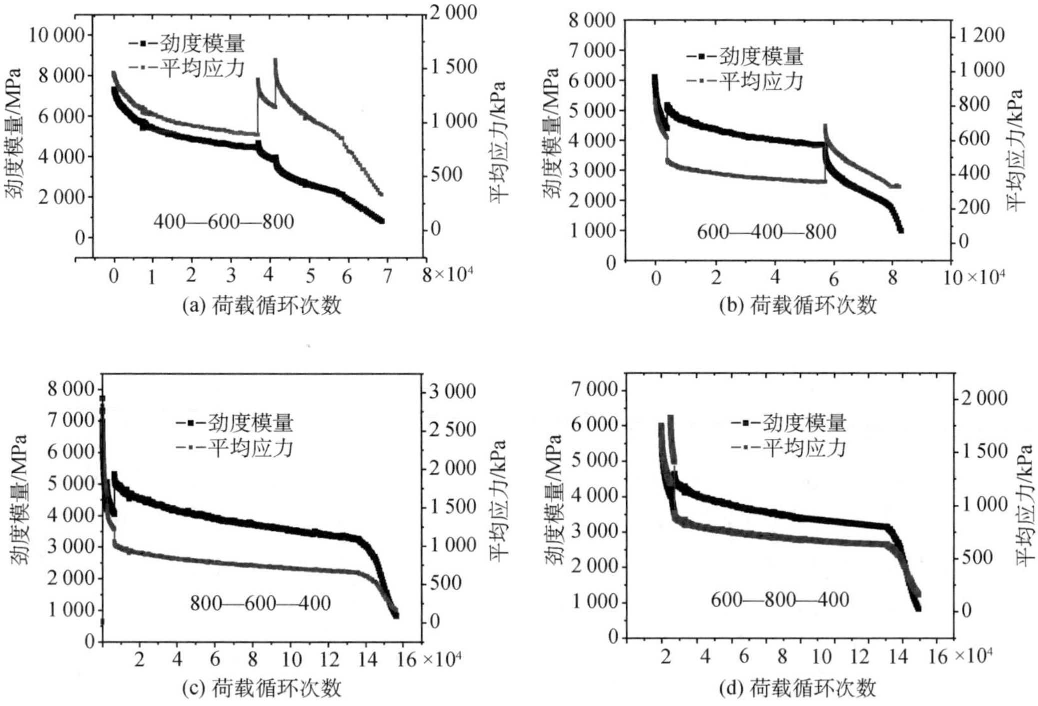

图 6-31　三级荷载加载下的劲度模量及平均应力的变化规律

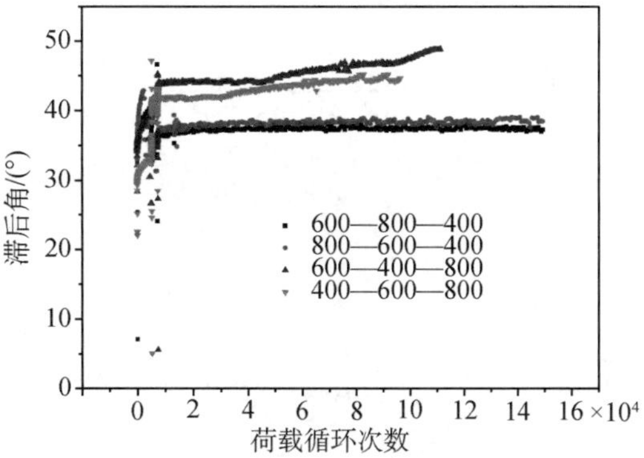

图 6-32　三级荷载加载下滞后角的变化规律

图 6-31 反映了在三级荷载不同加载次序下劲度模量和平均应力随荷载循环次数的变化规律。试件在三级荷载作用下的劲度模量的变化规律同样遵循单级荷载作用下劲度模量变化的三阶段规律，但只有在最后一级加载下才完整呈现，且其衰减的速率比单级荷载作用下的衰减速率要小。劲度模量的变化规律与试件所受到的平均应力的变化规律具有很高的相似性，基本上是两条平行的曲线，但劲度模量发生变化的时间略滞后于平均应力。在每一级控制应变水平的荷载作用下，随荷载循环次数的增加，平均应力与劲度模量皆呈减小趋势，当应变水平发生变化时，二者都会相应地发生变化。平均应力随应变水平的变化发生突变，立即变大或变小，而劲度模量的变化在荷载变化时都会有一定的回弹。当应变水平由大变小时，劲度模量恢复的程度较大，应变水平的变化值越大，劲度模量恢复的程度就越大；当应变水平从小变大时，劲度模量恢复的程度小，应变水平的变化值越

大，劲度模量恢复的程度越小，甚至没有，劲度模量在原有的程度上立刻发生衰减。

在三级荷载作用下，不同加载次序的滞后角变化规律如图 6-32 所示。滞后角的大小与应变水平相关，应变水平越大，其疲劳试验过程中产生的滞后角越大。图中也准确地反映出了滞后角的大小和变化也与荷载历史相关，如前两级荷载的应变水平相同但加载次序不同，那么第三级荷载在相同应变水平（应变水平为 400 $\mu\varepsilon$ 或 800 $\mu\varepsilon$）作用时产生的滞后角不同。

2. 不同加载次序下损伤的变化规律

根据前面所述方法以及三级荷载下疲劳试验的结果，可获得三级荷载在不同加载次序下损伤演变与荷载循环次数比之间的关系，反映了沥青混合料试件在 4 种不同荷载次序下的疲劳损伤累积过程，4 种荷载水平及加载次序分别为：400—600—800，600—400—800，600—800—400 和 800—600—400（单位为 $\mu\varepsilon$），具体如图 6-33 所示。加载的应变水平及次序考虑了 5 种情况：①应变水平依次从小到大[图 6-33(a)]；②应变水平从大到小再到大[图 6-33(b)]；③应变水平从小到大再到小[图 6-33(c)]；④应变水平依次从大到小[6-33(d)]；⑤应变水平差值增大。为了便于对比，将上述各种情况下的损伤演变规律进行汇总，如图 6-34 所示。

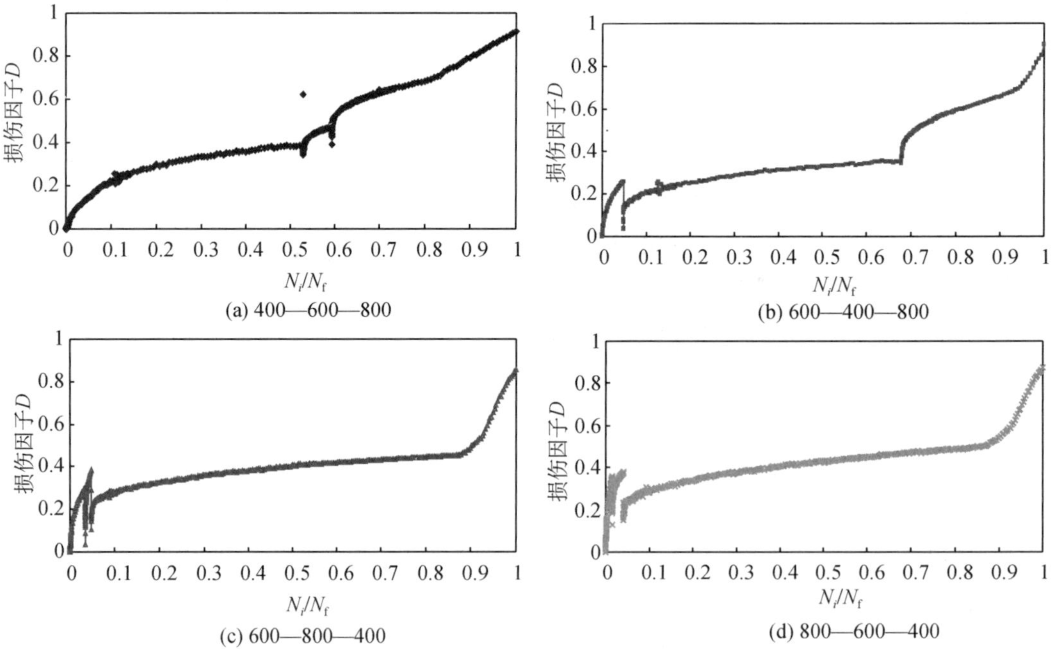

图 6-33　三级荷载不同加载次序下损伤演变规律

从图 6-33 中可发现：

(1) 再次验证了在不同应变水平、不同荷载次序的作用下，试件的损伤并不是一直增加的，荷载变化时会出现一定的负损伤，劲度模量有一定的恢复，尤其是从高应变水平的

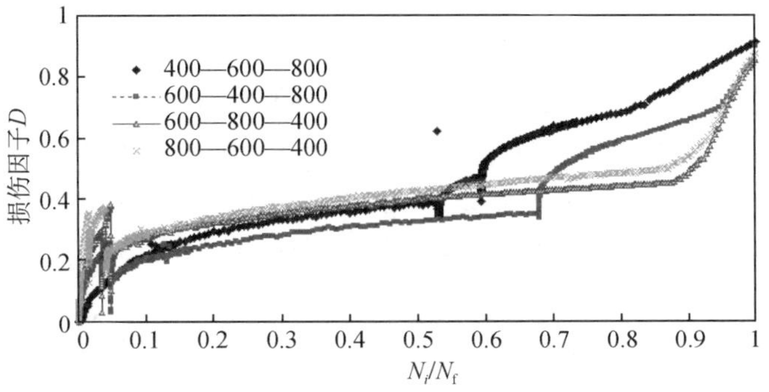

图 6-34 三级荷载不同加载次序下损伤演变规律汇总

荷载变化为低应变水平的荷载时这一现象更明显，这在图 6-33(b)—(d)中都有体现。

(2) 荷载应变水平依次从小到大进行加载时，损伤几乎一直持续增加，并且三级荷载下的损伤曲线斜率递增，说明损伤演变的速率持续增加，直至破坏[图 6-33(a)]。在上述 4 种加载情况下，这种加载方式下的疲劳损伤累积速率最大，最容易导致疲劳损伤破坏，是其中最不利于疲劳寿命的加载方式(图 6-34)。

(3) 从小到大再到小的加载方式产生的损伤速率要比从大到小再到大的加载方式小(图 6-34)，也就是说前者的疲劳寿命要比后者的大，这是因为过载导致试件的损伤机理发生了一定的变化，这已在本书第 5 章详述。

(4) 从低应变水平的荷载变化为高应变水平的荷载时，若二者应变水平的大小相差较大，则导致损伤在原有的损伤上继续劣化，劲度模量或强度得不到恢复，当应变水平大并且二者相差较大时，损伤会突然增大并持续[图 6-33(c)]。

(5) 当荷载依次由大到小进行加载时，在每级荷载变化时，模量都有一定程度的恢复，损伤发展速率相对于各级单应变水平下的速率要小，并且越位于加载后期，低应变水平下损伤速率增长得越慢，基本为一定值，直至试件出现破坏。

3. 基于累积损伤理论的疲劳损伤分析及寿命预测

运用累积损伤理论对沥青混合料在三级荷载不同加载次序下的试验结果进行分析(图 6-35)。首先，采用累积损伤模型分别对试验荷载作用下的各试件的损伤进行计算，可获得各模型预测的累积损伤；其次，采用模型预估各种情况下的疲劳寿命，其统计结果见表 6-11。

从试验结果来看，三级荷载依次从小到大进行加载下的疲劳损伤与 Miner 法则预测的累积损伤接近，而当最后一级荷载为低应变水平时，疲劳损伤会大大延缓，按照 Miner 法则计算的累积损伤值 D 远大于 1，本次试验中其值可达 2.71，由此充分说明沥青混合料的疲劳损伤与荷载作用次序相关，其累积过程并非线性累积，而是呈非线性发展。同时，试件的疲劳寿命与荷载的大小相关，当最后一级荷载为高应变水平时，其疲劳寿命小，当最后一级荷载为低应变水平时，疲劳寿命大，并且应变水平越低，其寿命将增大越多，最后一级应变水平为 400 με 的寿命比 600 με 的寿命大 13 000 次左右，而作用 200 με 的寿命则比 400 με 的寿命大 160 多万次，呈量级增加。当应变水平较大并且高应变水平置后时，实际疲劳寿命与 Miner 法则预测寿命的相关度较好，但是当应变水平较大且低应变水平置后时，二者相差很大，Miner 法则不能准确预测此加载情况下的疲劳寿命，这是因为在高应变水平作用下，沥青混合料以弹性性质为主，而低应变水平作用时以黏性性质为主，其中蠕变更加明显。另外，在三级荷载作用下，Corten-Dolan 模型预测的寿命与实际寿命相差甚远，这是因为该模型是以等幅应力为依据建立的，不能准确预测等幅应变水平下的疲劳寿命。

表 6-11　　三级荷载不同加载次序下疲劳试验结果及寿命预测

序号	荷载/με	试验荷载次数/次		Miner 法则			Corten-Dolan 模型预测寿命/次
		单级荷载	合计	D_i	D	预测寿命/次	
1	400	63 333	74 500	0.36	1.04	74 067	47 890
	600	6 267		0.22			
	800	4 900		0.47			
2	400	64 333	77 533	0.36	1.03	76 577	52 349
	800	3 500		0.33			
	600	9 700		0.34			
3	600	4 000	77 722	0.14	1.22	75 453	55 234
	400	66 333		0.37			
	800	7 389		0.70			
4	600	4 767	141 933	0.23	1.25	89 692	62 358
	800	2 200		0.31			
	400	134 966		0.72			
5	800	3 733	130 400	0.36	1.28	81 071	59 832
	600	7 167		0.25			
	400	119 500		0.67			
6	800	2 433	1 799 267	0.23	2.71	481 599	189 334
	600	4 333		0.15			
	200	1 792 500		2.33			
7	200	256 513	267 450	0.33	0.97	522 102	231 321
	600	6 667		0.23			
	800	4 270		0.41			

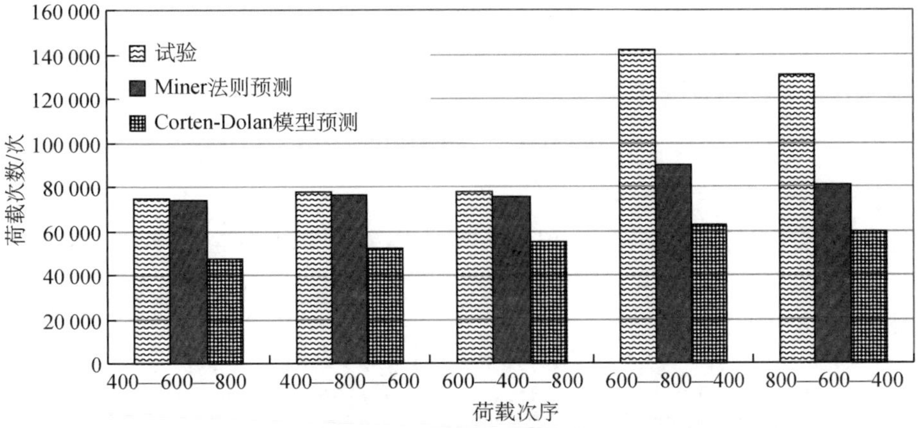

图 6-35 三级荷载不同加载次序下的试验结果与预测的疲劳寿命

6.2.6 多级荷载下沥青混合料的疲劳寿命预测

从前面的分析可知，采用目前常用的累积损伤理论对多级荷载作用下的沥青混合料疲劳损伤进行分析，计算结果与实际试验结果相差较大，预测的疲劳寿命也与试验所获得的疲劳寿命相差甚远，其主要原因是以往的疲劳损伤累积理论没有考虑荷载作用次序以及加载历史对累积损伤的影响，或是基于应力参数所得，不能准确地对应变控制下的疲劳寿命进行预测。因此，本节将建立与荷载次序和加载历史相关的疲劳预测模型，进行多级荷载下沥青混合料的疲劳寿命预测。

根据多级加载疲劳试验可知，两级和三级荷载下沥青混合料劲度模量的变化如图 6-36 所示。由图可知，沥青混合料劲度模量的衰减过程是疲劳损伤破坏过程的体现。下面将先考虑建立两级及三级荷载下沥青混合料的疲劳寿命预测方程，再建立多级(大于三级)荷载下的疲劳寿命预测方程。根据式(6-14)可得：

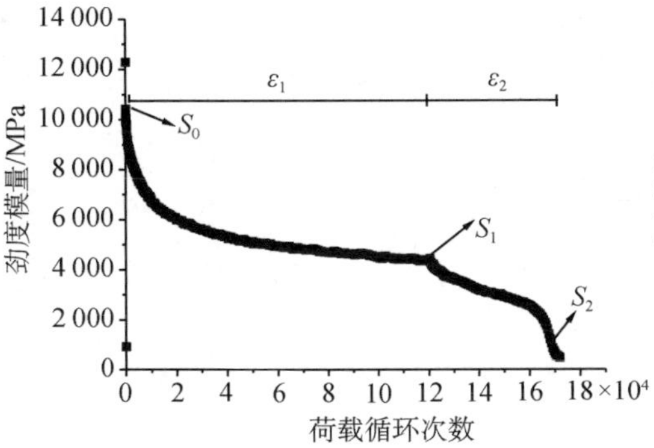

(a) ε_1—ε_2

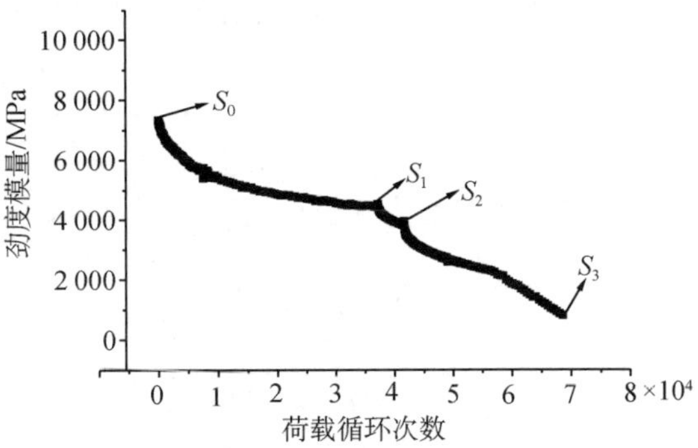

(b) ε_1—ε_2—ε_3

图 6-36 两级和三级荷载下的劲度模量衰减

$$S_i = 1 - \left(\frac{n_i}{N_i}\right)^m S_0 \tag{6-27}$$

在作用 n_1 次后，此时劲度模量 S_1 为

$$S_1 = 1 - \left(\frac{n_1}{N_1}\right)^{0.001\varepsilon_1 - 0.03} S_0 \tag{6-28}$$

根据单级荷载作用下沥青混合料四点弯曲小梁疲劳试验结果，疲劳预测模型可表达如下：

$$N_1 = k\left(\frac{1}{\varepsilon_1}\right)^a \left(\frac{1}{S_0}\right)^b \tag{6-29}$$

由此可获得第二级荷载下剩余的疲劳寿命：

$$N_2 = k\left(\frac{1}{\varepsilon_2}\right)^a \left(\frac{1}{S_1}\right)^b \tag{6-30}$$

由式(6-28)—式(6-30)可求得两级荷载作用下的疲劳寿命：

$$N_{f2} = n_1 + N_2 = n_1 + k\left(\frac{1}{\varepsilon_2}\right)^a \left[\frac{1}{1 - \left(\frac{n_1}{N_1}\right)^{m_1} S_0}\right]^b \tag{6-31}$$

同理可得三级荷载作用下的疲劳寿命：

$$\begin{aligned} N_{f3} &= n_1 + n_2 + N_3 \\ &= n_1 + n_2 + k\left(\frac{1}{\varepsilon_3}\right)^a \left(\frac{1}{S_2}\right)^b = n_1 + n_2 + k\left(\frac{1}{\varepsilon_3}\right)^a \left[\frac{1}{1 - \left(\frac{n_2}{N_2}\right)^{m_2} \left(\frac{n_1}{N_1}\right)^{m_1} S_0}\right]^b \end{aligned} \tag{6-32}$$

以此类推，可获得 i 级荷载作用下的疲劳寿命：

$$\begin{aligned} N_i &= k\left(\frac{1}{\varepsilon_i}\right)^a \left[\frac{1}{1 - \left(\frac{n_{i-1}}{N_{i-1}}\right)^{m_{i-1}} \left(\frac{n_{i-2}}{N_{i-2}}\right)^{m_{i-2}} \cdots \left(\frac{n_2}{N_2}\right)^{m_2} \left(\frac{n_1}{N_1}\right)^{m_1} S_0}\right]^b \\ N_{fs_i} &= n_1 + n_2 + \cdots + n_{i-1} + N_i \\ &= n_1 + n_2 + \cdots + n_{i-1} + k\left(\frac{1}{\varepsilon_i}\right)^a \left[\frac{1}{1 - \left(\frac{n_{i-1}}{N_{i-1}}\right)^{m_{i-1}} \left(\frac{n_{i-2}}{N_{i-2}}\right)^{m_{i-2}} \cdots \left(\frac{n_2}{N_2}\right)^{m_2} \left(\frac{n_1}{N_1}\right)^{m_1} S_0}\right]^b \end{aligned} \tag{6-33}$$

式中，N_i 为第 i 级荷载作用下沥青混合料的疲劳寿命；N_{fs_i} 为 i 级荷载作用下的疲劳寿命；m_{i-1}，m_{i-2}，…，m_2，m_1 为与 ε_{i-1}，ε_{i-2}，…，ε_2，ε_1 相关的函数；k，a，b 为由试验数据获得的常数。

采用式(6-33)对两级荷载以及三级荷载下沥青混合料疲劳寿命进行预测，结果如图 6-37 所示。

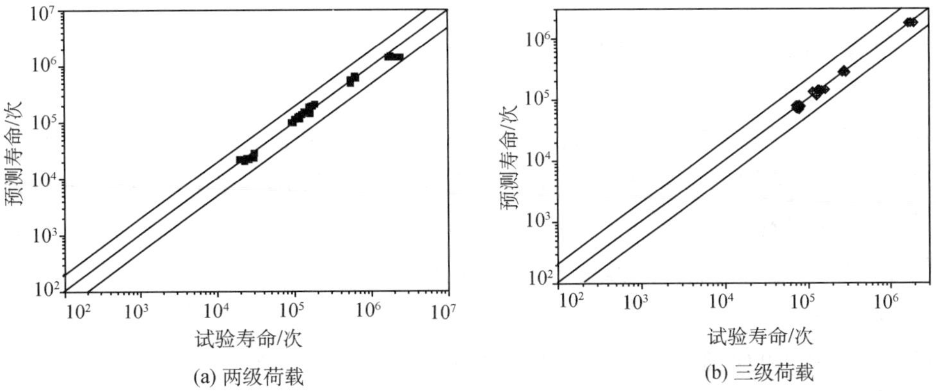

图 6-37　基于式(6-34)的两级和三级荷载下的疲劳寿命预测

从图 6-37 可知，不管是两级荷载还是三级荷载的预测结果都在 2 倍误差范围之内，少部分结果趋于保守。总体来说，式(6-34)能较好地预测多级荷载作用下的疲劳寿命，在以往的疲劳寿命预测模型上进行了改进，预测的准确度得到了提高。

6.3 荷载变化状态下的疲劳损伤现象研究

国内外大量的沥青混合料疲劳损伤研究文献表明：沥青混合料在外荷载的作用下力学性质逐步劣化，损伤逐步增大，表现为劲度模量的持续减小，然而研究过程中发现，多级等幅荷载下沥青混合料疲劳损伤累积过程并非如此，主要体现在：在多级等幅荷载进行转换时，沥青混合料的损伤出现了延迟的特殊现象，即试件的劲度模量并不一定沿原有的值减小，而是可能有一定的恢复，并且损伤演变的速率在一定范围内呈现减小或停滞的现象。另外，不管是先低后高还是先高后低的加载方式，多级等幅荷载作用下的沥青混合料的疲劳寿命比单级荷载作用下的疲劳寿命有较大幅度的提高。

目前，针对金属材料疲劳特性的一些研究表明：材料经过一定低幅值荷载循环作用后(循环次数不超过某临界值)，再转入高一级幅值荷载循环作用时，其剩余的疲劳寿命比仅在高幅值荷载作用下的等幅疲劳寿命有较大程度的提高，此现象被称为低幅值荷载下的疲劳"锻炼效应"[3,4]。同时也有一些研究变幅加载下裂纹扩展交互现象的文献认为是过载导致裂纹扩展延迟或停止，过载越大，延迟效应越明显，并且连续多个过载峰会使延迟效应加强，材料及结构的疲劳寿命会进一步提高[4-9]。

鉴于此，本节将先通过 Cooper 疲劳试验机进行四点弯曲疲劳试验，采用低—高加载模式，改变低应变加载次数，以此研究多级荷载下沥青混合料的“锻炼效应”；然后利用 MTS810 材料试验系统进行四点弯曲疲劳试验，采用低—高—低加载模式，通过数字散斑相关(DSCM)测量系统，实时监测沥青混合料疲劳加载过程中裂缝的扩展情况，以此研究多级荷载下沥青混合料的“迟滞效应”。

6.3.1 沥青混合料疲劳荷载下的“锻炼效应”研究

1. 锻炼效应概念

在多级加载疲劳试验中，先经过一定低幅值荷载作用下的循环次数，当该循环次数不超过某临界值时，再采用高幅值荷载进行循环加载，损伤演变速率减缓，沥青混合料试件的剩余寿命较损伤力学方法估算的结果要大，有时甚至出现受损试样的剩余寿命大于仅在高幅值荷载作用下的疲劳寿命，此现象称为“锻炼效应”[10, 11]。

2. 试验方案

(1) 试验采用的设备为 Cooper 疲劳试验机，按 AASHTO T321-2007 标准进行试件的材料准备、制备及养护。

(2) 试验温度为 15 ℃，施加荷载的频率为 10 Hz，控制模式为应变控制，加载波形为半正矢波。

(3) 试验加载大小及方式。结合前面的疲劳试验，为了便于研究，考虑试验时间因素，本次疲劳试验采用的两级荷载为 400 $\mu\varepsilon$ 和 600 $\mu\varepsilon$。试验加载方式：以第一级低应变循环比 n_1/N_{f1} 为变参数(n_1 为 400 $\mu\varepsilon$ 水平循环作用次数，N_{f1} 为该应变水平下达到疲劳破坏时的循环次数)，对试件施加第一级荷载(400 $\mu\varepsilon$)，循环 n_1 次后，再作用第二级荷载(600 $\mu\varepsilon$)，直至试件破坏时停止。其中，循环比 n_1/N_{f1} 分别采用 0.1，0.3，0.5，0.7 共 4 种工况，每种工况 5 个相同试件。

3. 试验结果与分析

沥青混凝土试件在先低后高两级等幅荷载作用下，从裂纹萌生、扩展至最终产生破坏的全过程与低应变循环次数有密切的关系。试验中发现：当低应变(400 $\mu\varepsilon$)循环比 $n_1/N_{f1}=0.3$ 时，试件表面可视裂纹少而且短，当转为高应变(600 $\mu\varepsilon$)循环时，表面原有可视裂纹停止增长，萌生了一些新的疲劳裂纹。此后，随循环次数的进一步增加，裂纹逐步扩展并相互汇合，形成新的大裂缝，最终导致试件失效而产生破坏。

表 6-12 给出了低应变循环次数 n_1 与试件疲劳破坏时高应变的循环次数 n_2 的对应关系，其中应变水平为 400 $\mu\varepsilon$ 和 600 $\mu\varepsilon$ 时的沥青混凝土等幅疲劳寿命 N_{f1} 和 N_{f2} 的值取自第 3 章单级荷载下的疲劳试验结果。表中所列 n_2 的值则是根据每种工况下 5 个试件的实测值取置信水平为 95%时的平均值。以第一级低应变循环比 n_1/N_{f1} 为横坐标，第二级高应变作用下至破坏时的循环比 n_2/N_{f2} 为纵坐标，可获得以循环比表征的材料疲劳累积损伤演变规律，如图 6-38 所示。

表 6-12　　低—高加载模式疲劳试验结果

n_1/N_{f1}	n_1	n_2	n_1+n_2	n_2/N_{f2}	$n_1/N_{f1}+n_2/N_{f2}$
0.1	17 800	44 500	62 300	1.55	1.65
0.3	53 400	32 000	85 400	1.12	1.42
0.5	89 000	21 500	110 500	0.75	1.25
0.7	124 500	12 900	137 400	0.45	1.15

注：$N_{f1}=177\ 917$，$N_{f2}=28\ 667$(置信水平为 95%)。

表 6-12 中试验结果表明：

(1) 当初始应变即第一级应变循环次数 n_1 小于某临界值 n_L，或循环比 n_1/N_{f1} 小于临界值 n_L/N_{f1} 时，试件承受高一级循环应变时的剩余寿命 n_2 将大于仅在高应变作用下的疲劳寿命 N_{f2}，此时可认为试件内部结构被"强化"，疲劳锻炼效应明显；但当初始应变循环比 n_1/N_{f1} 大于临界值 n_L/N_{f1} 时，试件承受第二级高应变循环次数 n_2 与仅在高应变作用下的疲劳寿命 N_{f2} 相比锐减，但试件总的疲劳寿命并没有减小，$n_1/N_{f1}+n_2/N_{f2}>1$，对整个试件的疲劳寿命而言，疲劳寿命是增加的，可认为试件在前期还是经历了一定的强化，存在锻炼效应。

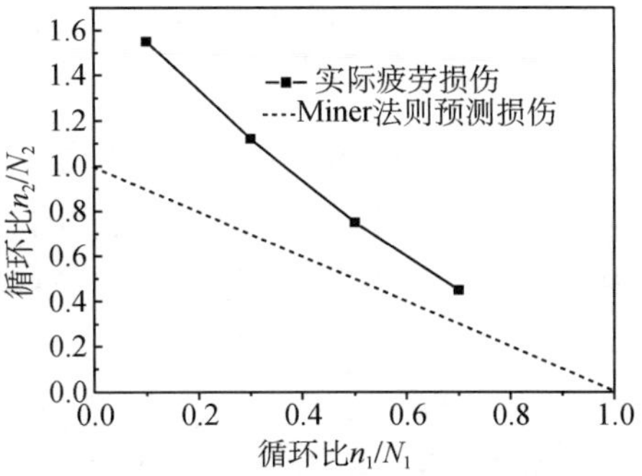

图 6-38　低—高加载模式下以循环比表征的疲劳累积损伤曲线

(2) 采用 Miner 线性累积损伤理论[12]计算的高应变作用下的剩余疲劳寿命 n_2 小于实际值，因此，采用 Miner 法则计算会偏安全。

针对出现上述现象的原因进行分析，沥青混凝土是一种多孔介质，其内部存在众多的原始孔穴和微裂纹，属于黏弹性材料。试件经历较低幅值荷载的循环作用时，由于外力做功的作用，其内部部分微裂纹或空隙因试件变形或产生的热量使得沥青胶浆流动而闭合。从结构受力角度而言，材料内部微裂纹或空隙的闭合是一种有利的变化，可认为是材料被强化的过程；而微裂纹或空隙的张开是不利于结构受力的，使材料结构产生损伤过程。材料强化和损伤的程度与材料自身组成、加载幅值及循环次数有关。当被损伤的程度小于被强化的程度时，材料内部会形成一种被优化了的、稳定的结构，该结构在荷载作用下的疲劳寿命必比原结构的疲劳寿命大；而当被损伤的程度大于被强化的程度时，材料进入纯损伤演变状态，此时沥青混合料试件是一种被劣化了的、不稳定的结构，此时受荷的疲劳寿命会小于原结构的疲劳寿命。也就是说，当荷载循环次数接近或超过临界值时，材料内部损伤程度大于被强化程度，表现为在后继高应变作用下的疲劳寿命锐减，疲劳锻炼效应表现不明显。

6.3.2 沥青混合料疲劳荷载下的"迟滞效应"研究

1. 迟滞效应机理

沥青路面使用过程中往往承受着随机或变幅荷载,因此,室内疲劳试验采用变幅加载来模拟实际使用情况,研究其疲劳寿命和损伤。研究表明:在变幅荷载作用下,受加载交互影响(Load Interaction Effect),单次荷载循环下的损伤与常幅荷载下的损伤不同,表现为每一次荷载循环对应的裂纹扩展长度与常幅加载下的裂纹扩展长度不等,同时导致裂纹的分叉或裂纹扩展呈现加速或延迟的现象,使得疲劳寿命的评估分析变得更为复杂。若裂纹扩展延迟或损伤停滞,则疲劳寿命增加,说明试件在荷载交互时产生了疲劳损伤的迟滞效应。

针对损伤的迟滞、裂纹扩展延迟的现象,众多的研究者已提出了疲劳裂纹扩展交互机制(如残余压缩应力机制[13]、裂纹偏析或分叉机制[14]、裂纹尖端钝化机制[15]、裂纹尖端前的应变硬化机制[16]和塑性诱导的裂纹闭合机制[17])来解释,其中使用最为普遍的两个机制分别为塑性诱导的裂纹闭合机制和残余压缩应力机制。塑性诱导的裂纹闭合机制认为:过载后裂纹尾迹处的拉伸残余塑性变形增大,提高了残余压缩应力场,相应地增加了裂纹张开力,导致裂纹扩展的延迟。但是因裂纹张开力依赖于测量位置、测量技术、弹塑性模型等,导致该机制仍存在争议。残余压缩应力机制认为:过载后,过载塑性区外的弹性材料压缩过载时的塑性区材料,在过载塑性区内会形成一个残余应力场,该区内的残余应力场主导着变幅荷载下裂纹的延迟扩展,但是该机制不能解释过载后的"延时延迟"扩展行为和瞬间加速行为。因此,目前还没有比较统一的理论来解释变幅荷载下的疲劳损伤迟滞这一现象。但是沥青混合料的疲劳累积损伤与裂纹的扩展密切相关,本节将通过过载下的四点弯曲疲劳试验,采用分形理论对荷载循环作用下的疲劳裂纹进行分析,对荷载交互下的沥青混合料损伤的迟滞效应机理进行进一步研究。

2. 分形理论概述

从20世纪初,英国剑桥大学的Besicovitch学派就开始了分数维集合的几何学研究。1975年,美国数学家Mandelbrot首先引入了分形的概念,创立了分形理论。分形的英文Fractal来自拉丁文Fractus,是细片、破碎、分数、分级的意思。分形理论围绕自然界普遍存在的系统自相似性现象开展研究工作,也可以简单概括为分数维理论。一般可以把分形看作大小碎片聚集的状态,是没有特征长度的图形和构造以及现象的总称。分形学自创立以来在自然科学的各个领域获得了广泛应用,目前已经成为一门描述自然界中许多不规则事物规律性的学科[18-20]。

1975年,Mandelbrot给出分形的第一个定义:如果集合 A 的 Hausdorff 维数 FD 大于它的拓扑维数 FDr,则称集合 A 是分形集,简称分形。1986年,Mandelbrot又给出了一种描述性的定义:组成部分与整体以某种方式相似的形叫作分形。分形的两个基本特征是自相似性与分形维数。自相似性就是标度不变性,即物体(或集合)的任一部分放大后与其整体统计相似,从微观断裂到大尺度断裂(如地震)都已普遍发现这种自相似性规律。分形维数表征了分形体的不规则(Irregularity)程度,它可以定量地刻画自然曲线、剖面或表面的粗糙程度。分形维数小表明曲线平直光滑,反之则越粗糙,图 6-39 就是一组分形曲线。欧氏几何图形的维数是整数,而分形图形的分形维数是分数。分形维数有多种定义方法,如自相似维数、Hausdorff 维数、关联维数、信息维数等。虽然定义方法不同,但本质都是以某种尺度对分形图形进行度量,分形维数则表示为度量结果与度量尺度的某种比值。

1984 年,Mandelbrot 等指出金属材料的冲击断面具有分形特征,且断面的分形维数是材料韧性的一种度量。此后大量研究表明,断面的分形特征具有一定的普适性[21, 22],它不仅提供了一种新的断面定量分析的方法,而且指出损伤断裂过程具有某种形式上的标度不变性。材料的失效过程就是不同形式外载作用下的断裂过程,因此它们必有一定的共性。大量试验表明,从微观损伤到宏观断裂的过程具有很好的统计自相似性,其众多力学量和几何量都具有分形特征,如裂纹分布、裂纹密度、断裂韧性等[23, 24],可以用分形几何理论来描述。可见分形理论有可能成为沟通宏观与微观的桥梁。

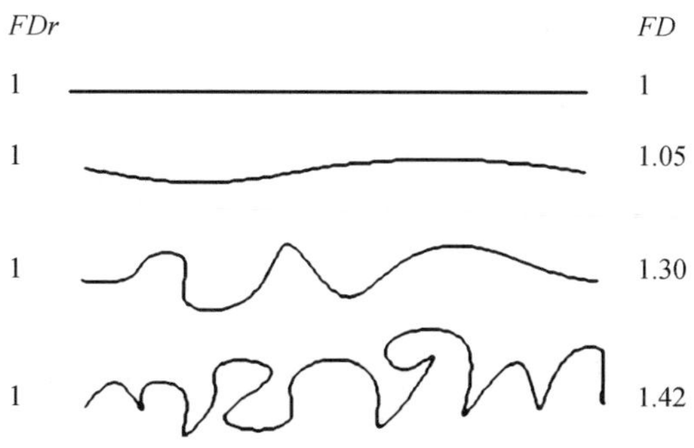

图 6-39 一组分形曲线

研究表明,疲劳裂纹的扩展路径可视为分形曲线,裂纹路径的不规则性可用分形维数加以描述[19],同时它也可描述带有统计特征的损伤现象。谢和平[25, 26]提出了疲劳单裂纹扩展的分形模型,Carpinteri 等[27]进行了多裂纹的分形模拟,Williford[28]给出了疲劳裂纹扩展速率的分形描述方程。利用分形理论对疲劳裂纹问题的研究可分为两方面:一是将疲劳裂纹扩展问题看作是分形生长过程,建立疲劳裂纹扩展的分形模型,从而直观再现疲劳裂纹的发展过程,并可定量分析分形效应对材料疲劳行为的影响。二是疲劳裂纹的分形维数演化分析,通过给出裂纹的分形维数算法来建立分形维数与疲劳循环次数之间的关系(特征分析)。随着疲劳裂纹演化过程的继续,分形维数增加,也就是说,材料的无序性(不规则性)程度增加,而材料的无序性程度取决于众多因素,如加载条件、材料细观组织结构等,因此可以说,许多物理作用都隐含在疲劳裂纹的分形维数 *FD* 中[27]。疲劳裂缝分单裂纹和多裂纹,都可以采用分形理论进行描述。

(1) 单裂纹的分形描述[29]

将单裂纹的疲劳裂纹扩展路径看作分形曲线,可以建立裂纹扩展的分形模型。取一弯折裂纹作为分形裂纹扩展的生成元,根据分形几何理论,可以直接计算出裂纹扩展的分形维数:

$$FD = \frac{\lg N}{\lg(1/\xi)} \tag{6-34}$$

(2) 多裂纹的分形描述[30]

单裂纹的分形维数计算可以完全从分形几何学出发,通过设定分形生成元进行。而多裂纹还需要考虑裂纹分布问题。设裂纹的累积概率密度函数为 $P(x)$,则长度大于 a_1 的裂纹的概率为

$$P(a_1) = \int_{a_1}^{\infty} P(x)\mathrm{d}x \tag{6-35}$$

$$P(x) = kNx^{-(N+1)} \tag{6-36}$$

$$P(a_1) = \int_{a_1}^{\infty} kNx^{-(N+1)}\mathrm{d}x = k[-x^{-N}]_{a_1}^{\infty} = ka_1^{-N} \tag{6-37}$$

则裂纹长度分布是一个指数为 N 的分形分布:

$$N = \frac{\lg P(a_1) - \lg k}{\lg(1/a_1)} \tag{6-38}$$

N 是裂纹长度分布不规则程度的度量,设 $FD = (N+2)/(N+1)$,FD 为试样上裂纹尺寸分布的分形维数,则 FD 在(1, 2)的开区间内。设研究范围内的裂纹总数为 n_t,则有:

$$n_t = n_{a \geqslant a_1} + n_{a < a_1} \tag{6-39}$$

$$n_{a \geqslant a_1} = n_t - n_{a < a_1} = ka_{a_1}^{-(2-D)/(D-1)} \tag{6-40}$$

$$FD = 1 + \frac{\lg a_1}{\lg a_1 + \lg k - \lg n_{a \geqslant a_1}} \tag{6-41}$$

若已知 n_t,$a_{\min}$,$a_{\max}$,D_0,则可以从式(6-42)得到 k 值大小:

$$n_t = k\left(\frac{1}{a_{\min}^N} - \frac{1}{a_{\max}^N}\right) \tag{6-42}$$

这样对于任何给定的裂纹初始分布,都可获得裂纹长度的分布,从而估算出分形维数 FD。

沥青混凝土是一个具有复杂几何特征的由多种级配集料组成的复合材料体系,其内部微观黏结裂缝的分布不仅总体具有分形特征,而且具有自相似性,可用分形几何学加以描述和分析。沥青混凝土疲劳开裂过程是其内部微观裂缝不断生长并扩展的过程。本节尝试建立分形维数与疲劳开裂过程的关系,用分形理论来探究疲劳开裂过程中沥青混凝土裂缝的生长与扩展过程,从而获得过载下疲劳裂缝的发展机理,验证由此产生的迟滞效应和疲劳寿命增加的结果。

3. 疲劳损伤迟滞试验

(1) 试验设备及参数设置

本节弯曲疲劳试验采用美国MTS(Material Test System)公司的MTS-810材料试验系统进行,如图6-40所示。MTS为液压伺服式试验系统,它是目前世界上最先进的多功能材料试验系统,能够对多种材料进行静态和动态的拉、压、弯、剪及高频、低频的试验。采用液压加载方式能提供快速稳定的荷载。

图像采集设备使用德国进口的Stingray F-504B CCD高速摄像机和日本进口的FV3519定焦镜头。通过电脑直接对该摄像机进行操控,根据拍摄需要可以自行设置采集频率和分辨率。摄像机图片及操控软件界面如图3-2(a),(b)所示。为了实现图像采集设备与加载设备的同步触发以及数据采集,本试验使用同步触发软件,对该软件进行参数设置后,可使疲劳加载的数据采集与数字图像采集同步进行。

图6-40 MIS-810材料试验系统

(2) 试验试件

试验试件的原材料、制备、成型及养护与6.3.1节的疲劳试件完全相同。研究表明,粗集料对沥青混合料裂缝有较大的影响,主要包括产生、引发裂缝和阻裂两个方面[30]。集料-沥青砂浆界面过渡区作为沥青混合料的薄弱位置以及沥青砂浆与粗集料模量导致的温缩性差异会产生裂缝。同时,裂缝的发展遵循能量较小原则,即裂缝尖端遇到刚度和强度大于沥青砂浆的集料时会停滞或绕道而行。为了尽量减弱集料对裂缝发展产生的影响,本节设计了AC10沥青混合料,该试件的制备方法和程序与AC13沥青混合料试件完全相同,其采用的级配以及沥青用量如表6-13所示。

表6-13 AC10沥青混合料试件配比及沥青用量

通过下列筛孔的质量百分率											油石比
筛孔/mm	16	13.2	9.5	4.75	2.36	1.18	0.6	0.3	0.15	0.08	A-70
wt%	100	100	95	60	44	32	22.5	16	11	6	5.60%

为了获得沥青混合料疲劳破坏过程中裂缝的发展情况,需使疲劳裂纹在CCD高速摄像机焦点范围内扩展,先参考以往该类试件疲劳破坏时裂缝的发展情况,然后大致确定裂缝出现的范围。为了提高DSCM裂缝计算的精确度,对切割好的试件进行人工喷涂处理。具体做法是手动喷涂白漆,白漆喷涂的范围比上述确定的范围宽。经过喷涂处理后的试件如图6-41所示,可提高裂缝扩展拍摄的清晰度,便于后续图像处理。

图 6-41　经喷涂白漆处理后的试件

(3) 试验条件与加载

根据本节所需研究的内容，疲劳试验所采用的温度为 20 ℃、频率为 10 Hz，加载波形采用半正弦波，加载模式为应力控制，对于沥青混合料的疲劳试验，应力比（R_i）通常选为 0.2，0.4，0.6，高应力比的疲劳试验耗时短，疲劳裂缝扩展明显，可以显著体现沥青混合料的疲劳变形演化规律，而低应力比的疲劳试验耗时长，且疲劳变形演化规律不明显，在有限的图像采集条件下，试验误差较大。为了便于试验裂缝的观察并考虑到试验时间，疲劳试验应力比采用 0.4 和 0.6。加载采用两种方式：①采用单级荷载对试件进行循环加载，直至试件破坏为止。②采用多级荷载对试件进行疲劳试验加载，先采用 0.4 的应力比加载一定的循环次数后，再采用 0.6 的应力比加载 100 次，然后再作用应力比为 0.4 的循环荷载，直至试件破坏为止。

(4) 裂缝观察与拍摄

CCD 高速摄像机的最大分辨率为 1 224×1 208，此时最高采集频率为 10 Hz，通过拍摄四点弯曲疲劳试验中沥青混凝土内部裂缝起裂、扩展、汇聚直至最终破坏的全过程，可获得不同加载时期的裂缝扩展状态和细观结构变化的图像。

拍摄照片与四点弯曲疲劳试验同步，加载方式如前所述。通过 MTS 对梁试件施加半正弦波荷载，加载 0.1 s，间歇 0.9 s，荷载数据采集频率均为 10 Hz，边加载边拍摄照片，通过同步触发程序，实现图像采集与加载的同步，即一张数字图像对应一个荷载数据，使拍摄的照片与加载的循环次数对应，一直到试件破坏。拍摄过程中要固定好数码相机，镜头主光轴拍摄时应与拍摄面保持垂直，并保持稳定。测光模式采用点测光，测光点对准试件观测面。为了保证所拍照片清晰，选取 2 个拍摄点进行拍摄。

4. 基于分形理论的试验结果分析

(1) 疲劳裂缝图像的提取

试验中得到的分形图像几乎都是杂乱无章的，其分形维数的获取依赖于分形图像的提取、处理与分形维数的计算。因其处理过程复杂、计算量大，图像分析、处理与分形维数计算等工作需要通过计算机软件如 Matlab 等来完成。从获取分形维数的过程可知,分形维数计算的关键是基于数字图像分析技术的图像处理。因此,对疲劳荷载循环作用下沥青混合料的损伤演化规律进行分形研究,首先需要对试验图像进行处理分析,有效地提取出含有分形特征的裂缝信息的图像,采用 Matlab 软件工具将其转化为可以进行批量数值处理的数据形式,实现含裂缝信息图像的分形数据信息的转化。

首先,将拍摄的彩色照片转为数字图像。将拍摄好的照片转存到计算机,备份好原始照片,然后对拍摄的照片进行选取,以清晰、典型的照片作为研究对象进行后续处理。先用图像处理软件打开照片,将照片中无用的部分剪除,挑选成像质量较好且无干扰的区域,该部分应全部覆盖裂缝。再将处理好的照片通过"imread( )""imwrite( )"函数导入 Matlab 中,采用图像变换函数,将其变换为灰度图像(Grayscaleimage)。比较原图与灰度图像可知,图像经过灰度化处理后,仍保留原来的裂缝信息,只是将存储图像的三层二维数组转换成单层的二维数组,便于进一步进行图像处理[30]。

其次,进行图像处理。在对图像的研究应用中,一般仅对图像中的某些部分感兴趣,这些部分称为目标(其他部分称为背景),把目标从图像中分离提取出来才有可能进一步对目标进行测量,对图像进行利用,把图像分成各具特性的区域并提取出感兴趣的目标的过程就是图像分割[30]。根据试验照片处理后的特征,选用经典的 Otsu 算法[32]进行图像阈值分割。Otsu 算法的基本思想是根据整幅图像的灰度统计特征,自适应地选定一个阈值将图像分割成目标和背景两组灰度值区域。本试验中疲劳裂缝是研究目标,因此需要对其他对象进行弱化处理。为使裂缝与其他图像信息最大程度地分离,需要增益除噪。在不丧失裂缝信息的前提下,调整灰度图像亮度和对比度,尽量提高亮度和对比度,使沥青混合料试件裂缝外的区域处于较低的灰度值,使裂缝处于较高的灰度值。然后调整曲线,使裂缝细节凸显而将图像上的其他部分隐去。经过上述处理,一般仍存在灰度值较高的干扰图像,应对照原照片擦去其他干扰图像,同时对一些显示不够充分的裂缝需用画笔功能进行增灰。通过上述处理,可获得用于分形研究的比较清晰的裂缝照片(图 6-42),在此基础上运用 Matlab 软件编写程序将图像进行二值化处理,生成二值化图像(图 6-43)。此时图像只包含黑白两种颜色,然后再通过编写程序计算包含裂缝图像的分形维数。经过处理后的裂缝图像包含裂缝的长度和扩展方向两方面的信息,分以下两种情况定量表征裂缝。

不考虑裂缝扩展方向,假定裂缝扩展方向平行于加载轴,统计单位面积内总的裂缝长度,并定义其为试样的表面损伤度,即

$$L_z^1 = \sum_{i=1}^{N} l^i \tag{6-43}$$

式中,L_z^1 是总的裂缝长度;l^i 是第 i 条裂缝的长度;N 是总的裂缝数量。

考虑裂缝的扩展方向,裂缝统计长度为

$$L_z^2 = \sum_{i=1}^{N} l^i \cos \theta^{(i)} \tag{6-44}$$

式中，$\theta^{(i)}$ 为第 i 条裂缝和加载轴的夹角。

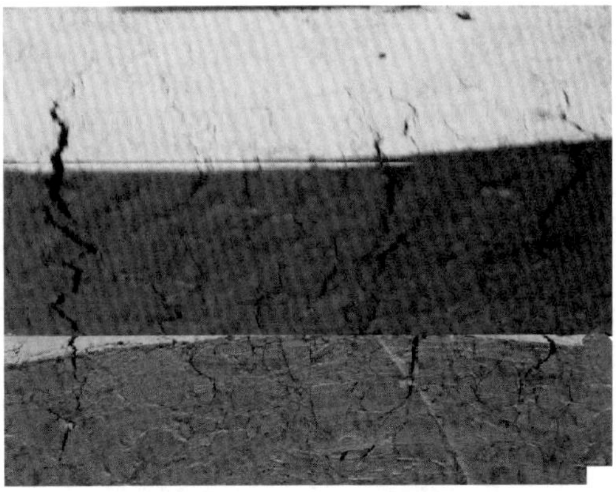

图 6-42 试件裂缝照片

图 6-43 二值化后的图像

（2）疲劳裂缝的分形研究

分形维数是通过分析裂缝的分形几何和概率密度来推导的，实际上大部分研究采用实测方法获得分形维数。一般根据分形维数的测量原理及分形的基本特点（即自相似性或标度不变性）分为两类：利用测度关系或改变粗视化程度进行分形维数的测量。目前断面分形维数的主要测量方法有相关函数法、断口剖面线法、谱分析法、表面吸附法、小岛法、数格子法等[31]。其中，数格子法（盒维数法）方法简单，计算比较容易，便于计算机处理，应用广泛，本节也采用该方法进行相关研究。

盒维数是分形维数测量的最基本方法[33]，由相同形状集覆盖确定，即通过改变其粗视化程度，利用图像分析方法来获得表面疲劳裂缝的分形维数，具体步骤如下：

① 采用边长为 ξ_1 的正方形网格对处理好的裂缝图像进行分割，统计出其中含有裂缝的格子数 $N_1(\xi_1)$，图 6-44(a)中含有裂缝的格子数 $N_1=14$。

② 改变 ξ 的值，如把码尺缩小 1 倍，$\xi_2=\xi_1/2$，即把网格变小（1 个格子变为 4 个格子），如图 6-44(b)所示，此时 $N_2=35$。重复此过程，网格不断变小，最终可获得 ξ_1，ξ_2，ξ_3，…，ξ_i 及与此对应的 N_1，N_2，N_3，…，N_i 的两组数据。

③ 对 ξ 和 $N(\xi)$ 的数据采用幂次方程进行拟合，如果其回归方程满足分形方程：

$$N(\xi)=\xi^{-FD} \tag{6-45}$$

则表明裂缝分布具有分形特征。

④ 对式(6-46)取对数并作图，在 $\lg N_i$ 和 $\lg \xi_i$ 的双对数坐标内用最小二乘法来拟合 $\lg N_i$-$\lg \xi_i$，直线的斜率即为对应的分形维数值 FD。在直线上取（N_i，ξ_i）和（N_{i+1}，ξ_{i+1}）两点，则盒维数为

$$FD=\frac{\lg N_{i+1}-\lg N_i}{\lg \xi_{i+1}-\lg \xi_i} \tag{6-46}$$

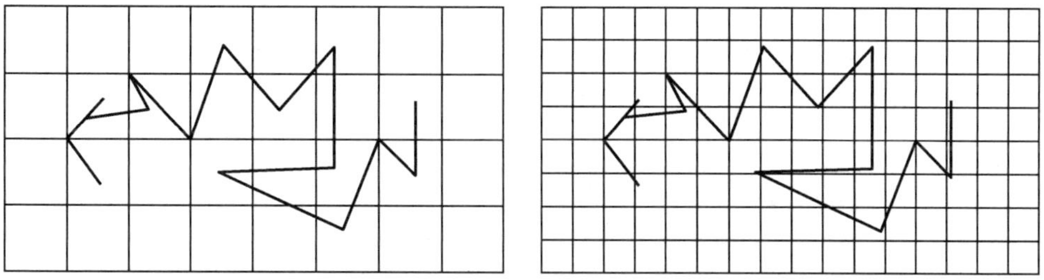

(a) 边长为ξ_1时对应的网格　　(b) 边长为ξ_2时对应的网格

图 6-44　盒维数网格划分及计算

以施加应力比为 0.6 的疲劳荷载下试件 AC10 最终破坏时的裂缝为例，对处理后的裂缝图像(图 6-43)进行盒维数覆盖，然后计算分形维数 FD。采用 Matlab 程序可获得不同大小网格覆盖下的数据 ξ 的倒数和 $N(\xi)$ 数组，分别对该组数据 ξ 的倒数和 $N(\xi)$ 取对数，得到一组新的数据 $\{\lg(1/\xi),\ \lg[N(\xi)]\}$，结果如表 6-14 所示，对 $\lg(1/\xi)$ 与 $\lg[N(\xi)]$ 的双对数关系进行线性回归分析，若 $\lg(1/\xi)$ 与 $\lg[N(\xi)]$ 表现出良好的线性关系，则可以认为疲劳裂缝具有分形特性。

表 6-14　　盒维数处理结果

网格尺寸 ξ	1	1/2	1/4	1/8	1/16	1/32	1/64	1/128	1/256
格子数 N	1	4	12	36	107	291	668	1 413	3 150
$\lg(1/\xi)$	0	0.301	0.602	0.903	1.204	1.505	1.806	2.107	2.408
$\lg[N(\xi)]$	0	0.602	1.079	1.556	2.029	2.464	2.823	3.150	3.498

对 $\lg(1/\xi)$ 与 $\lg[N(\xi)]$ 进行线性回归(图 6-45)可得：

$$\lg[N(\xi)] = FD \times \lg(1/\xi) + a \tag{6-47}$$

式中，FD 为回归得到的直线斜率，即为疲劳裂缝分形维数。

从图 6-45 可知，$\lg[N(\xi)]$ 与 $\lg(1/\xi)$ 呈现出良好的线性相关性，其相关系数达到 0.9944，接近 1。由此说明疲劳裂缝具有明显的统计相似性，即疲劳裂缝具有明确统计意义上的分形特征，可以利用分形几何来进行研究。

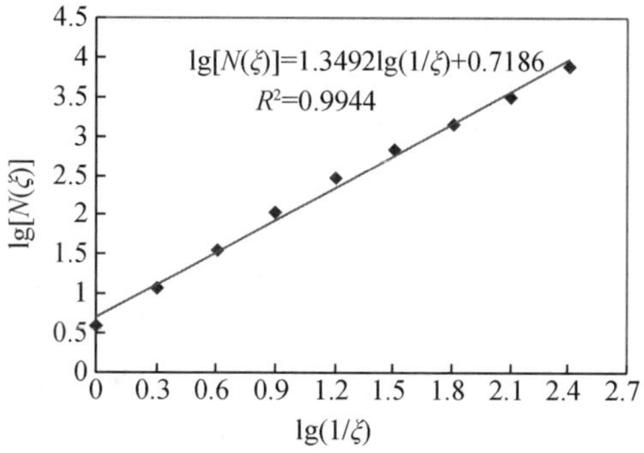

图 6-45　$\lg[N(\xi)]$与 $\lg(1/\xi)$线性拟合

(3) 单级荷载循环作用下裂缝的分形研究

① 不同荷载循环次数下沥青混合料开裂的分形维数

通过对单级荷载（$R_i=0.6$）循环作用下的试件 AC10 疲劳开裂过程进行观测、拍摄、记录以及图像处理，利用 Matlab 软件进行盒维数计算，可以得到不同荷载循环次数下裂缝的分形特性，如图 6-46 所示。

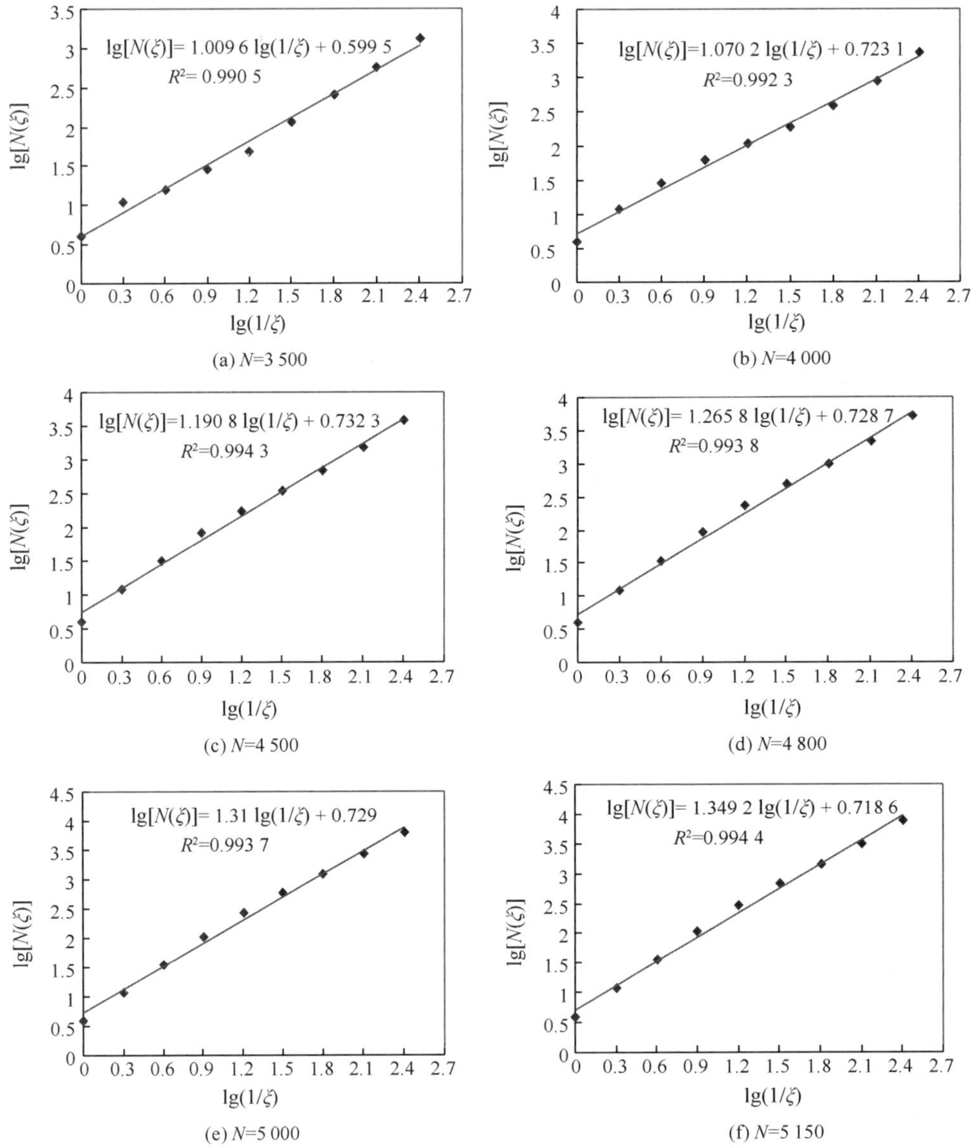

图 6-46　不同荷载循环次数下裂缝的分形特性

从图 6-46 中可以看出，沥青混合料在荷载循环作用下裂缝的发展过程具有明显的分形特征，裂缝分形维数（图 6-46 中直线的斜率）变化的过程反映了沥青混合料疲劳裂缝扩展的过程。将图 6-46 中所有荷载循环次数下的裂缝分形特性拟合曲线进行汇总（图 6-47），可以明显看出，随着荷载循环次数的增加，拟合曲线在向上移动，表征为裂缝在不断地发展。对裂缝的分形维数 FD 与荷载循环次数进行分析可知，随着荷载循环次数的增加，分形维数 FD 增大（图 6-48）。对应裂缝的观测情况，FD 的变化速率可反映沥青混合料在荷载循环作用下疲劳裂缝扩展的弯曲程度以及分叉情况。

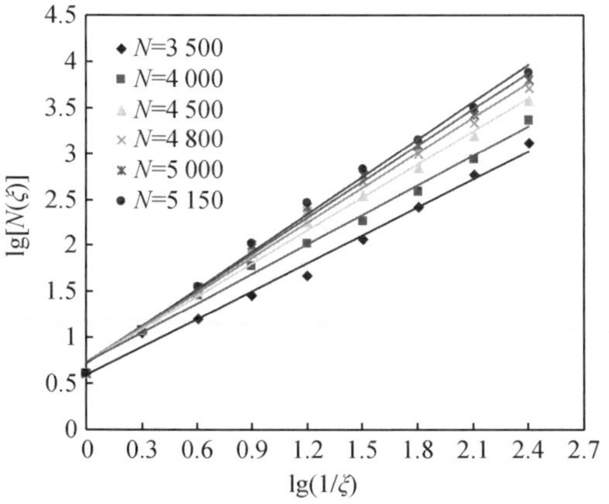

图 6-47 不同荷载循环次数下裂缝的分形特征

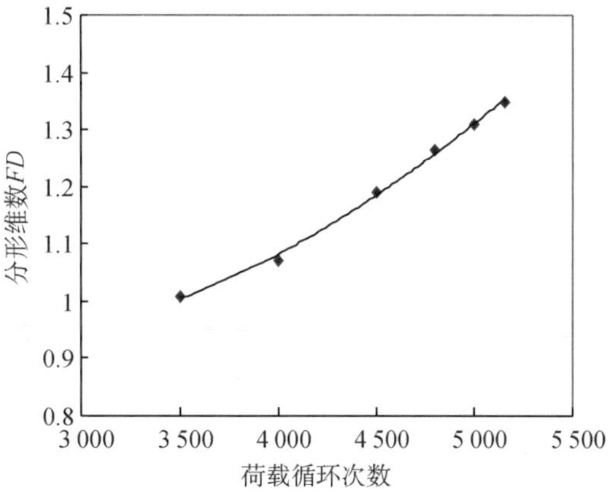

图 6-48 裂缝分形特征与荷载循环次数的关系

② 不同级配沥青混合料开裂的分形维数

较多研究文献表明，粗集料对沥青混合料裂缝发展有较大的影响[26]。为了了解不同粒径大小（不同级配）的沥青混合料在重复荷载下疲劳开裂的分形维数，采用 AC13 与 AC10 两种沥青混合料进行了疲劳试验，分别对上述两种不同沥青混合料的试件作用应力比为 0.6 的循环荷载，同步进行了图像与数据采集，可获得两种沥青混合料裂缝图像的分形维数随荷载循环次数的变化曲线，如图 6-49 所示。通过对试验结果进行分析，采用开裂分形维数区分度较好的混合料进行后续试验。

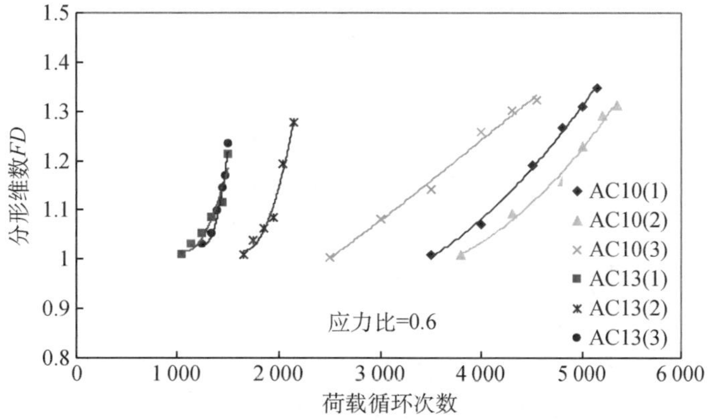

图 6-49 不同沥青混合料裂缝分形特征与荷载循环次数的关系

从图 6-49 中可以看出，随着荷载循环次数的增加，两种沥青混合料的裂缝分形维数都会增加，但 AC10 试件的分形维数最终值比 AC13 试件的小，说明 AC10 试件比 AC13 试件最终破坏时表面损伤程度大。从破坏后试件的表面情况来看，AC10 试件的裂缝较多，枝生裂缝多，裂缝密度较大，比较而言，AC13 试件的裂缝较少，大而宽。此外，AC13 试件的分形维数 *FD* 快速增长阶段较短，曲线迅速上升，接近垂直，并很快终止，表明试件在出现裂缝后迅速破坏。从以上分析结果可知，较沥青混合料 AC13 而言，采用沥青混合料 AC10 更利于进行重复荷载下裂缝的分形维数研究。因此，本章后续的试验均采用沥青混合料 AC10 试件。

③ 不同应力比下沥青混合料开裂的分形维数

沥青混合料在不同大小的荷载作用下，其疲劳损伤的进程并不相同，裂缝扩展的途径也会存在差别。对不同的试件分别作用应力比为 0.4 和 0.6 的荷载循环，可获得各自荷载作用下裂缝图像的分形维数随荷载循环次数的变化曲线。为了更好地进行图像比较分析，将二者合并到同一坐标系下，如图 6-50 所示。

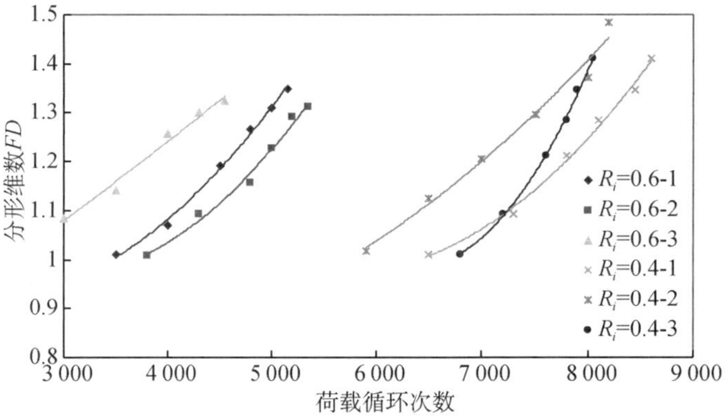

图 6-50　不同应力比下裂缝分形特征与荷载循环次数关系

从图 6-50 中可以看出，随着荷载循环次数的增加，两个应力比荷载分别作用下的分形维数增加，但应力比为 0.6 时分形维数结束的值比应力比为 0.4 的小，说明荷载幅值越小，试件最终时刻表面损伤程度越大。从拍摄的裂缝照片来看，应力比为 0.4 的荷载作用下试件彻底破坏时，比应力比为 0.6 的荷载作用终止时试件出现的裂缝条数多、密度大、分叉多，这在分形维数的变化曲线中也有明显的体现，即前者的分形维数 *FD* 普遍比后者的大。同时，后者的分形维数 *FD* 快速增长阶段较短，曲线表现为迅速上升，表明试件在出现裂缝后快速发展并迅速破坏。

(4) 两级等幅荷载作用下裂缝的分形研究

根据前述试验加载方式设计，采用两级等幅荷载对沥青混合料 AC10 试件进行疲劳试验加载，在施加应力比为 0.4 的荷载一定次数后，再采用 0.6 的应力比加载 100 次，最后作用应力比为 0.4 的荷载循环直到试件彻底断裂。试验时各试件具体的加载方式、次数以及最终破坏时的荷载次数如表 6-15 所示。两级等幅荷载下裂缝分形维数与荷载循环次数的关系如图 6-51 所示。

表 6-15　　沥青混合料 AC10 试件两级等幅荷载试验结果

试件编号	第一阶段荷载/次	第二阶段荷载/次	第三阶段荷载/次	合计/次
	$R_i = 0.4$	$R_i = 0.6$	$R_i = 0.4$	
AC10(9)	5 100	100	1 931	7 131
AC10(10)	4 340	100	1 361	5 801
AC10(11)	6 210	100	783	7 093
AC10(12)	7 350	100	2 318	9 768
AC10(13)	3 960	100	892	4 952
AC10(14)	8 700	100	2 114	10 914
均值	5 943	100	1 567	7 610

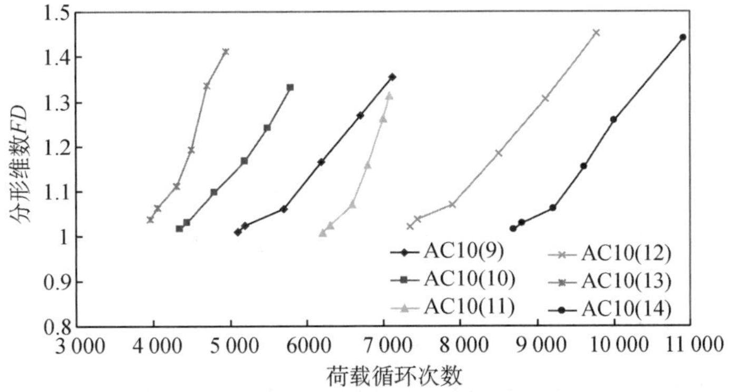

图 6-51　两级等幅荷载下裂缝分形特征与荷载循环次数关系

从图 6-51 中可以看出，沥青混合料 AC10 试件在两级等幅荷载作用下，随着荷载循环次数的增加，其裂缝的分形维数增加。在两级荷载下，裂缝的分形维数的发展呈现出不同的阶段性。相对后阶段一直施加应力比为 0.4 的荷载而言，前阶段的分形维数增加比较缓慢，尤其是在加载应力比为 0.6 的荷载后一段时间内，分形维数的增加很缓慢，而这一现象在试验时体现为该段时间内试件表面裂缝扩展速度慢，图像处理时以边长为 ξ_i 的正方形网格分割裂缝图像时发现含有裂缝的格子数 $N_i(\xi_i)$ 增加很少。这表明在试件以应力比为 0.4 的荷载加载中，在裂缝出现初期作用 100 次应力比为 0.6 的荷载，裂缝的发展出现了一定的迟滞现象，对整个疲劳损伤具有一定的延缓作用。从所有拍摄的试件表面裂缝发展情况可以发现，加载交互时部分试件的裂缝出现了分叉现象，也有部分试件出现了新的微小裂缝，还有部分试件裂缝在施加应力比为 0.6 的荷载时发展较快，但转换回应力比为 0.4 的荷载时裂缝扩展变缓，这些现象导致了原有的裂缝(后称主裂缝)扩展延迟，甚至出现停滞现象，相当于延长了试件彻底破坏的时间，即试件的疲劳寿命增加。上述情况说明，荷载交互作用时致使试件的疲劳损伤出现了迟滞效应。

5. 基于两种不同加载方式的试验结果分析

对前述两种加载方式（即采用单级荷载加载和两级等幅荷载加载）下沥青混合料 AC10 试件彻底断裂时的加载次数进行统计，具体的加载情况以及加载次数等试验结果如表 6-16 所示。

表 6-16　　两种不同加载方式下的试验结果

序号	单级荷载		两级等幅荷载				损伤因子 D
	$R_i=0.4$	$R_i=0.6$	$R_i=0.4$ 至开裂	$R_i=0.6$ 加载	$R_i=0.4$ 至断裂	合计	
1	8 617	3 127	5 100	100	1 931	7 131	—
2	8 203	5 157	4 340	100	1 361	5 801	
3	7 921	5 278	6 210	100	783	7 093	
4	4 111	4 561	7 350	100	2 318	9 768	
5	3 023	1 897	3 960	100	892	4 952	
6	12 211	7 863	8 700	100	2 114	10 914	
均值	7 348	4 647	5 750	100	1 598	7 448	1.022

表 6-16 的试验数据表明，沥青混合料 AC10 试件在两级等幅荷载（$R_i=0.4—0.6—0.4$）的作用下，其疲劳寿命比单级荷载（$R_i=0.4$）时略有增加。按照第 4 章所述 Miner 线性模型进行累积损伤计算，其损伤因子 D 大于 1，这实际上也表明了疲劳试件在应力比较小（$R_i=0.4$）的荷载作用下插入少量次数的应力比较高的（$R_i=0.6$）荷载，疲劳损伤并不是以更快的速度累积或匀速持续增加，而是出现了迟滞现象，少量较大荷载的加入导致裂缝的开展途径以及速率发生了改变，同时也改变了疲劳损伤累积的进程。综上所述，沥青混合料在低荷载作用下的疲劳损伤过程中，少量的较大荷载能够使其损伤累积延迟或停滞，疲劳寿命增加，在这种加载方式下存在迟滞效应。

6.4 小结

本章在对目前常用的损伤累积理论适用范围与优缺点进行了分析与评价。设计了两级荷载简单加载、两级荷载循环加载及三级荷载加载等三种加载方式的四点弯曲小梁疲劳试验。随后，通过 Cooper 疲劳试验机采用低—高加载模式，并改变低应变加载次数在总加载次数中的比例进行四点弯曲疲劳试验，然后利用 MTS-810 材料试验系统施加单级荷载、低—高—低多级荷载两种加载方式进行四点弯曲疲劳试验，结合分形理论进行研究。得出如下结论：

(1) 在多级荷载作用下,沥青混合料劲度模量的衰减、耗散能的累积、滞后角等都随荷载作用次序不同而产生不同的变化规律,三者的演变规律都呈非线性。

(2) 即使控制加载的应变水平相同,加载次数相同,但所处的加载阶段不同时,导致的疲劳损伤量也不同,处于越靠前的阶段其导致的损伤量越大,反之,导致的损伤量越小。

(3) 在不同应变水平、不同次序的荷载作用下,荷载交互时沥青混合料的劲度模量有一定的恢复,尤其是从高应变水平转变为低应变水平时这一现象尤为明显;但若从低应变水平转变为高应变水平且二者相差大时,损伤将继续增大,不会恢复。

(4) 根据建立的失效判据,沥青混合料在应变控制的多级等幅荷载下,采用 Miner 线性模型计算的累积损伤因子都大于 1,说明多级荷载下的疲劳损伤演化呈非线性。

(5) 当荷载从高应变水平转变为低应变水平,或者是低—高—低的加载方式,在一定程度上能延缓低应变水平下沥青混合料的损伤进程,疲劳寿命延长。在一定范围内高、低应变水平的差值越大,效果越明显。

(6) 常用的 3 种累积损伤模型(Corten-Dolan 非线性累积模型、Manson 双线性模型、Miner 线性模型)都不能准确预测多级荷载下的疲劳寿命,特别是从高应变水平转变为低应变水平的加载方式,比较而言,3 种累积模型在一定程度上可预估从低应变水平转变为高应变水平加载方式的疲劳寿命。

(7) 建立了与加载历史和加载次序相关的多级荷载作用下的沥青混合料疲劳寿命预测方程[式(6-34)]:

$$N_{fsi}=n_1+n_2+\cdots+n_{i-1}+k\left(\frac{1}{\varepsilon_i}\right)^a\left[\frac{1}{1-\left(\frac{n_{i-1}}{N_{i-1}}\right)^{m_{i-1}}\left(\frac{n_{i-2}}{N_{i-2}}\right)^{m_{i-2}}\cdots\left(\frac{n_2}{N_2}\right)^{m_2}\left(\frac{n_1}{N_1}\right)^{m_1}S_0}\right]^b$$

(8) 沥青混合料在低—高加载模式的多级荷载下存在“锻炼效应”。先施加一定次数的低应变水平荷载,沥青混合料被强化,在后续高应变水平荷载作用下疲劳寿命增加,“锻炼效应”表现明显。而当低应变水平荷载循环次数接近或超过临界值时,混合料内部损伤程度大于被强化的程度,在后继高应变水平荷载作用下疲劳寿命锐减,“锻炼效应”表现不明显。

(9) 少量的大荷载能够使在小荷载作用下的沥青混合料损伤累积延迟或停滞,疲劳寿命增加,即混合料在低—高(少量)—低加载模式的多级等幅荷载作用下损伤会出现“迟滞效应”。

(10) 疲劳裂缝具有明确统计意义上的分形特征,可利用分形理论进行研究。沥青混合料在单级荷载作用下,其裂缝的分形维数随荷载循环次数的增加而增大,但是在两级等幅荷载作用下,其分形维数的发展呈现出了不同的阶段性。

(11) 在疲劳荷载作用下,粒径大的沥青混合料裂缝的分形维数 *FD* 快速增长阶段较粒径小的沥青混合料的短，曲线迅速上升并很快终止，试件在裂缝出现后迅速破坏，采用小粒径的沥青混合料更利于研究重复荷载下裂缝的分形特征。

（12）试验终止时，作用小应力比荷载的试件表面比作用大应力比的试件的裂缝条数多、密度大、分叉多，前者的分形维数 FD 普遍比后者的大。

参考文献

[1] Rabotnov Y N. On the equations of state for creep[J]. Progress in Applied Mechanics, 1963, 11(5): 307-315.

[2] Bor W T. High temperature fatigue and fatigue damage process of aggregate-asphalt mixes[D]. Berkeley: University of California, 2001.

[3] Fleck N A. Influence of stress state on crack growth retardation[C]//Basic Questions in Fatigue, ASTM STP924. Philadelphia: American Society for Testing and Materials, 1988, 157-183.

[4] 鞠杨，樊承谋.钢纤维混凝土的疲劳“锻炼效应”[J].土木工程学报，1995，28(3)：67-73.

[5] Skorupa M. Load interaction effects during fatigue crack growth under variable amplitude loading-a literature review. Part Ⅰ: empirical trends[J]. Fatigue & Fracture of Engineering Materials & Structures, 1998, 21(8): 987-1006.

[6] Skorupa M. Load interaction effects during fatigue crack growth under variable amplitude loading-aliterature review. Part Ⅱ: qualitative interpretation[J]. Fatigue & Fracture of Engineering Materials & Structures, 1999, 22(10): 905-926.

[7] Murthy A R C, Palani G S, Iyer N R. State-of-the-art review on fatigue crack growth analysis under variable amplitude loading[J]. Journal of the Institution of Engineers (India), Civil Engineering Division, 2004, 85: 118-129.

[8] Silva F S. Fatigue crack propagation after overloading and underloading at negative stress ratios [J]. International Journal of Fatigue, 2007, 29(9): 1757-1771.

[9] Ramos M S, Pereira M V, Darwish F A, et al. Effect of single and multiple overloading on the residual fatigue life of a structural steel[J]. Fatigue & Fracture of Engineering Materials & Structures, 2003, 26(2): 115-121.

[10] 王瑞杰，尚德广，刘泓滨.两级加载下两焊点拉剪点焊接头的损伤[J].焊接学报，2010，31(12)：51-43.

[11] Miner M A. Cumulative damage in fatigue[J]. Journal of Applied Mechanics, 1945, 13(11): 159-164.

[12] 赵少汴.常用累积损伤理论疲劳寿命估算精度的试验研究[J].机械强度，2000，22(3)：206-209.

[13] Schijve J, Broek D. The result of a test program based on a gust spectrum with variable amplitude loading[J]. Aircraft Engineering and Aerospace Technology, 1962, 34(11): 314-316.

[14] Suresh S. Micromechanisms of fatigue crack growth retardation following overloads[J]. Engineering Fracture Mechanics, 1983, 18(3): 577-593.

[15] Tvergaard V. Overload effects in fatigue crack growth by crack-tip blunting[J]. International

Journal of Fatigue, 2005, 27(12): 1389-1397.

[16] Jones R E. Fatigue crack growth retardation after single-cycle peak overload in Ti-6A1-4V titanium alloy[J]. Engineering Fracture Mechanics, 1973, 5(3): 585-588.

[17] Elber W. The significance of fatigue crack closure[C]//Damage Tolerance In Aircraft Structures, ASTM STP486. Philadelphia: American Society for Testing and Materials, 1971: 230-242.

[18] 董连科.分形动力学[M].沈阳:辽宁科学技术出版社,1994.

[19] 齐东旭.分形及其计算机生成[M].北京:科学出版社,1996.

[20] 辛厚文.分形理论及应用[M].合肥:中国科学技术大学出版社,1991.

[21] 卢春生.断面分形研究中的几个问题[J].力学进展,1996,26:353-361.

[22] 卢春生,白以龙.材料损伤断裂中的分形行为[J].力学进展,1990,20:468-477.

[23] 陈煌国,李相麟,扶名福.微孔洞型的分形断裂理论初探[J].应用力学学报,1998,15(4):55-59.

[24] Xie H. Effect of fractal crack[J]. Theoretical and Applied Fracture Mechanics, 1991, 23(1): 235-244.

[25] 谢和平,黄约军.分形裂纹扩展对材料疲劳行为的影响[J].机械强度,1996,18(1):1-5.

[26] 谢和平.动态裂纹扩展中的分形效应[J].力学学报,1995,27:18-27.

[27] Carpinteri A, Yang G P. Fractal dimension evolution of micro-crack net in disordered materials [J]. Theoretical and Applied Fracture Mechanics, 1996, 25:73-81.

[28] Williford R E. Fractal fatigue[J]. Scripta Metallurgica, 1990, 24: 455-460.

[29] Carpinteri A. Decrease of apparent tensile and bending strength with specimen size two different explanations based on fracture mechanics[J]. International Journal of Solids and Structures, 1989, 25: 407-429.

[30] 孙长军,崔卫平,陈雷,等.分形理论在沥青混凝土疲劳开裂过程中的应用[J].建材世界,2013, 34(2):52-54.

[31] 张济忠.分形[M].北京:清华大学出版社,1995.

[32] Wan C. Research on 3D reconstruction and digital test of asphalt concrete based on X-ray CT and finite element method[J]. South China University of Technology, 2010, 13 (2): 11-18.

[33] 吴国雄,李亮,胡敢峰.纤维沥青混凝土低温开裂的分形研究[J].重庆交通大学学报(自然科学版),2009,28(3):537-542.

7 基于随机疲劳的沥青路面结构疲劳分析

国内外现行路面设计规范明确将沥青层的疲劳损伤破坏作为沥青路面结构设计的重点。在实际的道路使用中，车辆轴载对路面的作用时间和作用位置是随机的；路面结构由于施工的不均匀性和沥青混合料的离散性等原因，导致实际路面疲劳开裂也存在一定的随机性；实验室的小型试验加载方式与现场实际路面结构的加载方式也存在较大的差异，会加大由实验室疲劳寿命预估模型进行现场实际路面结构疲劳开裂预测的随机性误差。

7.1 实验室-现场疲劳关系研究

沥青混合料室内疲劳试验由于受到试验控制方法的限制，一般按应变控制模式或应力控制模式开展试验。而现场实际路面结构在车轮荷载作用下的应力、应变衰减过程并不一定遵循恒定应力或恒定应变的衰减规律，绝大多数情况下是介于二者之间的衰减模式。这就有必要对室内试验结果按照路面结构的应力、应变衰减特征作出修正，转换函数的构建将是解决上述问题的一条合理途径。

7.1.1 基于 SHELL 疲劳模型的室内-现场转换函数

SHELL 设计方法中推荐的疲劳方程选用沥青体积和劲度模量作为沥青混合料影响变量，建立了如下的疲劳关系：

$$N_f = (0.856V_b + 1.08)^5 \varepsilon_t^{-5} S_{mix}^{-1.8} \tag{7-1}$$

Bonnaure 等汇总了欧洲 4 国（法国、英国、荷兰和比利时）5 个实验室的 146 条疲劳试验曲线（其中 75 条为应力控制法，71 条为应变控制法），通过统计分析，选用沥青针入度指数、沥青体积和弯曲劲度模量三项作为沥青混合料影响变量，整理出疲劳关系［式(7-2)，式(7-3)］。

应变控制模式：

$$N_f = (4.102PI - 0.205PIV_b + 1.094V_b - 2.707)^5 \varepsilon_t^{-5} S_{mix}^{-1.8} \tag{7-2}$$

应力控制模式：

$$N_f = (0.30PI - 0.015PIV_b + 0.080V_b - 0.198)^5 \varepsilon_t^{-5} S_{mix}^{-1.4} \tag{7-3}$$

式中 N_f—— 沥青混合料室内疲劳破坏时的荷载作用次数；

ε_t—— 加载应变水平；

S_{mix}—— 沥青混合料的弯拉劲度模量(psi)；

V_b—— 沥青含量(%)；

PI—— 针入度指数，按式(7-4)计算：

$$PI = \frac{20 - 500A}{1 + 50A} \tag{7-4}$$

$$A=\frac{\lg(PenT_1)-\lg(PenT_2)}{T_1-T_2} \tag{7-5}$$

式中 T_1，T_2—— 温度(℃)；

$PenT_1$，$PenT_2$—— 在 T_1，T_2 温度下的针入度值；

A—— 针入度-温度感应系数。

Witzak 假设应变控制模式适用于厚度≤5 cm 的薄沥青层，应力控制模式适用于厚度≥20 cm 的厚沥青层；对于中间厚度的沥青层，其疲劳寿命介于两种模式的疲劳寿命之间，它与两种模式的疲劳寿命的比值随层厚而连续变化。Witzak 通过对 Bonnaure 建立的疲劳关系式(7-2)和式(7-3)的研究，建立了式(7-6)所示的调整因子，认为其转换函数可近似地用图 7-1 所示的 S 形曲线拟合，并提出了按沥青层厚度过渡的沥青层疲劳开裂模型，如式(7-7)所示。

$$F_1=1+\frac{F}{1+e^{1.354h-5.408}}=1+\frac{13\ 909S_M^{-0.4}-1}{1+e^{1.354h-5.408}} \tag{7-6}$$

式中 F_1—— 厚度调整因子；

S_M—— 沥青混合料的弯拉劲度模量(ksi)；

h—— 沥青层厚度(in，1 in≈2.54 cm)。

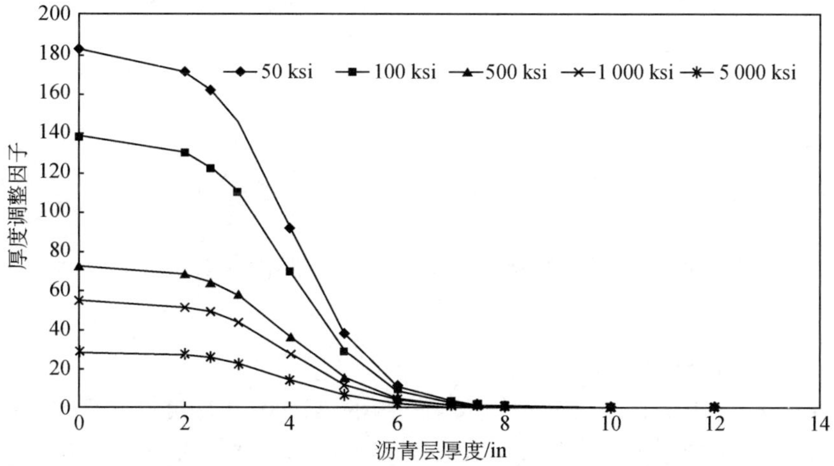

图 7-1 沥青层厚度与厚度调整因子关系曲线

$$N_f=A_f\left(1+\frac{13\ 909S_M^{-0.4}-1}{1+e^{1.354h-5.408}}\right)(0.0252PI-0.00126PIV_b+0.0067V_b-0.0167)^5\varepsilon_t^{-5}S_M^{-1.4} \tag{7-7}$$

式中 N_f—— 现场沥青路面疲劳寿命；

A_f—— 实验室与现场修正系数(缺省值=1)。

7.1.2 基于 AI MS-1 疲劳模型的室内-现场转换函数

加州大学伯克利分校的 Carl L. Monimith 在 1969 年通过实验室内应力控制模式下的四点弯曲疲劳试验，建立了如式(7-8)所示的室内疲劳寿命预估模型：

$$\lg N_f = 14.82 - 3.291\lg\left(\frac{\varepsilon_t}{10^{-6}}\right) - 0.854\lg\left(\frac{E^*}{10^3}\right) \tag{7-8}$$

式中 N_f—— 应力控制模式下实验室内沥青混合料的疲劳寿命；

ε_t—— 加载应变水平；

E^*—— 混合料的复数模量(psi)。

Finn 在 1977 年利用 AASHTO 试验路对上述预估模型进行了现场标定，得到如下两组方程[式(7-9)，式(7-10)]，分别对应以轮迹带 10%开裂面积和 45%开裂面积为现场疲劳破坏标准的状况。对应上述不同疲劳破坏标准，其现场修正系数分别为 13.3 和 18.4。

$$\lg N_f = 15.947 - 3.291\lg\left(\frac{\varepsilon_t}{10^{-6}}\right) - 0.854\lg\left(\frac{E^*}{10^3}\right) \tag{7-9}$$

式中 N_f—— 对应轮迹带 10%开裂面积的现场实际路面疲劳寿命；

ε_t—— 加载应变水平；

E^*—— 混合料的复数模量(psi)。

$$\lg N_f = 16.086 - 3.291\lg\left(\frac{\varepsilon_t}{10^{-6}}\right) - 0.854\lg\left(\frac{E^*}{10^3}\right) \tag{7-10}$$

式中 N_f—— 对应轮迹带 45%开裂面积的现场实际路面疲劳寿命；

ε_t—— 加载应变水平；

E^*—— 混合料的复数模量(psi)。

预估模型式(7-10)在 1982 年被纳入第 9 版的 AI MS-1 厚度设计手册，随后综合了 Pell 和 Cooper 等依据试验结果提出的在疲劳预估模型中考虑有效沥青体积 v_{be} 和空隙率 v_a 指标的建议，将 MS-1 的疲劳预估模型的最终方程形式确定为式(7-11)：

$$N_f = 18.4 \times 0.00432 \times C\left(\frac{1}{\varepsilon_t}\right)^{3.291}\left(\frac{1}{E^*}\right)^{0.854} \tag{7-11}$$

$$C = 10^M \tag{7-12}$$

$$M = 4.84\left(\frac{v_{be}}{v_{be} + v_a} - 0.69\right) \tag{7-13}$$

式中 E^*—— 沥青混合料的复数模量(psi);

v_{be}—— 有效沥青体积(%);

v_a—— 空隙率(%)。

El-Basyouny 和 Witzak 等人在 NCHRP 1-37A 的研究中,同时比较了 SHELL 模型和 AI MS-1 模型,最终确定了以 AI MS-1 模型为原型并在此基础上进行改进,提出的“自下而上”开裂模式的改进模型框架如式(7-14)所示,其主要思路是通过对原有 AI MS-1 预估模型的各项系数进行重新标定,并引入按沥青层厚度考虑的加载模式转换函数,以解决实验室内常应力或常应变控制模式试验与实际路面结构的应力、应变变化规律之间的差异,从而建立新的预估模型。

研究人员首先对应变水平和复数模量的指数项进行了修正,通过对 LTPP 实际产生疲劳开裂沥青路面结构的优化与模拟,得出应变指数项和模量指数项分别应有 1.2 倍和 1.5倍的调整。调整后的应变水平和动态模量指数项分别为 3.9492 和 1.281。其构建的加载模式 Sigmoidal 转换函数如式(7-15)所示,转换函数值与沥青层厚度的关系曲线如图 7-2所示。改进后的疲劳预测方程在美国力学经验法(MEPDG Version 1.0)中使用。

$$N_f = 0.007566 \times 10^M \beta_{f1} k'_1 \left(\frac{1}{\varepsilon_t}\right)^{3.291\beta_{f2}} \left(\frac{1}{E}\right)^{0.854\beta_{f3}} \tag{7-14}$$

式中 N_f—— 对应整车道 50%开裂面积的现场实际路面疲劳寿命;

E—— 沥青混合料的动态压缩模量(psi);

β_{f1}, β_{f2}, β_{f3}—— 标定参数,分别为 1.0, 1.2 和 1.5;

k'_1—— 加载模式转换函数,由式(7-15)计算:

$$k'_1 = \frac{1}{0.000398 + \dfrac{0.003602}{1 + e^{11.02 - 3.49 h_{ac}}}} \tag{7-15}$$

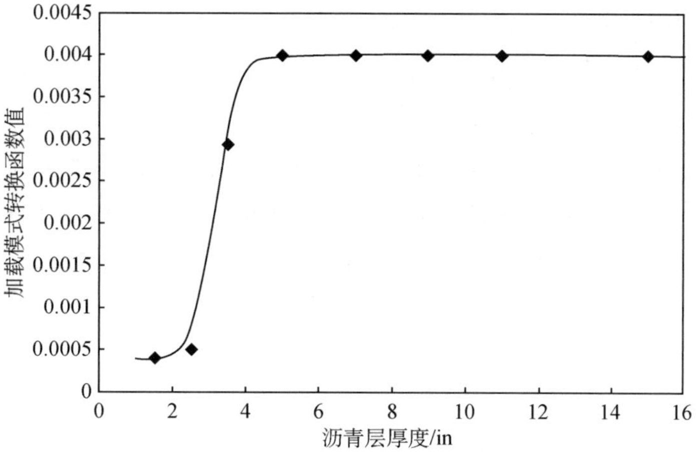

图 7-2　加载模式转换函数值与沥青层厚度关系曲线

7.1.3 基于常应力与常应变室内疲劳方程的现场转换函数

遴选了国内外多个研究项目的四点弯曲疲劳试验结果，共计 726 组疲劳试验数据，其中，应变控制模式下的试验数据 618 组，应力控制模式下的数据 108 组，试验数据主要来源于如下研究项目：

(1) 华南理工大学道路工程研究所(共 296 组有效数据)；

(2) 美国 SHRP A－003A 项目 Fatigue Response of Asphalt-Aggregate Mixes (SHRP-A-404)(共 150 组有效数据)；

(3) 加州大学伯克利分校路面研究中心项目 High Temperature Fatigue and Fatigue Damage Process of Aggregate-Asphalt Mixes(共 250 组有效数据，包括部分 WesTrack 数据)；

(4) 加利福尼亚交通部项目 Fatigue Performance of Asphalt Concrete Mixes and Its Relationship to Asphalt Concrete Pavement Performance in California(共 30 组有效数据，97 次疲劳试验)。

通过对上述 618 组国内外应变控制模式下的四点弯曲疲劳试验结果的多元回归分析，分别得到室内常应变控制模式下的沥青混合料疲劳寿命预估模型[式(7-16)和式(7-17)]。回归方程的相关系数 R^2 分别为 0.673 和 0.710。增加了 VFA 指标后的式(7-17)的相关系数 R^2 要明显高于式(7-16)。

$$N_{f\varepsilon}=2.729\times10^{19}\times\left(\frac{1}{\varepsilon}\right)^{3.747}\left(\frac{1}{S_0}\right)^{1.286} \tag{7-16}$$

$$N_{f\varepsilon}=1.509\times10^{16}\times\left(\frac{1}{\varepsilon}\right)^{3.973}\left(\frac{1}{S_0}\right)^{1.589}(VFA)^{2.720} \tag{7-17}$$

式中 $N_{f\varepsilon}$—— 常应变控制模式下的沥青混合料室内疲劳寿命；

ε—— 施加的拉伸应变值(微应变，10^{-6} mm/mm)；

S_0—— 混合料的初始弯拉劲度模量(MPa)；

VFA—— 沥青饱和度(%)。

通过对上述 108 组应力控制模式下的四点弯曲疲劳试验结果的多元回归分析，得到室内常应力控制模式下的沥青混合料疲劳寿命预估模型[式(7-18)]，用初始应变水平代入式[7-18(a)]得到以初始应变形式表达的方程，如式[7-18(b)]所示，其中 $R^2=0.781$。

$$N_f=5.6416\times10^{-12}\times\left(\frac{1}{\sigma}\right)^{4.2907}(S_0)^{3.2640}(VFA)^{1.9652} \tag{7-18(a)}$$

$$N_{f\sigma}=5.465\times10^{15}\times\left(\frac{1}{\varepsilon}\right)^{4.287}\left(\frac{1}{S_0}\right)^{1.023}(VFA)^{1.980} \tag{7-18(b)}$$

用规划求解方法，将式[7-18(b)]的应变水平项的回归系数调整至与式(7-14)一致，得到如式(7-19)所示的以应变水平作为回归变量的应力控制疲劳试验结果的优化回归模型。

$$N_{f\sigma}=5.465\times 10^{15}\times\left(\frac{1}{\varepsilon}\right)^{3.973}\left(\frac{1}{S_0}\right)^{1.153}(VFA)^{1.874} \tag{7-19}$$

由式(7-17)和式(7-19)可知：

$$F=\frac{N_{f\sigma}}{N_{f\varepsilon}}=0.362S_0^{0.436}(VFA)^{-0.846} \tag{7-20}$$

在以上方程中，$N_{f\varepsilon}$ 为控制应变模式室内疲劳寿命；$N_{f\sigma}$ 为控制应力模式室内疲劳寿命；σ 为应力水平(MPa)；ε 为应变水平(10^{-6} mm/mm，微应变)；S_0 为沥青混合料初始动态弯拉劲度模量(MPa)；VFA 为沥青饱和度(%)；F 为常应力与常应变疲劳寿命的比值，该比值为初始动态弯拉劲度模量 S_0 和沥青饱和度 VFA 指标的函数。

假定控制应变模式适用于厚度≤5 cm 的薄沥青层，控制应力模式适用于厚度≥20 cm 的厚沥青层，对于中间厚度的沥青层，其疲劳寿命介于两种模式的疲劳寿命之间，它与两种模式的疲劳寿命的比值随层厚而连续变化，其变化函数可近似地以式(7-21)的 Sigmoidal 函数拟合。

$$F'=F+\frac{1-F}{1+e^{0.542h_{ac}-5.408}} \tag{7-21}$$

式中 F'—— 加载模式调整因子；

h_{ac}—— 沥青层厚度(cm)。

以 VFA=65.0%时为例，不同模量与沥青层厚度下的 F' 值如图 7-3 和表 7-1 所示。

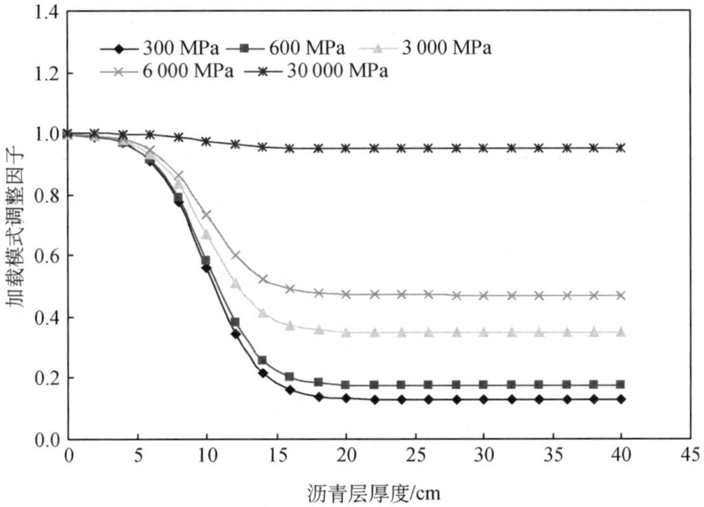

图 7-3 加载模式调整因子与沥青层厚度关系曲线

表 7-1　　加载模式调整因子 F' 汇总($VFA=65.0\%$)

初始动态弯拉劲度模量/MPa	300	600	3 000	6 000	30 000
常应力与常应变疲劳寿命比值 F	0.127	0.172	0.348	0.470	0.949
沥青层厚度/cm	$F'=F+\dfrac{1-F}{1+e^{0.542h_{ac}-5.408}}$				
0	0.996	0.996	0.997	0.998	1.000
2	0.989	0.989	0.991	0.993	0.999
4	0.967	0.969	0.975	0.980	0.998
6	0.909	0.914	0.932	0.945	0.995
8	0.777	0.789	0.834	0.865	0.987
10	0.561	0.584	0.672	0.734	0.974
12	0.346	0.380	0.511	0.603	0.962
14	0.216	0.256	0.414	0.524	0.954
16	0.160	0.203	0.372	0.490	0.951
18	0.139	0.183	0.356	0.477	0.950
20	0.131	0.176	0.351	0.473	0.949
22	0.129	0.174	0.349	0.471	0.949
24	0.128	0.173	0.348	0.471	0.949
26	0.128	0.173	0.348	0.471	0.949
28	0.127	0.172	0.348	0.470	0.949
30	0.127	0.172	0.348	0.470	0.949
32	0.127	0.172	0.348	0.470	0.949
34	0.127	0.172	0.348	0.470	0.949
36	0.127	0.172	0.348	0.470	0.949
38	0.127	0.172	0.348	0.470	0.949
40	0.127	0.172	0.348	0.470	0.949

将过渡函数式(7-21)代入式(7-17)，可将实际路面疲劳寿命预估方程描述为

$$
\begin{aligned}
N_f &= A_f N_{f\varepsilon} F' \\
&= A_f\left[1.509\times 10^{16}\times\left(\frac{1}{\varepsilon}\right)^{3.973}\left(\frac{1}{S_0}\right)^{1.589}(VFA)^{2.720}\right]\left(F+\frac{1-F}{1+e^{0.542h_{ac}-5.408}}\right) \\
&= A_f\left[1.509\times 10^{16}\times\left(\frac{1}{\varepsilon}\right)^{3.973}\left(\frac{1}{S_0}\right)^{1.589}(VFA)^{2.720}\right]\left[\frac{1+0.362S_0^{0.436}(VFA)^{-0.846}e^{0.542h_{ac}-5.408}}{1+e^{0.542h_{ac}-5.408}}\right]
\end{aligned}
\tag{7-22}
$$

式中 N_f—— 现场疲劳寿命；

ε—— 施加的拉伸应变值(微应变，10^{-6} mm/mm)；

S_0—— 混合料的初始弯拉劲度模量(MPa)；

VFA—— 沥青饱和度(%)；

h_{ac}—— 沥青层厚度(cm)；

A_f—— 现场修正系数。

7.1.4 基于模式系数 *MF* 的室内-现场转换函数

Monismith 和 Deacon 提出了模式系数的概念，用以判别实际路面结构采用哪一种加载控制模式比较合适。模式系数 MF 的定义为

$$MF = \frac{|A| - |B|}{|A| + |B|} \tag{7-23}$$

式中 A—— 劲度模量下降 C%时引起的应变变化的百分率(%)；

B—— 劲度模量下降 C%时引起的应力变化的百分率(%)。

常应力控制模式时，假设模式系数为－1；常应变控制模式时，假设模式系数为＋1。应用多层弹性体系理论对多种路面结构进行的计算分析表明，控制应力加载模式接近于沥青层厚、劲度模量大的路面结构，而控制应变加载模式接近于沥青层薄、劲度模量小的路面结构。沥青层厚薄的界限应随温度、混合料性质和沥青层相对刚度等因素而定。

通常认为控制应力加载模式适用于厚沥青层(一般认为 $h \geqslant 20$ cm)。这时，沥青层是路面结构的主要承重层，在重复荷载的作用下，结构层材料逐渐衰减，劲度模量逐渐减小，应变逐渐增大，但由于沥青层的厚度大，应力的变化并不大，因而这种状况与控制应力加载模式较吻合。控制应变加载模式适用于薄沥青层(一般认为 $h \leqslant 5$ cm)。在这种路面结构中，沥青层不是主要的承重层，其应变主要受下面承重层的控制，而沥青层劲度模量的变化对它的影响不太大，因而更适合采用控制应变加载模式。中等厚度的沥青层宜采用中间的加载模式。

Myre 对挪威的沥青路面结构设计指南设计的 464 个典型路面结构进行加载模式系数计算，并通过回归建立了如式(7-24)所示的加载模式系数预测方程。

$$\begin{cases} MF = 1.99 - 3.37\left(\dfrac{A}{B}\right) - 0.00342B + 0.004A + 0.00153E_{sg} \\ A = \displaystyle\sum_{i=1}^{n} (h_i \cdot \sqrt[3]{E_i}) \\ B = \displaystyle\sum_{i=1}^{m} (h_i \cdot \sqrt[3]{E_i}) \end{cases} \tag{7-24}$$

式中　MF—— 加载模式系数，$-1 < MF < 1$；

h_i—— 第 i 层结构厚度(cm)；

E_i—— 第 i 层结构模量(MPa)；

E_{sg}—— 土基模量(MPa)；

n—— 路面结构中的沥青层数；

m—— 路面结构中的总层数。

采用简化的三层路面结构体系，应用均匀试验设计方法确定了 45 组结构层模量与厚度的组合，对式(7-24)与式(7-23)的相关性进行了验证。

如图 7-4 所示，除个别结构外，通过式(7-24)计算得到的加载模式系数与式(7-23)计算得到的模式系数具有一定的相关性，但通常由 Myre 公式计算得到的加载模式系数与式(7-23)得到的模式系数之间存在约 0.7 倍的关系。

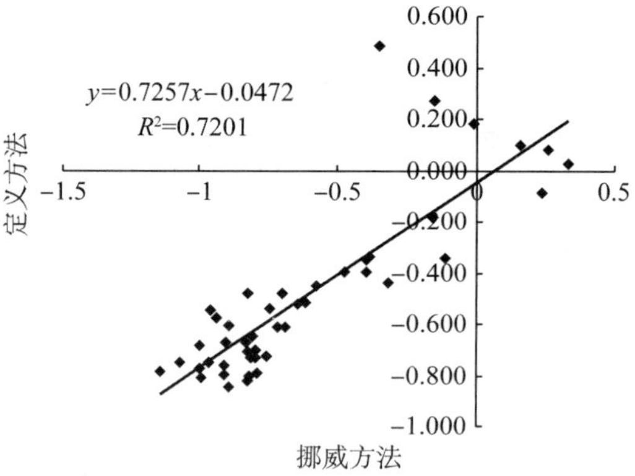

图 7-4　挪威 MF 计算公式与 MF 定义公式的比较

根据应变控制模式下的室内疲劳寿命预估模型式(7-17)，可构建如式(7-25)所示的以加载模式系数 MF 为自变量的 Sigmoidal 函数，当 $MF=1$ 时，函数值为 1，即在常应变模式下不对疲劳寿命进行折减；当 $MF \neq 1$ 时，对疲劳寿命进行相应的折减，MF 值越小，折减的幅度越大。以 MF 为自变量的 Sigmoidal 函数曲线如图 7-5 所示。

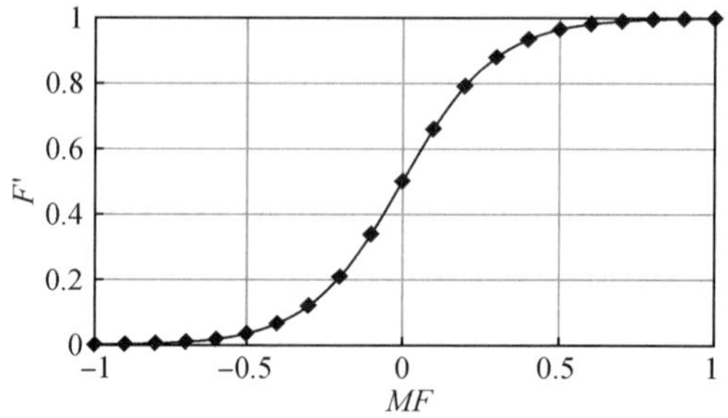

图 7-5　加载模式系数 MF 与加载模式调整因子 F' 的关系曲线

$$F' = \frac{1}{1 + e^{k \cdot MF}} \tag{7-25}$$

式中 F'—— 加载模式调整因子；

MF—— 加载模式系数；

k—— 依据实际路面结构的标定参数。

基于模式系数 MF 的现场疲劳寿命预估模型可按式(7-26)构建：

$$N_{\mathrm{f}} = k_1 k_2 \left(\frac{1}{1 + e^{k_3 \cdot MF}}\right)\left[1.509 \times 10^{16} \times \left(\frac{1}{\varepsilon}\right)^{3.973}\left(\frac{1}{S_0}\right)^{1.589}(VFA)^{2.720}\right] \tag{7-26}$$

式中 N_{f}—— 沥青路面现场疲劳寿命；

ε—— 沥青层层底拉应变值(微应变，10^{-6} mm/mm)；

S_0—— 沥青混合料的初始弯拉劲度模量(MPa)；

VFA—— 沥青饱和度(%)；

k_1，k_2—— 现场综合修正系数和车道横向分布系数；

k_3——MF 修正系数。

在构建现场疲劳开裂预估模型基本形式[式(7-22)，式(7-26)]后，需要利用现场实际沥青路面疲劳开裂破坏对上述各模型进行标定，从而提出推荐的沥青层疲劳开裂预估模型。

7.2 现场路面疲劳开裂特性分析

在过去的60年里，美国修筑了若干的试验路，目标在于改进路面结构设计方法，开发和验证新的设计模型。先后有马里兰试验路、AASHTO试验路、西部环道WesTrack试验路、明尼苏达州MnROAD试验路、弗吉尼亚智能道路(Virginia Smart Road)和美国国家沥青技术中心NCAT试验路等项目的实施。这些试验路研究项目的实施为路面设计方法、性能模型研究甚至施工方法等方面积累了大量经验。

现场路面疲劳开裂调研与数据采集是为了对各疲劳开裂预估模型进行现场验证与标定。所调研的路面疲劳开裂数据来源主要包括：北京ALF加速加载试验路、加州大学路面研究中心HVS加速加载试验路、美国西部环道WesTrack试验路、美国明尼苏达州MnROAD试验路和美国国家沥青研究中心NCAT试验路。各试验路的概况及与本课题研究相关的数据采集与分析整理情况如下所述。

7.2.1 北京ALF加速加载试验路

为满足交通部西部交通建设科技项目“沥青路面设计指标参数与指标研究”相关专题的现场验证需要，于2005年11月在北京通州交通部试验场内修建了ALF试验路，其中包括用于沥青层疲劳开裂模型标定的三个加速加载试验段。沥青层疲劳开裂试验段于 2006 年 5 月 1 日开始进行加速加载试验，2006 年 6 月 29 日停止加载，该试验段加速加载试验共进行了 2 个月，累计加载作用次数为 42 万次。

1. ALF 疲劳验证试验段结构形式

沥青路面疲劳加速加载验证试验段按沥青层厚度不同分为三种路面结构，其沥青面层厚度分别为 5 cm，10 cm，15 cm。基层和底基层均为级配碎石，级配碎石基层的厚度随面层厚度的不同进行调整，底基层与土基利用已经修建的原有结构。本试验段对已经修建完成的试验路进行改造，将原有试验段清除，然后在已修建完成的试验段上按照新路面结构要求修建新的试验段。试验段长 32 m，宽 11.5 m，路面结构形式及厚度如图 7-6 所示。

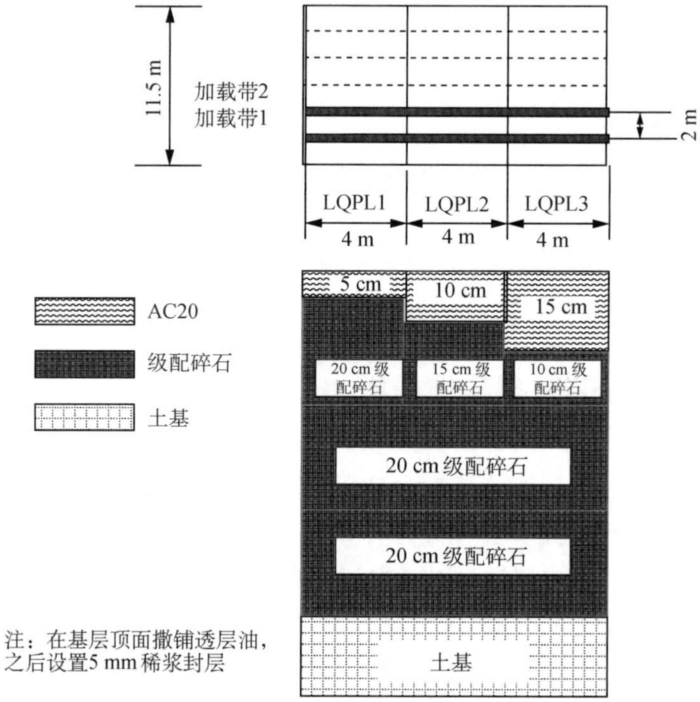

图 7-6　北京 ALF 试验路沥青层疲劳开裂试验段结构

2. ALF 疲劳加载方式与现场数据采集

ALF 加载时采用的轴载为半轴 80 kN，相当于单轴 160 kN，气压为 0.8 MPa。首先对路面进行均匀分布加载 10 000 次，分布从 −400 mm～+400 mm，每次移动的横移间距为 25 mm，加载时间为 30 min。试验条件是加速加载设备位于钢架大棚内，路面不直接受太阳照晒和雨水的影响。然后对路面进行集中加载，集中加载时以应变传感器位于加载前进方向右轮中心。其中，加载到大约 35 万次，5 cm 厚沥青层路面结构出现横向疲劳裂缝；38 万次，10 cm 结构开始出现裂缝，15 cm 结构出现微裂缝；42 万次停止加载。加载试验前和每加载 15 000～20 000 次采集一次数据，采集指标主要为贝克曼梁弯沉、FWD 弯沉、沥青层层底拉应变、路面温度以及路表最大车辙深度等。

3. ALF 试验段沥青层疲劳开裂情况

最先观察到表面裂缝是在加载 349 000 次时，为了得到裂缝长度的数据，用高强度灯光照亮路面以便观测到裂缝。观测到的裂缝主要是贯穿轮迹带的横向裂缝和一些极细的网状微裂缝，LQPL1 结构的裂缝最宽达到 2 mm，一般裂缝宽度为 0.5 mm 左右，如图 7-7—图 7-9 所示。

图 7-7 LQPL1 结构裂缝

图 7-8 LQPL2 结构裂缝

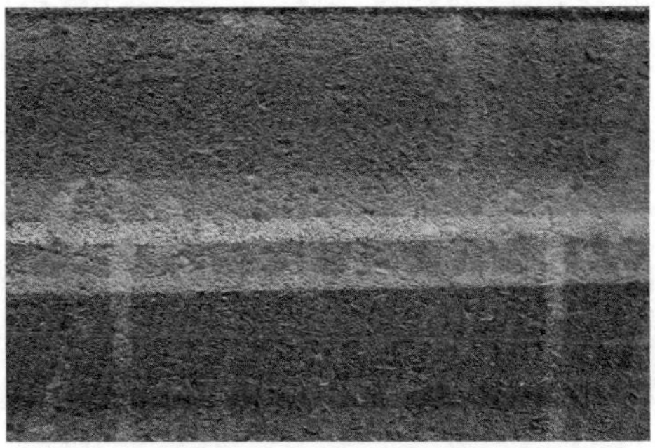

图 7-9 LQPL3 结构裂缝

裂缝观测主要是利用数码相机对轮迹带路面进行分段拍照，每一分段长为 50 cm，轮迹带宽度为 60 cm，再利用图像处理软件把图像按照实际路面的比例缩放到真实的路面尺寸，同时进行扭曲、变形及失真的校核。然后在绘图软件中把分段图进行拼接得到裂缝的分布图，最后计算裂缝长度和密度等指标。图 7-10 为加速加载期间观察到的表面裂缝分布图，荷载作用次数分别为 349 000 次、380 500 次、420 000 次。轮迹带在不同荷载作用次数下的裂缝情况如表 7-2 及图 7-11 所示。

该方法的优点是野外处理时间短，对试验进度影响小，操作方便；缺点是对微小的裂缝以及沥青层底部或内部的裂缝无法观测。一方面，由于本试验方法的局限性，裂缝观测时会出现一些误差，特别是对于细小的裂缝很难观察到，而路面实际存在的裂缝比观察发现到的裂缝要多。另外，在路面加载过程中，由于灰尘填充裂缝以及裂缝本身的愈合，使得能够观察到的裂缝也会减少。另一方面，拍照时，照相机镜头可能造成一些不可修正的变形，这样使得描绘的图像会轻微失真。然而，校核图形中的偏差不会大于 2 cm，误差率在 0.2%左右，比手工在绘图纸上绘制的精度要高，不会对测量结果造成太大的影响。

表 7-2　　裂缝与荷载作用次数关系

荷载作用次数	裂缝长度/m			裂缝密度/(m·m^{-2})		
	LQPL1	LQPL2	LQPL3	LQPL1	LQPL2	LQPL3
349 000	1.02	0	0	0.4	0.0	0.0
365 200	2.30	1.10	0	1.0	0.5	0.0
380 500	3.60	2.20	0.90	1.5	0.9	0.4
396 900	4.00	3.15	2.00	1.7	1.3	0.8
420 000	4.56	3.8	2.96	1.9	1.6	1.2

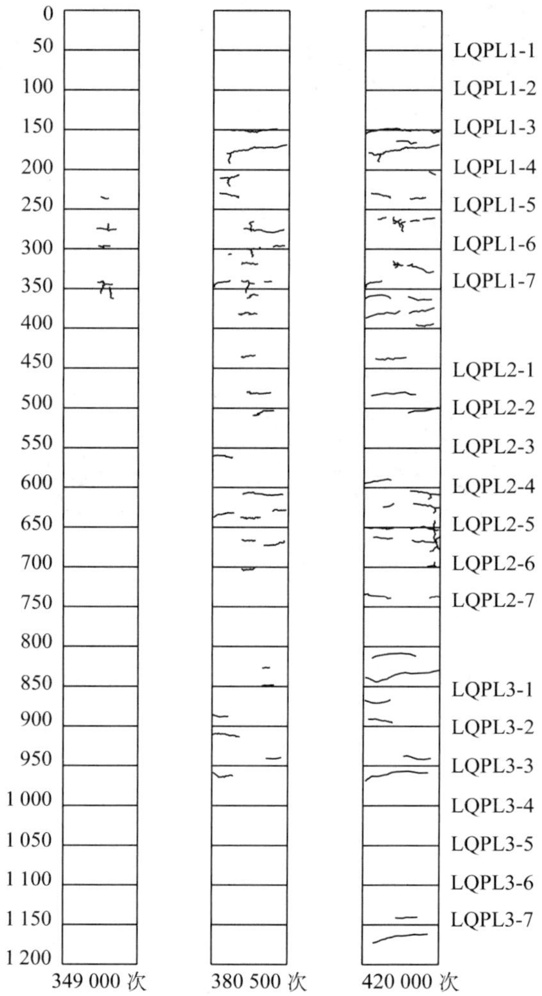

图 7-10　ALF 试验路疲劳开裂裂缝分布

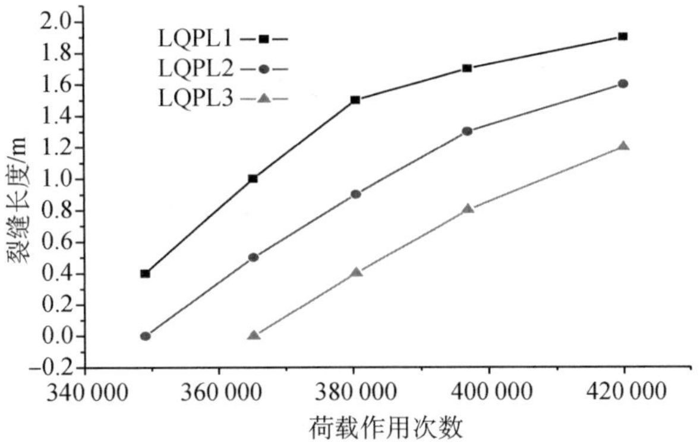

图 7-11 疲劳开裂裂缝长度与荷载作用次数关系

确定以裂缝密度达到 1.0 m/m^2 时为路面疲劳破坏标准。由此可得，各结构的 ALF 加载疲劳寿命分别约为 365 438 次（LQPL1 结构）、396 600 次（LQPL2 结构）和 420 000 次（LQPL3 结构）。

7.2.2 UCPRC HVS 加速加载疲劳开裂试验路

为验证加州交通部（Caltrans）的一系列路面开裂后的加铺方案效果，加州大学路面研究中心在加州大学伯克利分校 Richmond Field Station 修建了相应的 HVS 加速加载试验段，开展了代号为 GOAL 9（Initial Cracking of Asphalt Pavement with Six Replicate Sections in Preparation for Later Overlay）的 HVS 加速加载研究项目。该项目共分为两个阶段，第一阶段将 6 个新建的 HVS 试验段进行加速加载使之产生足够的疲劳裂缝，第二阶段在原有疲劳开裂路面结构上开展各种加铺层方案的 HVS 加速加载研究。其中，第一阶段的 6 个疲劳开裂路段被确定为项目进行相关疲劳开裂模型验证的数据来源之一。

1. HVS 疲劳验证试验段结构与材料参数

本次 HVS 试验路共修建了 6 个结构段，编号分别为 567RF，568RF，569RF，571RF，572RF 和 573RF。试验段的布置如图 7-12 所示。试验段长度为 20 m，宽度为 3.6 m。

2. HVS 疲劳加载方式与现场数据采集

本次疲劳开裂 HVS 加速加载采用双向加载模式，加载带长度为 8 m，宽度为 1 m。加载时采用的轴载为半轴 60 kN，相当于单轴 120 kN，气压为 0.72 MPa。整个加载过程采用控温方式，将试验段加载温度恒定在 20 ℃。

加载过程中考虑了实际交通荷载横向分布的影响，每一个加载循环后向一侧移动 40 mm，在宽度为 1 m 的加载带内按一定分布频率进行加载（图 7-13）。加载过程中采用了多层位移计（MDD）、落锤弯沉仪（FWD）等设备对试验段的性能进行检测。

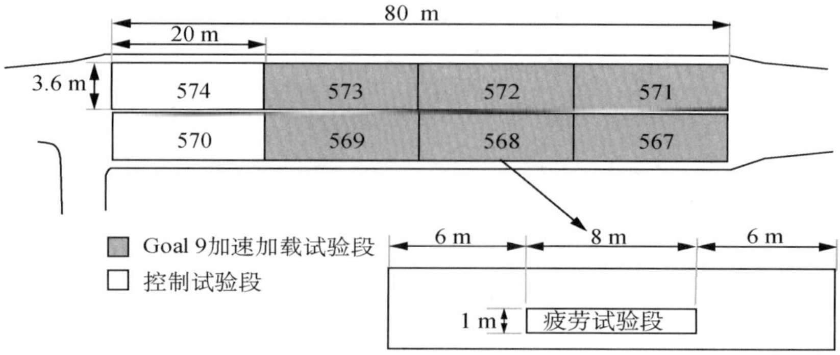

图 7-12　Goal 9 HVS 试验段布置图

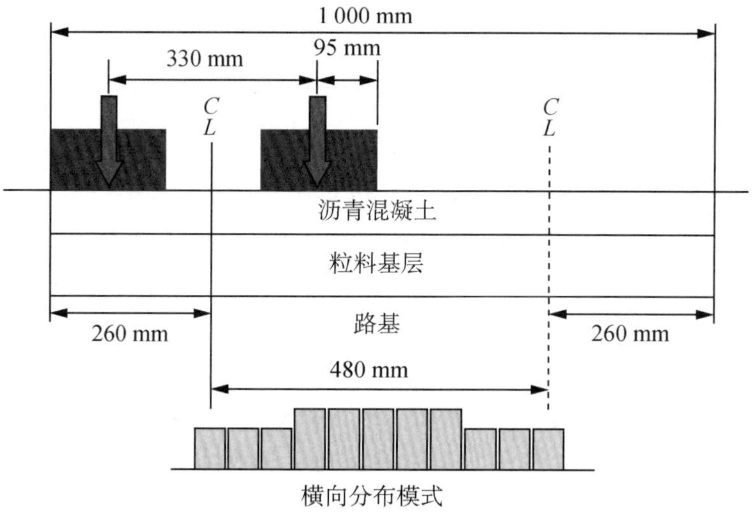

图 7-13　交通荷载横向分布加载模式

3. HVS 试验段沥青层疲劳开裂情况

在加载过程中采用拍照与数字图像处理的方式定期记录疲劳裂缝的发展情况。疲劳裂缝发展与加载次数之间的关系如图 7-14 所示。最终停止加载时刻各结构层疲劳开裂模式如图 7-15—图 7-20 所示。由图可知，567RF 和 572RF 结构主要以龟裂为主；568RF，571RF 和 573RF 结构主要以横向裂缝为主；569RF 结构在一侧以龟裂和横向裂缝结合开裂，而另一侧则未发现疲劳开裂，分析主要原因与基层的不均匀压实有关。

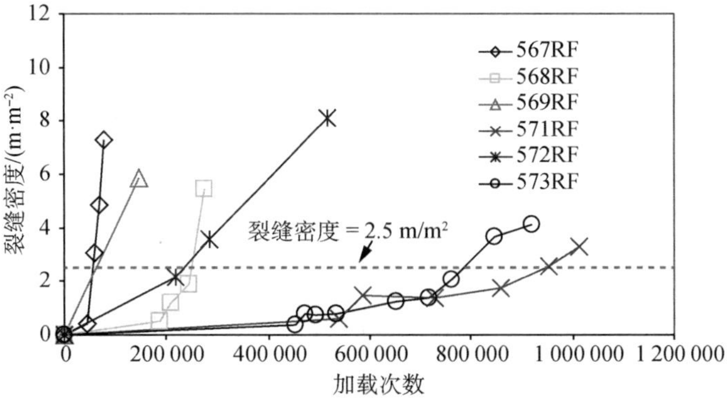

图 7-14　HVS 试验段疲劳开裂裂缝密度与加载次数关系

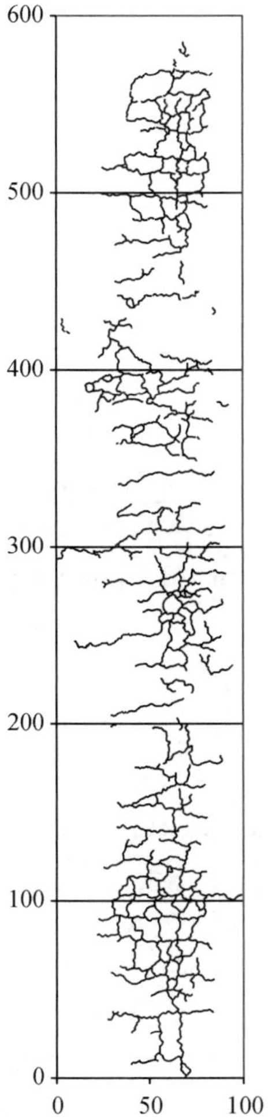

图 7-15　567RF 疲劳开裂模式

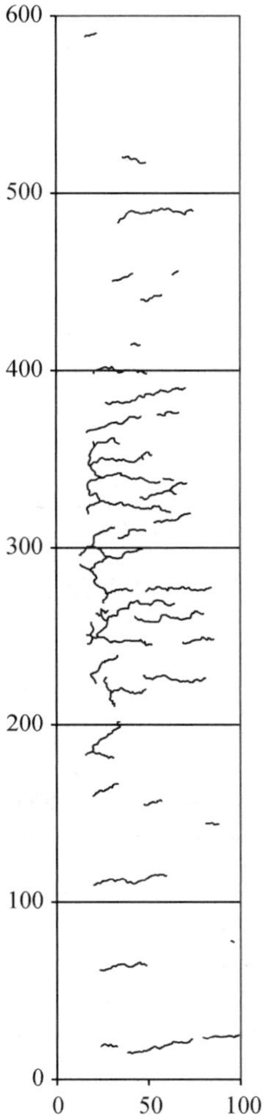

图 7-16　568RF 疲劳开裂模式

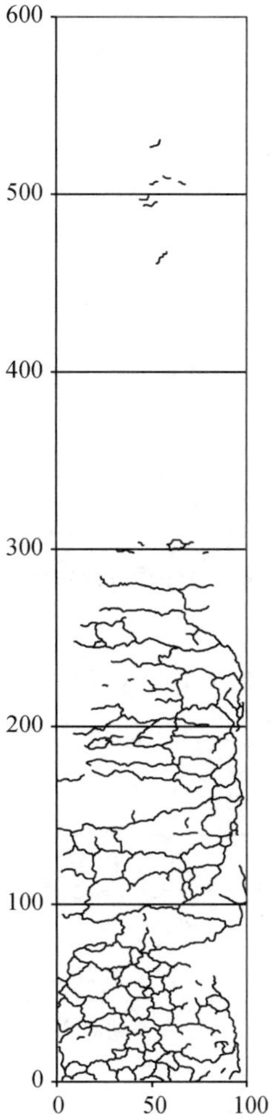

图 7-17　569RF 疲劳开裂模式

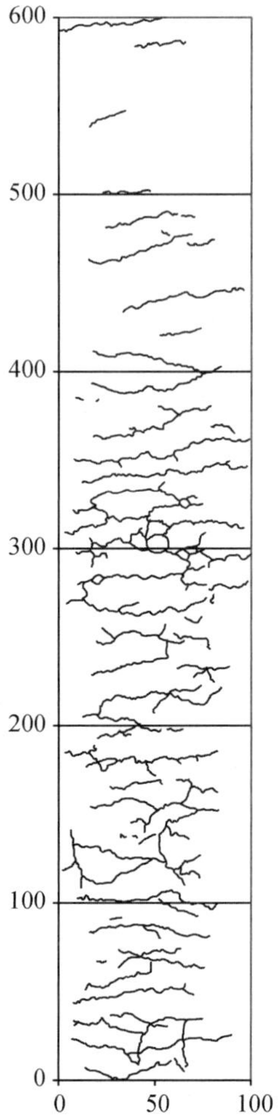

图 7-18　571RF 疲劳开裂模式

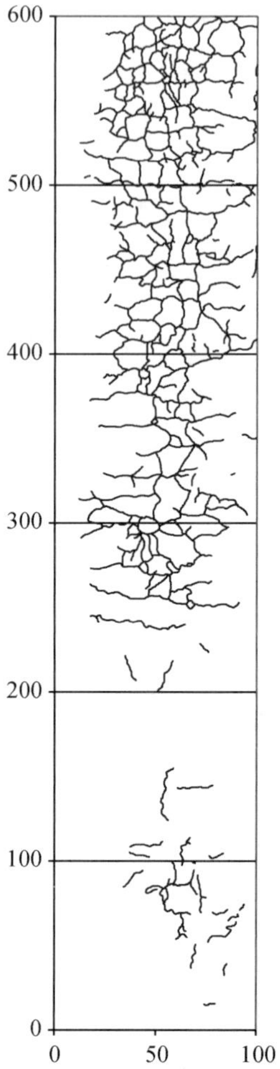

图 7-19　572RF 疲劳开裂模式

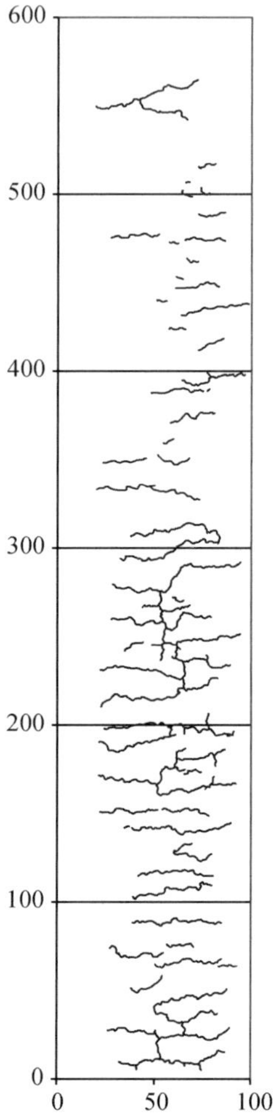

图 7-20　573RF 疲劳开裂模式

表 7-3 汇总了不同 HVS 加载结构的总作用次数和裂缝密度(*CD*)分别等于 1.0 m/m^2，1.5 m/m^2，2.0 m/m^2 和 2.5 m/m^2 时对应的各结构层加载次数(按 120 kN 轴载计)。

表 7-3　　裂缝密度与加载作用次数汇总

编　号	总加载次数	*CD* = 1	*CD* = 1.5	*CD* = 2.0	*CD* = 2.5
567RF	61 613	48 011	50 637	53 263	55 889
568RF	377 556	203 171	224 989	245 169	249 346
569RF	983 982	24 905	37 358	49 811	62 263
571RF	1 101 553	561 841	765 705	886 801	944 433
572RF	537 074	100 284	150 425	200 567	233 590
573RF	197 782	594 228	724 994	756 477	783 864

7.2.3 美国西部环道 WesTrack 试验路

1. WesTrack 试验路结构与材料

WestTrack 试验环道总长 2.8 km，其总体布局如图 7-21 所示。其中，两条直线段为主要的加载段，各划分为 13 个试验段，每个试验段长度为 70 m，各试验段以 1，2，3，…，26 进行编号。

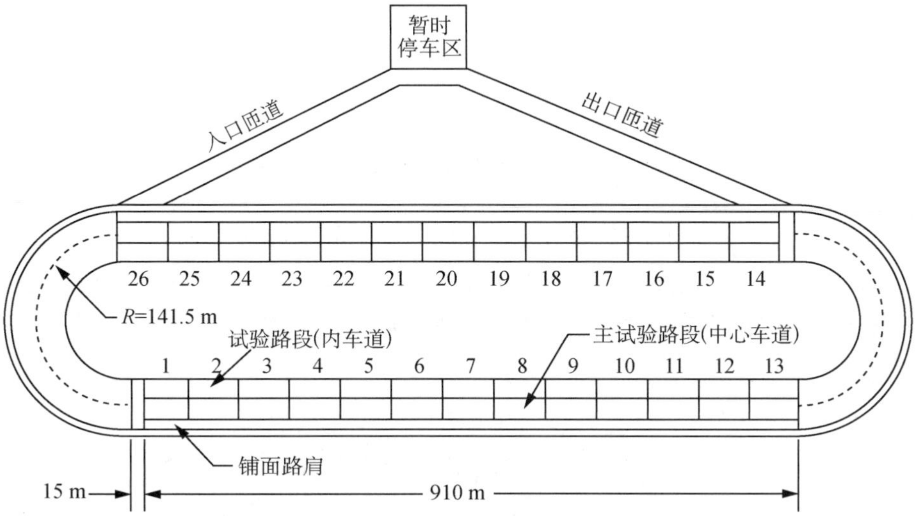

图 7-21 WesTrack 试验路总体布局

WesTrack 直线段的路面结构按可靠度为 10%的 1 000 万当量轴载(80 kN)的标准进行设计。之所以选择可靠度为 10%，主要是为了保证试验段能有较大的概率发生相应的破坏。最终设计的直线段路面结构厚度如下：Superpave 沥青层 150 mm，级配碎石基层 300 mm，工程回填土 460 mm。同时，对路基顶部以下的 150 mm 进行了重新压实。

2. WesTrack 试验路加载方式与数据采集

WesTrack 试验路采用了四台自动控制的无人驾驶拖挂式卡车进行加载。拖挂式卡车由卡车拖头和三节平板挂车组成(图 7-22)，各轴的轴载分布如图 7-23 所示。卡车胎压为 0.7 kPa，行驶速度为 64 km/h。每加载一次相当于对试验路施加了 10.49 次标准轴载(80 kN)。

图 7-22 WesTrack 试验路无人驾驶拖挂式卡车

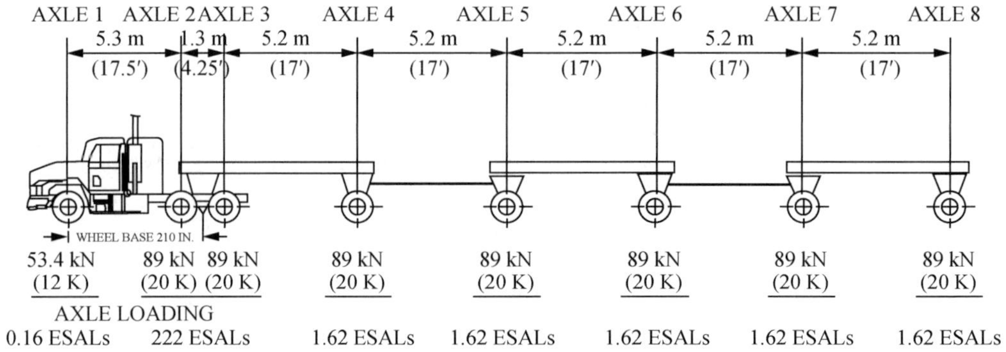

图 7-23 WesTrack 无人驾驶拖挂式卡车轴载分布

加载过程中，考虑了车辆荷载在车道内横向分布的影响。通过定期调整车内的导向天线，实现了卡车在车道内不同位置的加载。WesTrack 实际加载横向分布如图 7-24 所示，该范围大约涵盖了 83％的常规公路横向轴载分布范围。

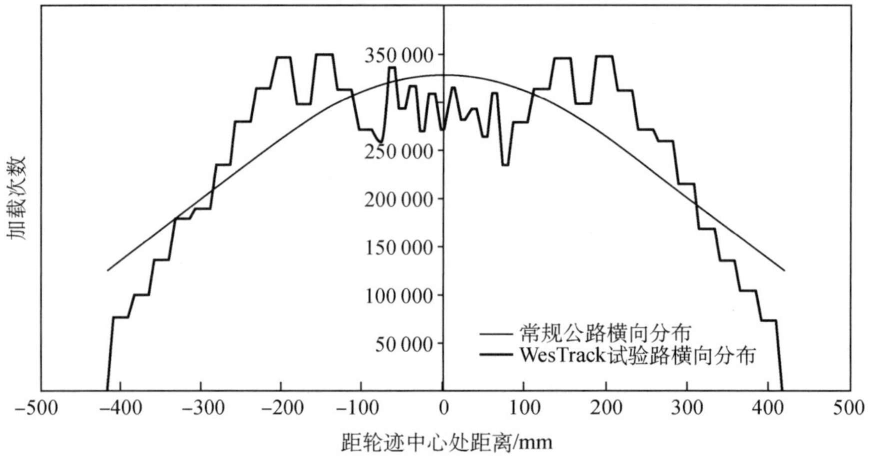

图 7-24 WesTrack 车辆横向分布频率图

WesTrack 试验路的性能数据采集方法与频率如表 7-4 所示。

表 7-4 WesTrack 试验路数据采集方法与频率

数据类型	采集标准	检测设备	检测频率
表观破损调研	SHRP P-338	人工	2 周 1 次
横断面形状	SHRP P-338	激光横断面仪	2 周 1 次
路面结构变形	LTPP 手册	Dynatest FWD	2 周 1 次
纵断面形状	SHRP P-378	K. J. Law 断面仪	2 周 1 次
表面摩擦系数	ASTM E274	DFMV 牵引车	4 周 1 次

3. WesTrack 试验路沥青层疲劳开裂情况

WesTrack 试验路的沥青层疲劳开裂会在每 2 周 1 次的路面表观破损调研中进行人工测量与记录。WesTrack 试验路表面的疲劳微裂缝由于气候等原因可能存在一定的自愈合效应。然而，一旦路表面的可见疲劳裂缝发展趋势得以确认后，疲劳裂缝的扩展是非常迅速的。截止加载结束时刻，WesTrack 试验路中产生疲劳裂缝的试验段为：1，2，3，5，6，8，10，11，12，14，16，17，20 和 26 号，共 14 个结构段。通常，试验段的左侧轮迹带疲劳开裂要比右侧轮迹带严重。而编号为 4，7，9，13，15，18，19，21，22，23，24 和 25 号的结构段则未发现可见的表面疲劳裂缝。在疲劳数据采集过程中，按照在轮迹带处最少 10%的疲劳开裂为选择标准，其中符合破坏标准的 WesTrack 试验段为：2，3，5，6，8，10，16 和 26 号，共 8 个试验段。

7.2.4 美国明尼苏达州 MnROAD 试验路

1. MnROAD 试验路结构与材料

MnROAD 主线试验路包含设计寿命为 5 年和 10 年的结构。最初，一共修建了 23 个试验段，包括 14 个热拌沥青路面试验段和 9 个水泥混凝土路面试验段。每个试验段长度为 150 m，并且均有独立的路面结构设计，其中的设计参数包括：沥青层厚度、沥青种类、基层类型、基层厚度、压实情况和路基材料。后期 MnROAD 主线试验路又增加了 2 个 Superpave 热拌沥青试验段和 6 个超薄白色罩面（Ultra-Thin Whitetopping concrete，UTW）试验段。

MnROAD 主线试验路中沥青试验段的编号分别为：1，2，3，4，14，15，16，17，18，19，20，21，22，23，50，51。其中，1，2，3 和 4 号试验段按 5 年寿命设计；14，15，16，17，118，19，20，21，22 和 23 号试验段按 10 年寿命设计；50，51 号试验段为 Superpave 验证试验段。

2. MnROAD 试验路加载方式与数据采集

MnROAD 试验路于 1994 年 7 月 15 日开始加载，其主线试验路通过引入美国州际公路 I-94 西行方向的公共交通进行加载。其中，每个月会封闭一次将交通流引导回 I-94 公路，便于对主线试验路进行数据采集和性能观测。

MnROAD 主线试验路初期的交通量及轴载自动称量系统位于主线试验路的东侧，在 CELL 10 和 CELL 11 之间安装了新的 Kistler Quartz WIN 交通计量系统。全线的交通流限速为 70 mi/h(约 115 km/h)。在 MnROAD 主线试验路的交通量数据库中，将轴型分为转向轴、单轴、双联轴和三联轴等不同轴型，分别记录不同轴型在加载过程中的作用次数。

MnROAD 主线重车道（Driving Lane）不同轴型的轴载谱如图 7-25 所示。不同轴型按照美国沥青协会设计方法中当量换算标准中的 4 次方标准统一换算至 80 kN 的等效轴载，用于统计 MnROAD 主线重车道上各试验段在加载至破坏期间共承受的当量轴载作用次数。

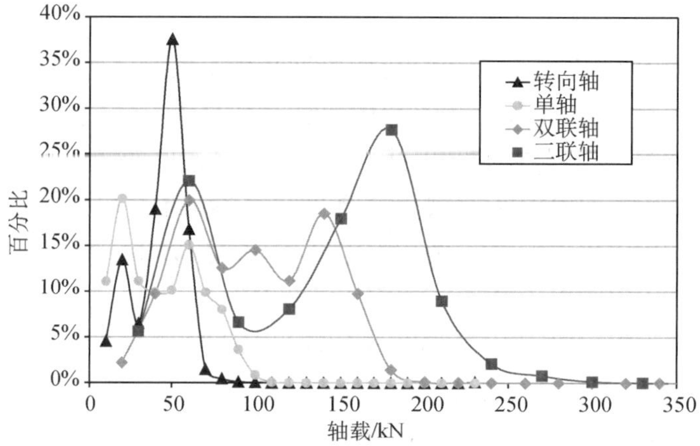

图 7-25　MnROAD 主线重车道不同轴型轴载谱

MnROAD 主线试验路的数据采集内容及频率汇总于表 7-5。

表 7-5　MnROAD 主线试验路的数据采集内容及频率

编号	采集内容	采集频率	备注
1	破损调查	2 次/年	每年 4 月和 10 月，采用改进的 LTPP 调查方法
2	车辙	3 次/年	4 月、8 月和 10 月
3	抗滑能力	1 次/年	夏季的某个时间
4	行驶测量	多次	采用路面管理方法收集 PSR, SR, PQI 等数据
5	GPR 雷达	—	按需要进行结构层厚度的探地雷达测量
6	现场取样	—	按要求取芯或板块
7	FWD	—	采用 2 台 FWD 进行结构层变形评价
8	交通量	连续采集	1994—2002 年采用液压单轴(SLC)计量系统，2000 年至今采用 Quartz Crystal(KWIM)

3. MnROAD 试验路沥青层疲劳开裂情况

MnROAD 主线试验路采用改进的 LTPP 破损调研手册的方法对包括疲劳开裂在内的路面破损进行了记录。MnROAD 对疲劳裂缝的严重程度按如下三个标准进行定义：

(1) 轻度开裂，开裂区域内的裂缝没有或仅有少量相互交错现象，裂缝未碎裂，未发生唧浆现象。

(2) 中度开裂，开裂区域内的裂缝相互交错形成完整的破坏模式，裂缝可能出现轻度的碎裂，未发生唧浆现象。

(3) 重度开裂，开裂区域内的裂缝相互交错形成完整的破坏模式，裂缝位置出现中度或严重的碎裂。在交通荷载作用下，可能存在跑料和唧浆的现象。

按照在轮迹带位置 10%的中度疲劳开裂作为路面的疲劳开裂标准，对 MnROAD

主线试验路数据库进行筛选，得到符合疲劳破坏标准的 MnROAD 主线试验路试验段为：CELL 1，CELL 2，CELL 3，CELL 4，CELL 14，CELL 15，CELL 16，CELL 17，CELL 18 和 CELL 19，共 10 个试验段。

7.2.5 美国国家沥青技术中心 NCAT 试验路

1. NCAT 试验路结构与材料

按照 AASHTO 设计指南（1993 年）得到试验段 N1～N8 结构段厚度设计结果。其中，薄沥青层试验段 N1 和 N2 的设计寿命约为 110 万次当量轴载（80 kN ESAL）；中等厚度沥青层试验段 N5，N6，N7 和 N8 的设计寿命约为 290 万次当量轴载（80 kN ESAL）；厚沥青层试验段 N3 和 N4 的设计寿命约为 780 万次当量轴载（80 kN ESAL）。

NCAT 试验路共采用了三种沥青混合料级配类型：Superpave 密级配磨耗层（Wearing Course）；沥青碎石玛蹄脂（SMA）；沥青基层（亚拉巴马州交通部标准的基层）。NCAT 试验路共采用了两种沥青胶结料，其 PG 分级等级分别为 PG 67-22和 PG 76-22，其中 PG 67-22 为基质沥青，而 PG 76-22 则是在 PG 67-22 沥青基础上进行 SBS 聚合物改性的 SBS 改性沥青。上述两种沥青在包括亚拉巴马州在内的美国东南部的多个州广泛使用。最终实施的 NCAT 试验段共有 6 种沥青混合料类型。

2. NCAT 试验路加载方式与数据采集

NCAT 试验路采用 6 辆有人驾驶的卡车进行加载。加载卡车主要分两种：三联挂卡车（Triple-Trailer）和箱型挂车（Box Trailer），如图 7-26 所示。其中，三联挂卡车

(a) 三联挂卡车

(b) 箱型挂车

图 7-26 NCAT 试验路加载用卡车

5 台，编号分别为 1-Triple，2-Triple，3-Triple，4-Triple 和 6-Triple；箱型挂车 1 台，编号为 5-Box。每天的加载分为早班和午班两个班次，每周加载 5 天，在两年时间内总共加载约 100 万车次(大约相当于 1 000 万次等效标准轴载)。

加载过程中记录的荷载横向分布情况如图 7-27 所示，荷载横向分布通过对早班和午班的 3 400 轴次的加载位置统计得到。结果表明，NCAT 试验路的荷载横向分布与实际公路车辆荷载的横向分布具有很好的相似性。

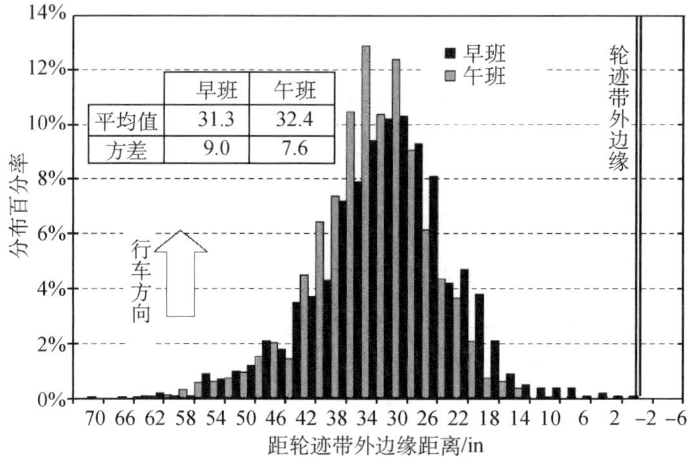

图 7-27　NCAT 试验路荷载横向分布

NCAT 试验路采用了大量现代化的数据采集方法定期对试验路的性能进行跟踪观测，具体数据采集方法如表 7-6 所示。

表 7-6　NCAT 试验路数据采集方法

编号	采集内容	描述
1	路面动态响应数据采集	通过便携式采集系统，分别对各试验段进行动态应变数据的采集，2 000 Hz/通道，记录卡车荷载作用下的完整响应
2	环境数据采集	通过现场传感器和气象站记录环境数据
3	FWD	Dynatest 8 000 FWD，每月 1 次，每个试验段 3 个点
4	表面性能监测	每周 1 次全面性能监测，采用人工与摄像等方法进行裂缝监测；采用车辙深度测量仪进行车辙监测

3. NCAT 试验路沥青层疲劳开裂情况

NCAT 试验路各试验段中只有 N1、N2 和 N8 结构段在加载结束时出现了明显的疲劳开裂(图 7-28，图 7-29)。各试验段实际承受的疲劳作用次数均大于设计疲劳寿命。

图 7-28　NCAT 试验段初期轻度疲劳裂纹

图 7-29　NCAT 试验段重度疲劳裂纹

7.3　基于现场疲劳随机开裂特性的疲劳预估模型构建

现场疲劳预估模型建模工作主要基于北京 ALF 加速加载试验路、加州大学路面研究中心 HVS 加速加载试验路、美国西部环道 WesTrack 试验路、美国明尼苏达州 MnROAD 试验路和美国国家沥青研究中心 NCAT 试验路中提取的验证数据，共 30 组不同路面结构疲劳开裂数据，对基于常应力和常应变综合模型进行标定与验证。

通过四点弯曲疲劳试验建立的常应力和常应变综合过渡预估模型的结构形式如式(7-27)所示：

$$N_f = A_f\left[1.509\times10^{16}\times\left(\frac{1}{\varepsilon}\right)^{3.973}\left(\frac{1}{S_0}\right)^{1.589}(VFA)^{2.720}\right]\frac{1+0.362S_0^{0.436}(VFA)^{-0.846}e^{kh_{ac}-5.408}}{1+e^{kh_{ac}-5.408}} \tag{7-27}$$

式中　N_f—— 现场疲劳寿命；

ε—— 施加的拉伸应变值(微应变，10^{-6} mm/mm)；

S_0—— 混合料的初始弯拉劲度模量(MPa)；

VFA—— 沥青饱和度(%)；

h_{ac}—— 沥青层厚度(cm)；

A_f—— 现场修正系数；

k—— 厚度修正系数(初始值 $k=0.542$)。

对式(7-27)的验证工作分为两种方式：第一种即遵循控制应变模式适用于厚度≤5 cm 的薄沥青层，控制应力模式适用于厚度≥20 cm 的厚沥青层的假定，将厚度修正系数 k 固定在 0.542 不变，仅对现场修正系数 A_f 进行调整；第二种即对厚度系数 k 和现场修正系数 A_f 同时进行调整，通过二者的组合寻找更为精确的预估模型参数。

利用 30 组疲劳验证数据对常应力和常应变综合过渡预估模型进行现场参数标定，通过规划求解方法分别按上述两种验证方法确定了预估模型的最优参数。由相关参数计算得到的疲劳寿命预估结果汇总于表 7-7 和表 7-8。

表 7-7　　常应力和常应变综合过渡预估模型(仅调整 A_f 值)预测结果

编号	结　构	ε_S /($\times10^{-6}$)	S /MPa	VFA /%	h_{ac} /cm	$N_{f\text{-Predicted}}$	$N_{f\text{-Field}}$	δ
1	ALF1	361	5 186	57.3	0.050	8.83×10^4	7.42×10^5	0.654
2	ALF2	265	5 111	57.6	0.100	2.40×10^5	8.05×10^5	0.372
3	ALF3	202	4 933	56.3	0.150	4.91×10^5	8.53×10^5	0.170
4	HVS 567RF	192	7 239	55.2	0.080	5.37×10^5	4.90×10^4	0.735
5	HVS 568RF	192	7 239	59.2	0.081	6.40×10^5	1.99×10^5	0.359
6	HVS 569RF	132	7 239	53.0	0.089	2.02×10^6	2.69×10^4	1.326
7	HVS 571RF	199	7 239	52.2	0.078	4.03×10^5	5.99×10^4	0.586
8	HVS 572RF	149	7 239	53.6	0.080	1.37×10^6	1.09×10^5	0.777
9	HVS 573RF	212	7 239	60.3	0.080	4.51×10^5	5.40×10^5	0.056
10	WesTrack 2	120	6 215	60.0	0.164	3.25×10^6	3.57×10^6	0.029
11	WesTrack 3	146	4 637	56.6	0.168	1.87×10^6	3.15×10^6	0.161
12	WesTrack 5	112	5 918	62.7	0.169	4.81×10^6	1.76×10^6	0.309
13	WesTrack 6	141	5 319	58.7	0.174	1.93×10^6	1.67×10^6	0.044
14	WesTrack 8	155	4 811	62.5	0.171	1.70×10^6	1.52×10^6	0.034
15	WesTrack 10	164	3 889	69.4	0.160	2.17×10^6	1.77×10^6	0.062
16	WesTrack 16	138	5 470	59.6	0.164	2.13×10^6	4.15×10^6	0.206
17	WesTrack 26	139	5 076	61.8	0.182	2.36×10^6	1.46×10^6	0.147
18	CELL 1	199	4 380	71.7	0.150	9.82×10^5	6.83×10^6	0.595
19	CELL 2	190	4 369	73.3	0.155	1.21×10^6	7.82×10^6	0.574
20	CELL 3	184	4 174	72.1	0.160	1.38×10^6	6.85×10^6	0.492
21	CELL 4	98	4 608	69.5	0.231	1.32×10^7	9.07×10^6	0.115
22	CELL 14	79	4 284	75.0	0.277	3.89×10^7	1.11×10^7	0.384
23	CELL 15	59	5 783	74.4	0.282	8.62×10^7	1.42×10^7	0.554
24	CELL 16	97	5 843	70.5	0.203	1.06×10^7	1.09×10^7	0.009
25	CELL 17	103	5 682	74.8	0.201	9.81×10^6	1.08×10^7	0.029
26	CELL 18	107	5 888	77.4	0.201	8.50×10^6	1.09×10^7	0.076
27	CELL 19	101	5 907	78.4	0.198	1.11×10^7	1.10×10^7	0.003
28	NCAT N1	180	5 348	61.8	0.128	9.52×10^5	1.60×10^6	0.159
29	NCAT N2	149	7 150	65.1	0.127	1.56×10^6	2.50×10^6	0.145
30	NCAT N8	116	5 517	62.8	0.182	4.55×10^6	3.40×10^6	0.090
							偏差平均值	0.308

注：$A_f=1.156$，$k=0.542$。

表 7-8　常应力和常应变综合过渡预估模型(调整 A_f 值和 k 值)预测结果

编号	结　构	ε_S /($\times 10^{-6}$)	S /MPa	VFA /%	h_{ac} /cm	$N_{f\text{-Predicted}}$	$N_{f\text{-Field}}$	δ
1	ALF1	361	5 186	57.3	0.050	6.15×10^4	7.42×10^5	0.765
2	ALF2	265	5 111	57.6	0.100	2.11×10^5	8.05×10^5	0.411
3	ALF3	202	4 933	56.3	0.150	5.56×10^5	8.53×10^5	0.131
4	HVS 567RF	192	7 239	55.2	0.080	4.01×10^5	4.90×10^4	0.646
5	HVS 568RF	192	7 239	59.2	0.081	4.84×10^5	1.99×10^5	0.273
6	HVS 569RF	132	7 239	53.0	0.089	1.56×10^6	2.69×10^4	1.248
7	HVS 571RF	199	7 239	52.2	0.078	2.97×10^5	5.99×10^4	0.492
8	HVS 572RF	149	7 239	53.6	0.080	1.02×10^6	1.09×10^5	0.687
9	HVS 573RF	212	7 239	60.3	0.080	3.40×10^5	5.40×10^5	0.142
10	WesTrack 2	120	6 215	60.0	0.164	3.49×10^6	3.57×10^6	0.007
11	WesTrack 3	146	4 637	56.6	0.168	2.09×10^6	3.15×10^6	0.126
12	WesTrack 5	112	5 918	62.7	0.169	5.31×10^6	1.76×10^6	0.339
13	WesTrack 6	141	5 319	58.7	0.174	2.08×10^6	1.67×10^6	0.067
14	WesTrack 8	155	4 811	62.5	0.171	1.98×10^6	1.52×10^6	0.082
15	WesTrack 10	164	3 889	69.4	0.160	2.99×10^6	1.77×10^6	0.161
16	WesTrack 16	138	5 470	59.6	0.164	2.36×10^6	4.15×10^6	0.173
17	WesTrack 26	139	5 076	61.8	0.182	2.57×10^6	1.46×10^6	0.173
18	CELL 1	199	4 380	71.7	0.150	1.34×10^6	6.83×10^6	0.499
19	CELL 2	190	4 369	73.3	0.155	1.67×10^6	7.82×10^6	0.474
20	CELL 3	184	4 174	72.1	0.160	1.91×10^6	6.85×10^6	0.392
21	CELL 4	98	4 608	69.5	0.231	1.18×10^7	9.07×10^6	0.081
22	CELL 14	79	4 284	75.0	0.277	2.95×10^7	1.11×10^7	0.299
23	CELL 15	59	5 783	74.4	0.282	6.33×10^7	1.42×10^7	0.459
24	CELL 16	97	5 843	70.5	0.203	1.06×10^7	1.09×10^7	0.007
25	CELL 17	103	5 682	74.8	0.201	1.04×10^7	1.08×10^7	0.012
26	CELL 18	107	5 888	77.4	0.201	9.05×10^6	1.09×10^7	0.057
27	CELL 19	101	5 907	78.4	0.198	1.21×10^7	1.10×10^7	0.029
28	NCAT N1	180	5 348	61.8	0.128	1.05×10^6	1.60×10^6	0.128
29	NCAT N2	149	7 150	65.1	0.127	1.64×10^6	2.50×10^6	0.130
30	NCAT N8	116	5 517	62.8	0.182	4.87×10^6	3.40×10^6	0.111
							偏差平均值	0.287

注：$A_f = 0.787$，$k = 0.293$。

在固定厚度调整系数 $k=0.452$ 时，通过规划求解可得到预测疲劳寿命与实际现场疲劳寿命的偏差平均值 δ 的最小值为 0.308，对应的现场修正系数 $A_f=1.156$。而同时进行 A_f 和 k 调整时，通过规划求解可得到预测疲劳寿命与实际现场疲劳寿命的偏差平均值 δ 的最小值为 0.287，此时对应的现场修正系数 $A_f=0.787$，厚度调整系数 $k=0.293$。不同调整方法得到的预估疲劳寿命与现场疲劳寿命关系如图 7-30 所示。

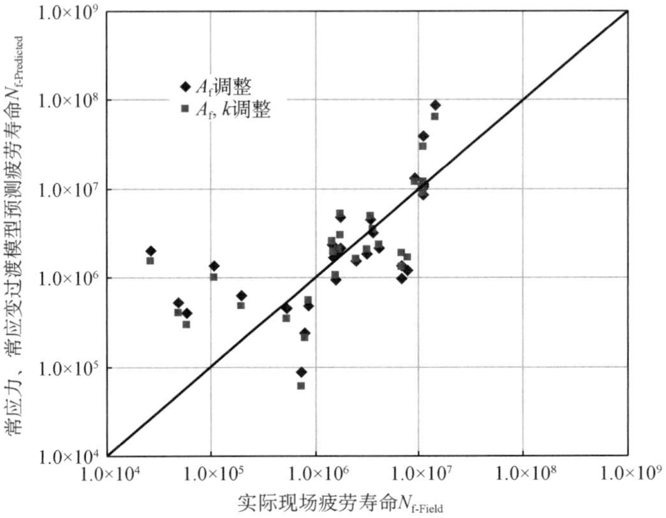

图 7-30 常应力、常应变模型(2 参数调整)预估寿命与实际寿命对比

由图 7-30 可得，同时调整现场修正系数 A_f 和沥青层厚度修正系数 k 的精确度要比仅对现场修正系数 A_f 进行调整时高。通过对预估模型中构建的模式调整因子函数式(7-21)的研究发现，实际上式(7-21)对沥青层厚度增加时疲劳寿命的折减效果十分有限，当沥青层模量在 3 000～6 000 MPa 时，其值通常在 0.3～0.5 之间，也就是相当于应变控制模式下的疲劳寿命为应力控制模式下的 2～3 倍，折减效果不是非常明显。为此，在式(7-27)的加载模式调整因子中构建一个指数 k_2，通过指数项对原加载模式调整因子的效果进行缩放，新的预估模型如式(7-28)所示：

$$N_f=A_f\left[1.509\times10^{16}\times\left(\frac{1}{\varepsilon}\right)^{3.973}\left(\frac{1}{S_0}\right)^{1.589}(VFA)^{2.720}\right]\left[\frac{1+0.362S_0^{0.436}(VFA)^{-0.846}e^{k_1h_{ac}-5.408}}{1+e^{k_1h_{ac}-5.408}}\right]^{k_2} \tag{7-28}$$

式中 A_f—— 现场修正系数；

k_1—— 厚度修正系数(初始值 $k_1=0.542$)；

k_2—— 模式调整因子指数修正项。

对式(7-28)进行现场修正，通过规划求解方法确定预估模型的最优参数组合：$A_f=1.096$，$k_1=0.237$，$k_2=3.333$。由该参数组合计算得到的疲劳寿命预估结果汇总于表 7-9，与实际疲劳寿命的对比如图 7-31 所示。

表 7-9 常应力和常应变综合过渡预估模型(调整 A_f 值、k_1 值和 k_2 值)预测结果

编号	结 构	ε_S /($\times 10^{-6}$)	S /MPa	VFA /%	h_{ac} /cm	$N_{f\text{-Predicted}}$	$N_{f\text{-Field}}$	δ
1	ALF1	361	5 186	57.3	0.050	8.44×10^4	7.42×10^5	0.667
2	ALF2	265	5 111	57.6	0.100	2.83×10^5	8.05×10^5	0.321
3	ALF3	202	4 933	56.3	0.150	7.05×10^5	8.53×10^5	0.058
4	HVS 567RF	192	7 239	55.2	0.080	5.47×10^5	4.90×10^4	0.741
5	HVS 568RF	192	7 239	59.2	0.081	6.59×10^5	1.99×10^5	0.368
6	HVS 569RF	132	7 239	53.0	0.089	2.12×10^6	2.69×10^4	1.342
7	HVS 571RF	199	7 239	52.2	0.078	4.06×10^5	5.99×10^4	0.588
8	HVS 572RF	149	7 239	53.6	0.080	1.39×10^6	1.09×10^5	0.782
9	HVS 573RF	212	7 239	60.3	0.080	4.63×10^5	5.40×10^5	0.048
10	WesTrack 2	120	6 215	60.0	0.164	4.33×10^6	3.57×10^6	0.059
11	WesTrack 3	146	4 637	56.6	0.168	2.55×10^6	3.15×10^6	0.065
12	WesTrack 5	112	5 918	62.7	0.169	6.46×10^6	1.76×10^6	0.400
13	WesTrack 6	141	5 319	58.7	0.174	2.49×10^6	1.67×10^6	0.123
14	WesTrack 8	155	4 811	62.5	0.171	2.37×10^6	1.52×10^6	0.137
15	WesTrack 10	164	3 889	69.4	0.160	3.63×10^6	1.77×10^6	0.220
16	WesTrack 16	138	5 470	59.6	0.164	2.91×10^6	4.15×10^6	0.109
17	WesTrack 26	139	5 076	61.8	0.182	2.97×10^6	1.46×10^6	0.217
18	CELL 1	199	4 380	71.7	0.150	1.67×10^6	6.83×10^6	0.432
19	CELL 2	190	4 369	73.3	0.155	2.06×10^6	7.82×10^6	0.410
20	CELL 3	184	4 174	72.1	0.160	2.32×10^6	6.85×10^6	0.333
21	CELL 4	98	4 608	69.5	0.231	9.08×10^6	9.07×10^6	0.000
22	CELL 14	79	4 284	75.0	0.277	1.11×10^7	1.11×10^7	0.000
23	CELL 15	59	5 783	74.4	0.282	2.56×10^7	1.42×10^7	0.181
24	CELL 16	97	5 843	70.5	0.203	1.09×10^7	1.09×10^7	0.000
25	CELL 17	103	5 682	74.8	0.201	1.07×10^7	1.08×10^7	0.004
26	CELL 18	107	5 888	77.4	0.201	9.29×10^6	1.09×10^7	0.049
27	CELL 19	101	5 907	78.4	0.198	1.26×10^7	1.10×10^7	0.042
28	NCAT N1	180	5 348	61.8	0.128	1.38×10^6	1.60×10^6	0.046
29	NCAT N2	149	7 150	65.1	0.127	2.15×10^6	2.50×10^6	0.047
30	NCAT N8	116	5 517	62.8	0.182	5.65×10^6	3.40×10^6	0.156
							偏差平均值	0.265

注：$A_f = 1.096$，$k_1 = 0.237$，$k_2 = 3.333$。

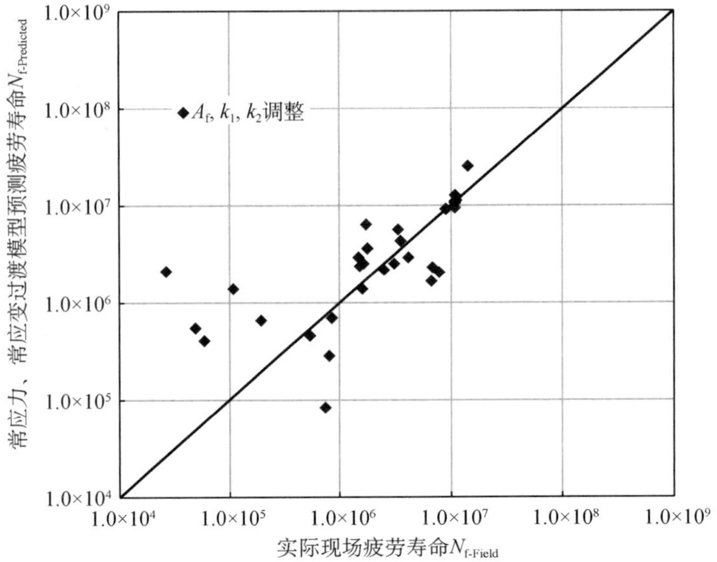

图 7-31　常应力、常应变模型(3 参数调整)预估寿命与实际寿命对比

常应力、常应变模型预估寿命与实际寿命对比汇总如图 7-32 所示。

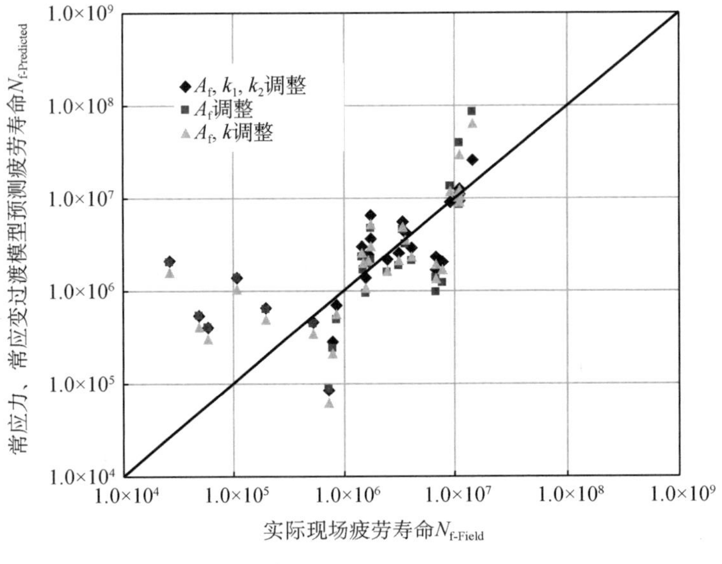

图 7-32　常应力、常应变模型预估疲劳寿命与实际现场疲劳寿命对比汇总

从表 7-9 可知，增加加载模式调整因子的指数项 k_2 后，式(7-28)的预测精度有明显的提高，其偏差平均值 δ 为 0.265，明显小于前述其他预估模型的偏差平均值(AI MS-1修正后 δ 为 0.305，AI MS-1 改进模型的 δ 为 0.338，常应力、常应变综合过渡模型的 δ 分别为 0.308 和 0.287)。由图 7-31 和图 7-32 可知，增加加载模式调整因子的指数项 k_2 后，对于疲劳寿命在 1 000 万次以上的预测效果要明显好于其他模型。

通过对各参数的调整，加载模式调整因子 F'[式(7-29)] 的折减能力得到了增强。以 VFA =65%为例，不同沥青层模量的加载模式调整因子曲线如图 7-33 所示。由图可知，当模量在 3 000～10 000 MPa 的变化范围，沥青层厚度超过 30 cm 时，加载模式调整因子的取值在 0.03～0.15 波动。这表明控制应变模式疲劳寿命与控制应力模式疲劳寿命可能相差 6～30 倍。同时，由图 7-38 可知，经过实际路面结构优化后的结果表明，沥青层厚度在 5 cm 以下基本为控制应变模式，而控制应力模式的沥青层厚度阈值则上移至 25～30 cm。

$$F' = \left[\frac{1+0.362S_0^{0.436}\,(VFA)^{-0.846}\,\mathrm{e}^{0.237h_{\mathrm{ac}}-5.408}}{1+\mathrm{e}^{0.237h_{\mathrm{ac}}-5.408}}\right]^{3.333} \tag{7-29}$$

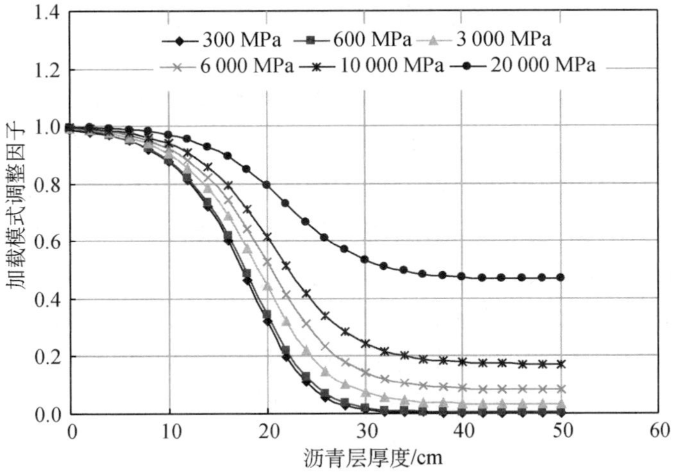

图 7-33　疲劳预估模型中沥青层的加载模式调整因子与沥青层厚度的关系曲线

7.4 基于累积损伤的沥青层疲劳分析体系

在实际路面的使用过程中，造成路面发生疲劳损伤破坏的因素很多，主要包括交通轴载、路面材料性质、环境(温度和湿度)、路面结构(材料组成及厚度)等，因此，涉及沥青路面疲劳设计的因素很多，而交通荷载下沥青层的疲劳性能是其中的重要组成部分，根据本节的研究内容，只考虑不同交通轴载下沥青层的疲劳损伤，而不考虑其他因素诸如温度、湿度等的变化。

沥青层疲劳体系评价在特定交通和环境条件下实际沥青路面结构中选择的沥青混合料是否具有足够的疲劳抵抗能力的可能性，即沥青层在承受综合外力作用后其疲劳累积损伤是否达到了破坏极限。目前的沥青路面设计方法大多采用力学-经验法，本节也采用该方法进行沥青层的疲劳累积损伤分析及疲劳性能评价，具体的分析流程如图 7-34 所示。

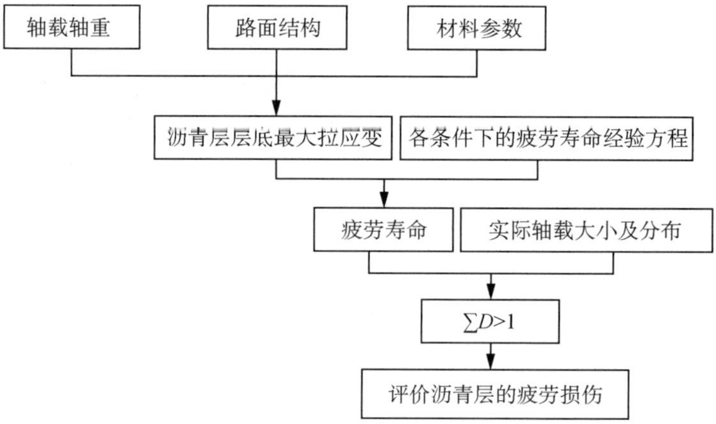

图 7-34　沥青层疲劳损伤分析流程

从图 7-34 可知，采用力学-经验法分析沥青层疲劳损伤分为五个步骤：①初始条件或参数（轴载轴重、路面结构、材料参数）的确定；②计算上述给定条件下沥青层层底的最大拉应变；③采用交通轴载换算的荷载进行沥青混合料材料试验获取疲劳寿命的经验方程；④根据计算的拉应变反推各应变情况下野外沥青层的疲劳寿命；⑤结合实际轴载的大小及分布计算沥青层总的累积损伤，最后判断其损伤状况及是否破坏。

其中，野外沥青层的疲劳寿命是通过室内沥青混合料经验疲劳寿命预测方程和沥青层层底最大拉应变 ε_S（弹性层状分析）求出的给定可靠度水平下的疲劳寿命 N_{fS} 乘以现场修正系数获得，其寿命预测模型如式(7-30)所示：

$$N_f = cN_{fS} \tag{7-30}$$

式中，c 为现场修正系数，需通过野外现场标定。

根据沥青路面不同荷载的实际作用次数 N_p 以及相应的预测模型计算的疲劳寿命 N_f 可求出疲劳损伤因子 D。当损伤因子 $D>1$ 时，说明沥青层在车辆荷载作用下的累积损伤已经超出了极限，路面出现破坏；当损伤因子 $D<1$ 时，说明在目前的车辆荷载作用下沥青层还未出现破坏。D 值的大小反映了此时沥青层的损伤状况，D 值越小则说明沥青层累积损伤越小，还具有较强的抵抗车辆荷载导致的疲劳损伤的能力，D 值越大则表明沥青层遭受的累积损伤越严重，将更容易出现疲劳开裂，导致路面破坏。

但是以往室内沥青混合料的疲劳方程都是通过对试件加载单一荷载直至破坏，然后经统计计算软件拟合获得，没有考虑加载次序以及加载历史的影响，其疲劳寿命预测结果与实际情况相差较远。本节拟将先建立基于疲劳损伤线性累积的沥青层破坏评价体系（以单级荷载作用下的疲劳预测方程为基础）和基于疲劳损伤非线性累积的沥青层破坏评价新体系（以多级荷载作用下的疲劳预测方程为基础），然后采用这两个体系对假定实例中的沥青层累积损伤破坏进行研究。

7.4.1 基于疲劳损伤线性累积的沥青层破坏评价体系研究

国内外现有的沥青路面设计规范或指南大部分都按照疲劳损伤增量等效原则，将道路上的车辆轴载与通行次数换算为某一标准轴载的当量通行次数，以此计算沥青路面的疲劳寿命，然后再进行沥青路面结构设计。损伤等效作为柔性路面设计的基本理念之一，其主要含义包括：

(1) 对同一沥青路面结构，若在一种车辆轴载作用了 N_1 次后，沥青路面达到了破坏极限状态，而另一种车辆轴载作用了 N_2 次后，沥青路面出现了同样的破坏状态，则认为这两种车辆轴载作用次数 N_1 和 N_2 产生的损伤是等效的。

(2) 对固定的交通组合(混合交通或轴载谱)，通过等效换算后，不论按照哪一种车辆轴载计算沥青路面结构的厚度，其结果都相同。目前，国内采用双轮组单轴载(BZZ-100)作为标准轴载。

根据损伤等效原则的理念，沥青路面的疲劳损伤可采用现有的国内外柔性路面设计方法中疲劳寿命计算的著名法则——Miner 法则进行线性累积。

$$D=\sum D_i=\sum\frac{n_i}{N_{fi}} \tag{7-31}$$

式中，D_i 为第 i 级荷载作用下的损伤；n_i 为第 i 级荷载的作用次数；N_{fi} 为第 i 级荷载作用下达到疲劳破坏的作用次数。

第 i 级荷载作用一次所造成的损伤为 $1/N_{fi}$，则该荷载作用 n_i 次所造成的损伤为 n_i/N_{fi}，按照 Miner 法则的定义，当荷载造成的累积损伤达到 100%时，即当 $D=1$ 时沥青层将达到疲劳极限状态，出现疲劳损伤破坏。

陈少幸通过加速加载试验研究，建立了路面承受 x 级荷载、m 种物理状态下的疲劳累积损伤方程：

$$D=\sum_{i=1}^{x}\sum_{j=1}^{m}\frac{n_{ij}}{N_{ij}}=\frac{n_{11}}{N_{11}}+\cdots+\frac{n_{1m}}{N_{1m}}+\frac{n_{21}}{N_{21}}+\cdots+\frac{n_{2m}}{N_{2m}}+\cdots+\frac{n_{x1}}{N_{x1}}+\cdots+\frac{n_{xm}}{N_{xm}} \tag{7-32}$$

式(7-32)表明沥青路面在 m 种状态下 x 级荷载造成的累积损伤达到 100%时，路面就出现破坏极限状态。

只考虑车辆荷载对沥青路面疲劳损伤的作用，对环境如温度、湿度等不予考虑，同时考虑现场修正系数，结合式(7-30)和式(7-32)可得：

$$D=\sum_{i=1}^{x}\frac{n_i}{N_{fi}}=\frac{n_1}{cN_{fs1}}+\frac{n_2}{cN_{fs2}}+\frac{n_3}{cN_{fs3}}+\cdots+\frac{n_x}{cN_{fsx}}=\frac{1}{c}\sum_{i=1}^{x}\frac{n_i}{N_{fsi}} \tag{7-33}$$

结合单级荷载作用下所采用的经典疲劳预测方程式(6-3)，可得：

$$D=\frac{1}{c}\sum_{i=1}^{x}\frac{n_i}{N_{fsi}}=\frac{S_0^b}{cK}\left[\frac{n_1}{\left(\frac{1}{\varepsilon_1}\right)^a}+\frac{n_2}{\left(\frac{1}{\varepsilon_2}\right)^a}+\frac{n_3}{\left(\frac{1}{\varepsilon_3}\right)^a}+\cdots+\frac{n_x}{\left(\frac{1}{\varepsilon_x}\right)^a}\right]=\frac{S_0^b}{cK}\sum_{i=1}^{x}n_i\times(\varepsilon_i)^a \tag{7-34}$$

式中，c 为实验室与现场的修正系数，需通过野外现场标定；N_{fsi} 为室内沥青混合料的疲劳寿命次数；ε_i 为沥青层层底拉应变值（$\mu\varepsilon$）；S_0 为沥青层初始劲度模量（MPa）。

利用式（7-34）可以计算沥青路面基于疲劳损伤线性累积的疲劳寿命，其疲劳破坏评价流程如图 7-35 所示。

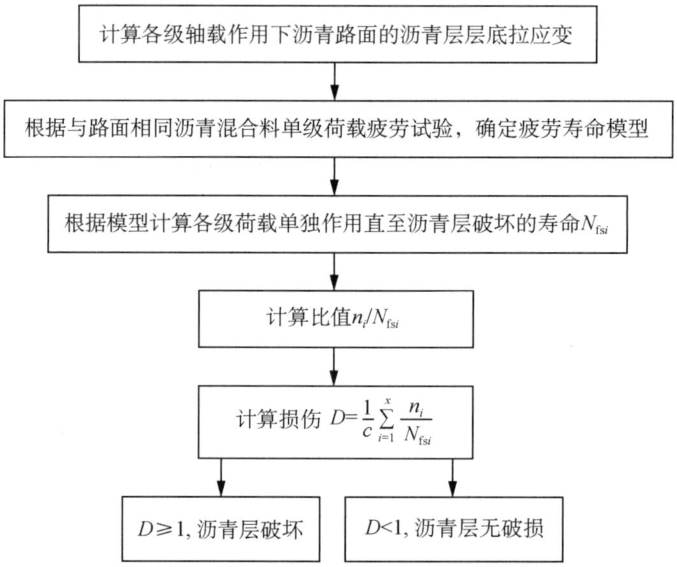

图 7-35　基于疲劳损伤线性累积的沥青层疲劳破坏评价流程

7.4.2　基于疲劳损伤非线性累积的沥青层破坏评价新体系研究

在荷载的作用下，沥青混合料疲劳损伤呈非线性累积[1-3]，由此可推测路面沥青层在车辆轴载作用下的疲劳累积损伤也呈现非线性，因此，本节将采用非线性疲劳累积损伤准则对沥青层的破坏评价体系进行研究。

沥青层在车辆荷载下实际的疲劳累积损伤与 Miner 线性疲劳累积损伤理论描述的过程不同，其与加载的历史有关，也与加载的次序有关，而 Miner 法则忽略了这两方面因素的影响，从而可能会导致预测结果偏差较大。因此，在评价达到预计年限内交通荷载作用下沥青层的损伤状态，首先需要对交通量进行以下整理和分析：①交通荷载的大小；②一定时间段内（1 天、1 个月或 1 年）各交通荷载的作用次数，时间段可根据实际交通组成的情况进行确定，以尽量将大小不同的荷载分开为宜（因实际混合交通比较复杂）；③不同大小的交通轴载作用的次序。

在分析统计交通量以后，进行如下计算分析：

(1) 计算第一时间段内荷载作用下沥青层层底拉应变，由此获得各级拉应变下荷载作用的次数以及次序，由此根据与加载历史及次序相关的非线性疲劳累积损伤准则或模型，可获得经历该时间段后沥青层的损伤状况以及衰减的模量。

(2) 根据衰减后的沥青层模量计算第二时间段内荷载作用下沥青层层底拉应变，同理可获得经历第二时间段后沥青层的损伤状况以及衰减的模量。

以此类推，直至当其中的一级荷载实际作用的次数超过该荷载对应的疲劳寿命或累积损伤达到极限，其损伤因子 $D>1$，沥青层发生破坏。

其中，非线性疲劳损伤准则需要通过室内沥青混合料疲劳试验确定，再通过现场验证修正获得。为了尽量使室内沥青混合料疲劳试验结果与实际沥青层的疲劳损伤发展保持一致，疲劳试验所采用的沥青混合料类型应与沥青层使用的相同，模拟的气温也应与实际情况保持一致。本节通过四点弯曲小梁试验，结合式(7-30)，可获得普通沥青混合料 AC13 的疲劳寿命预测方程：

$$\begin{aligned} N_{fi} &= cN_{fsi} = c(n_1 + n_2 + \cdots n_{i-1} + N_i) \\ &= c(n_1 + n_2 + \cdots + n_{i-1}) + kc\left(\frac{1}{\varepsilon_i}\right)^a \left[\frac{1}{1-\left(\frac{n_{i-1}}{N_{i-1}}\right)^{m_{i-1}}\left(\frac{n_{i-2}}{N_{i-2}}\right)^{m_{i-2}}\cdots\left(\frac{n_2}{N_2}\right)^{m_2}\left(\frac{n_1}{N_1}\right)^{m_1}S_0}\right]^b \end{aligned} \tag{7-35}$$

式中，N_i 为第 i 级荷载下沥青混合料的疲劳寿命；N_{fsi} 为第 i 级荷载作用下沥青混合料的室内疲劳寿命；N_{fi} 为第 i 级荷载作用下沥青层的疲劳寿命；m_{i-1}，m_{i-2}，…，m_2，m_1 为与 ε_{i-1}，ε_{i-2}，…，ε_2，ε_1 相关的函数，可由式(6-19)获得；k，a，b 为由试验数据获得的常数；c 为现场修正系数，需通过野外现场标定。

当 $n_1/N_{f1}\geqslant 1$ 时，沥青层破坏，否则继续第二级荷载计算；当 $n_1/N_{f1}+n_2/N_{f2}\geqslant 1$ 时，沥青层破坏，否则继续第三级荷载计算，以此类推，直至第 i 级荷载，当 $\sum n_i/N_i\geqslant 1$ 时，沥青层发生疲劳破坏。若到预测的最后一级荷载，比值小于 1，则沥青层良好；若比值大于或等于 1，则沥青层发生疲劳破坏。由此可以建立基于加载历史和加载次序相关的沥青层疲劳破坏评价体系，其具体流程如图 7-36 所示。

7.4.3 两种沥青层破坏评价体系比较研究

对于以疲劳损伤线性累积为准则的沥青层破坏评价体系而言，只需确定路面所作用的交通荷载大小、作用次数就可以评价该路面结构沥青层在交通荷载作用后的损伤状态。根据此评价体系，确定交通荷载大小，即可得沥青层层底的拉应变，并且在计算时其值不发生改变，同一大小的荷载对应一个沥青层层底拉应变；同时每一个沥青层层

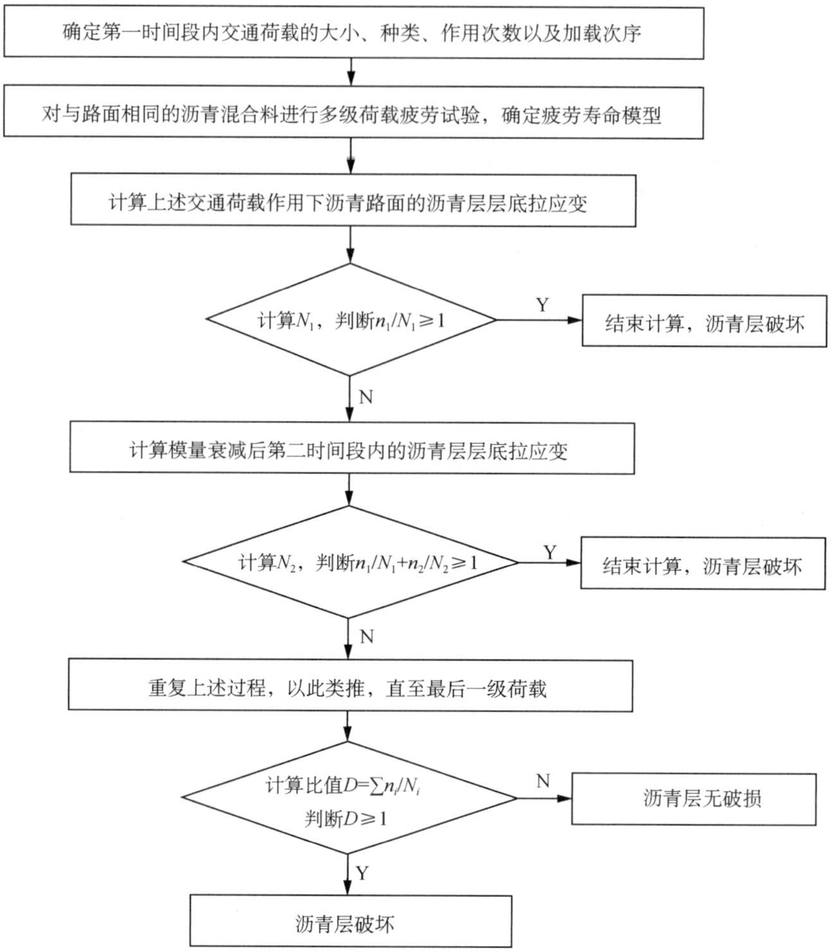

图 7-36　基于损伤非线性累积的沥青层疲劳破坏评价流程

底拉应变即交通荷载对应一个在此条件下的疲劳寿命，其值也不会发生改变，由此可知，无论哪一个交通荷载作用一次，其产生的损伤值都是定值，因此通过对每一级荷载作用次数所产生的损伤进行累加，根据所有荷载产生损伤值累加的结果是否超过临界值来判断沥青层是否发生了破坏。

而新评价体系中的沥青层层底的拉应变以及每个拉应变对应的疲劳寿命都是变值，与加载时沥青层的损伤状态有关。比方说，同一大小的交通荷载，但是位于不同的加载时段内，处于后面时段内的沥青层损伤程度比前面时段的大，沥青层模量下降，即使是荷载大小相同，后面时段沥青层层层底拉应变值明显要大于前面时段的值；另外，即使是同一拉应变值，处于不同时段，与之对应的疲劳寿命也不相同，所以即使是荷载大小相同、作用次数相同，所造成的沥青层损伤量不一定相同，这体现了沥青层在交通荷载作用下疲劳损伤呈非线性累积的规律。

新体系中需要确定交通荷载的大小、作用次序及作用次数。每一个交通荷载对应的疲劳寿命都与之前所有作用的荷载有关，即与此时沥青层的损伤状态有关，该级荷载作用下沥青层的疲劳寿命是未知的，需要在确定前面荷载作用的次数以及获取其对应疲劳寿命的条件下才能求得，其疲劳寿命随前面加载情况的变化而变化，并且该级荷载下疲劳寿命的大小又会影响后续荷载对应的疲劳寿命。因此，在已知交通荷载的情况下，交通荷载对应的沥青层层底拉应变以及疲劳寿命的获得是它们二者重复迭代的过程，可通过设计迭代程序进行计算。

为了直观阐述两种沥青层破坏评价体系的区别，下面采用算例予以说明。假设在某沥青路面（各路面结构层及初始参数见表 7-10）作用荷载为 50 kN，100 kN，150 kN，200 kN 等 4 种单轴双轮组，且运行了 2 年共 8 个时间段，每年的交通荷载作用次数以及次序如表 7-11 所示，对 2 年后此沥青路面的沥青层破坏状况进行评定。

表 7-10　　沥青路面结构及材料参数

结构层	材料	厚度/cm	初始模量/MPa	泊松比
沥青面层	沥青混合料 AC13	6	8 000	0.4
基层	水泥稳定碎石	20	3 500	0.25
底基层	级配碎石	15	200	0.35
土基			30	0.35

注：表中模量为动态模量。

表 7-11　　假定交通荷载分布情况

第一种交通分布假设				
第一年	第 1 阶段	第 2 阶段	第 3 阶段	第 4 阶段
荷载大小/kN	50	100	50	100
荷载次数	393 750	280 000	227 500	122 500
第二年	第 5 阶段	第 6 阶段	第 7 阶段	第 8 阶段
荷载大小/kN	150	200	150	200
荷载次数	227 500	122 500	70 000	393 750
第二种交通分布假设				
第一年	第 1 阶段	第 2 阶段	第 3 阶段	第 4 阶段
荷载大小/kN	200	150	200	150
荷载次数	70 000	122 500	227 500	280 000
第二年	第 5 阶段	第 6 阶段	第 7 阶段	第 8 阶段
荷载大小/kN	100	50	100	50
荷载次数	227 500	280 000	393 750	70 000

1. 采用疲劳损伤线性累积评价体系分析

根据沥青路面的结构以及材料参数，采用有限元软件 ABAQUS 建立力学模型。将上述路面结构作为研究对象，采用四层式结构，分别是沥青混合料 AC13 面层、水泥稳定碎石基层、级配碎石底基层和土基，取足够尺寸的长方体进行模拟分析，在荷载应力状态分析时，视路面结构为弹性层状体，各结构层则均采用八节点六面体单元 solid45 进行模拟，并对各结构层进行如下假设：①各结构层为均匀、连续、各向同性的弹性体；②各结构层层间水平、竖向位移均连续；③基础层底面各向位移为零，基础侧面水平方向位移为零；④不考虑路面结构自重影响。

采用的路面结构加载模型如图 7-37 所示，有限元分析模型如图 7-38 所示。

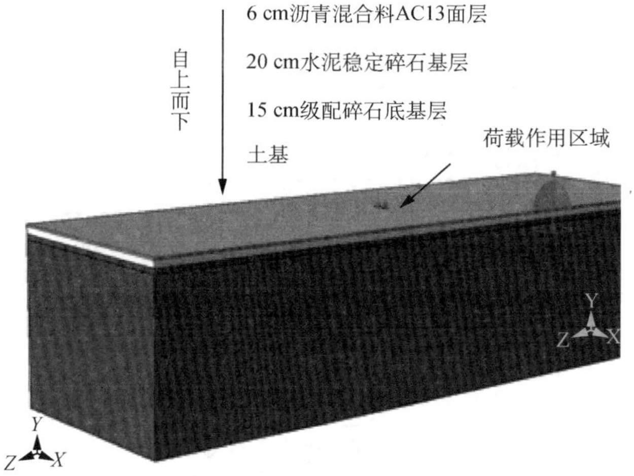

图 7-37　路面结构加载模型

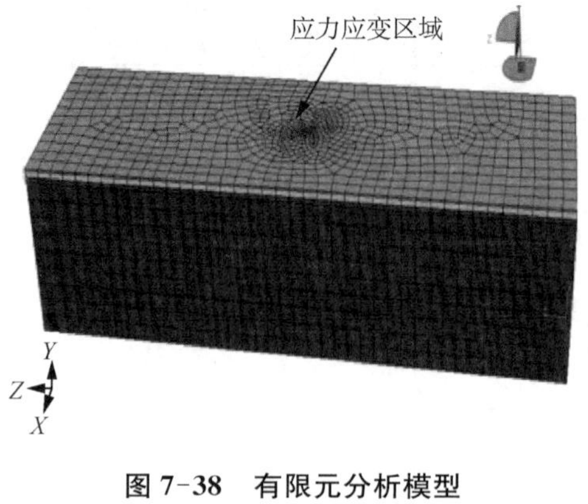

图 7-38　有限元分析模型

根据此模型可求出 4 种荷载下沥青层层底的最大拉应变，计算结果见表 7-12。根据拉应变可采用疲劳寿命预测方程式(7-27)进行计算，各荷载作用下沥青层的疲劳寿命预测结果见表 7-12。

表 7-12　不同荷载作用下沥青层层底最大拉应变及对应的疲劳寿命

荷载/kN	50	100	150	200
沥青层层底最大拉应变/(10^{-6})	87.2	139.7	176.9	216.2
预测疲劳寿命	14 744 182	4 739 817	2 099 076	1 050 599

由此根据图 7-35 所示评价流程可获得两种假设下每年每种荷载作用导致的沥青层损伤，具体情况如表 7-13 所示。

表 7-13　疲劳损伤线性累积准则计算结果

第一种交通分布假设				
第一年	第 1 阶段	第 2 阶段	第 3 阶段	第 4 阶段
阶段损伤	0.047	0.120	0.047	0.120
累积损伤	0.047	0.167	0.215	0.335
第二年	第 5 阶段	第 6 阶段	第 7 阶段	第 8 阶段
阶段损伤	0.217	0.275	0.217	0.275
累积损伤因子	0.552	0.827	1.043	1.318
第二种交通分布假设				
第一年	第 1 阶段	第 2 阶段	第 3 阶段	第 4 阶段
阶段损伤	0.275	0.217	0.275	0.217
累积损伤	0.275	0.492	0.766	0.983
第二年	第 5 阶段	第 6 阶段	第 7 阶段	第 8 阶段
阶段损伤	0.120	0.047	0.120	0.047
累积损伤因子	1.103	1.151	1.271	1.318

注：未进行室内与野外的对比试验研究，假定现场修正系数 $c = 1.0$。

从表 7-13 中可看出，沥青层在荷载作用下疲劳损伤随时间的累积过程，虽然因荷载加载次序的不同，其累积损伤的速率及途径发生了变化，但是在交通荷载一定的情况下，其计算的总的累积损伤值不变，如两种假设中虽然交通荷载作用的次序不同，导致沥青层累积损伤的途径发生了较大变化，但因荷载的组成及加载次数相同，根据损伤线性累积原则计算，二者最终导致的沥青层损伤相同，其累积损伤因子均为 1.318，这表明按照疲劳损伤线性累积评价体系，最终的累积损伤值与荷载作用次序无关，只与荷载大小和作用次数有关。根据疲劳损伤线性累积评价体系进行分析，上述两种假设下交通荷载作用后沥青层的累积损伤因子均大于 1，判定两种情况下的沥青层都已经发生疲劳破坏。

2. 采用疲劳损伤非线性累积新评价体系分析

按照疲劳损伤新体系的流程(图 7-41)对前面给出的沥青路面在使用过程中沥青层的损伤状况进行分析,计算步骤如下:

(1) 计算第 1 阶段 50 kN 荷载作用时沥青层层底拉应变 ε_{11} 对应的疲劳寿命 N_{f11},再计算其疲劳损伤 n_{11}/N_{f11}。若 $n_{11}/N_{f11} \geqslant 1$,则沥青层破坏。

(2) 若 $n_{11}/N_{f11} < 1$,则计算第 2 阶段 100 kN 荷载作用下的沥青层层底拉应变 ε_{12} 和疲劳寿命 N_{f12}(此时计算的沥青层模量采用衰减后的模量,N_{f12} 与 N_{f11},n_{11},ε_{11} 有关),再计算其疲劳损伤 n_{12}/N_{f12}。若 $n_{12}/N_{f12} \geqslant 1$,则沥青层破坏。

(3) 若 $n_{12}/N_{f12} < 1$,则按照步骤(2)计算并判断第 3 阶段 100 kN 荷载作用后的沥青层破坏情况。

(4) 继续重复步骤(2)和(3),直至第 i 年第 j 级荷载作用后,$n_{ij}/N_{fij} \geqslant 1$,即损伤因子大于 1,沥青层破坏或最后一级荷载作用结束,计算程序终止,给出评价结果。

根据上述步骤计算,可获得任何一级荷载的疲劳寿命以及此时的路面损伤状况,两种交通荷载作用下沥青层的累积损伤结果见表 7-14。

表 7-14　　按照新评价体系计算的疲劳损伤结果

第一种交通分布假设				
第一年	第 1 阶段	第 2 阶段	第 3 阶段	第 4 阶段
阶段损伤	0.040	0.127	0.023	0.077
累积损伤	0.040	0.168	0.191	0.269
第二年	第 5 阶段	第 6 阶段	第 7 阶段	第 8 阶段
阶段损伤	0.113	0.113	0.082	0.091
累积损伤因子	0.381	0.494	0.576	0.668
第二种交通分布假设				
第一年	第 1 阶段	第 2 阶段	第 3 阶段	第 4 阶段
阶段损伤	0.381	0.245	0.282	0.184
累积损伤	0.381	0.626	0.907	1.091
第二年	第 5 阶段	第 6 阶段	第 7 阶段	第 8 阶段
阶段损伤	0.080	0.015	0.049	0.009
累积损伤因子	1.171	1.186	1.235	1.244

注:1. 未进行室内与野外的对比试验研究,假定现场修正系数 $c = 1.0$;
2. 评价的沥青层时间短,基层水泥稳定碎石有一个龄期增长的过程,底基层为粒料材料,因此计算时假定基层和底基层的模量都没有衰减。

从表 7-14 中可知:沥青层在交通荷载的作用下产生的损伤呈非线性累积,即使荷载大小和作用次数相同,当其作用的时间段不同时产生的损伤也会不同。比如,第一种交通分布假设中第 2 阶段和第 4 阶段，其荷载均为 100 kN，作用次数都为 568 750 次，但所导致的沥青层损伤因子分别为 0.127 和 0.077，前者明显要大于后者；这种现象在第一年的第 9 阶段与第二年的第 1 阶段同样存在，并且造成的损伤程度差别更大，说明荷载作用下产生的沥青层损伤与以往加载历史有关，该现象与室内试验出现的疲劳损伤情况相同。当交通分布发生变化及荷载作用的次序改变时，其他条件如荷载大小、加载次数不变，其所造成的累积损伤也会发生变化，如表 7-14 中所示，在第一种假设和第二种假设下荷载造成的总的累积损伤因子分别为 0.668 和 1.244，并且其损伤累积值的变化过程也迥然不同，也就是说，交通荷载作用次序会导致沥青层的疲劳损伤累积进程发生改变，同时也会导致不同的累积损伤结果。

采用新体系计算的两种不同假设下的累积损伤值可发现，第一种假设下的累积损伤因子小于 1，而第二种假设下的累积损伤因子大于 1，即第一种假设下的评价结果为沥青层未发生疲劳破坏，而第二种假设下的评价结果为沥青层已发生疲劳破坏。由此可知，加载次序及加载历史的不同会导致沥青层出现破坏的情况不同，在其他加载条件不变的情况下，从大到小的加载次序更易造成沥青层破坏。

虽然两种假设下的评价体系评价的结果不同，累积损伤值也相差较大，但与采用疲劳损伤线性累积评价体系分析的结果相比，采用新体系计算的沥青层累积损伤值偏小，即采用新评价体系进行评价，沥青层相对来说不易产生破坏。同时，采用疲劳损伤线性累积评价体系进行评价，两种假设下的沥青层都已产生破坏，而新体系能反映沥青层最终的破坏状况与加载历史以及加载次序密切相关，更符合路面损伤发展的实际情况。

7.5　小结

本章主要开展了常应力控制模式下的四点弯曲疲劳试验，建立了基于常应力、常应变综合过渡的沥青层疲劳开裂预估模型。随后，利用北京 ALF 疲劳试验段、加州大学伯克利路面研究中心 HVS 疲劳试验段、美国西部环道 WesTrack 试验路、美国明尼苏达州 MnROAD 试验路和美国国家沥青技术中心 NCAT 试验路共 30 个实际发生疲劳开裂的路面结构，对基于常应力、常应变综合过渡的沥青层疲劳开裂预估模型进行了现场的标定与验证，从而建立了实验室与现场实际路面结构疲劳开裂之间的关系。

在此基础上对基于疲劳累积损伤沥青混合料破坏进行了研究，结合现有的沥青路面设计方法，尝试提出了采用力学-经验法分析评价沥青层疲劳损伤的程序，并利用其对车辆荷载作用下的沥青层疲劳损伤累积进行了研究，获得的主要结论如下：

(1) 荷载的加载历史与加载次序对沥青混合料的疲劳损伤演化影响较大，即使是同样大小的荷载以及加载次数，当荷载作用次序发生变化时，会改变沥青混合料的损伤状况。当单级荷载作用下导致损伤较大的荷载块越处于前端，就越容易造成沥青混合料发生疲劳损伤破坏。

（2）与线性累积损伤准则比较而言，非线性累积损伤考虑了加载历史以及加载次序的影响，最终计算的损伤因子虽然都比前者小，但是更符合实际情况。

（3）根据现有的路面疲劳设计方法以及建立的疲劳寿命预估模型，利用 Miner 法则推导了沥青层在荷载作用下的疲劳损伤线性累积模型，并在此基础上提出了基于疲劳损伤线性累积的沥青层破坏评价体系。

（4）以室内沥青混合料多级加载下获得的疲劳寿命预测模型为基础，考虑现场转换参数，提出了与车载作用历史和车载作用次序相关的路面沥青层疲劳寿命分析方法，建立了新的基于疲劳损伤非线性累积的沥青层破坏评价体系，并采用算例分析证实了此新体系优于传统的基于疲劳损伤线性累积的评价体系。

参考文献

[1] 张肖宁.沥青与沥青混合料的粘弹力学原理及应用[M].北京：人民交通出版社，2006.

[2] 梁锡三，唐有君.柔性路面设计[M].北京：人民交通出版社，1982.

[3] Hugo F, Smit A de F, Epps A. A case study of model APT in the field[C]//Proceedings of the First International Conference on Accelerated Pavent Testing, Reno, Nevada, 1999.